HTML5 et CSS3

Michel Martin

Publié par Pearson Education France
47 bis, rue des Vinaigriers
75010 PARIS
Tél. : 01 72 74 90 00
www.pearson.fr

Avec la contribution technique de Ihèb Ben Romdhane
Réalisation PAO : Léa B

ISBN : 978-2-7440-2477-1

Table des matières

Introduction

Ce livre est un concentré de code HTML5 et CSS3 prêt à l'emploi[1]. Il se divise en seize chapitres thématiques. Vous êtes un développeur de niveau intermédiaire ou avancé ? Vous y trouverez de nombreux codes à copier-coller dans les pages web que vous développez. Pour accéder au code dont vous avez besoin, vous pouvez :

- parcourir le sommaire, choisir un chapitre et une section ;
- rechercher un nom d'élément, de balise ou d'attribut HTML ou un nom de propriété CSS dans l'index, à la fin de l'ouvrage.

Lorsque vous aurez trouvé la section convoitée, rendez-vous à la page correspondante. Les premières lignes de la section indiquent les balises et/ou les propriétés principales ou les caractéristiques utilisées. Le code apparaît en grisé. Il vous suffit en général de le copier dans votre propre code pour qu'il soit immédiatement opérationnel.

Vous avez une question ou une remarque sur cet ouvrage ? Vous voulez accéder aux codes sources ? Connectez-vous au site **http://www.mediaforma.com/**, cliquez sur Formations puis sur HTML5/CSS3.

1. Par facilité d'écriture, nous emploierons le terme CSS dans tout cet ouvrage pour faire référence au langage et aux instructions CSS3.

Ce lieu d'échange privilégié permet d'accéder aux codes sources de l'ouvrage, de visionner des vidéos complémentaires pour progresser encore plus vite dans l'apprentissage des langages HTML5 et CSS3 et de dialoguer avec l'auteur.

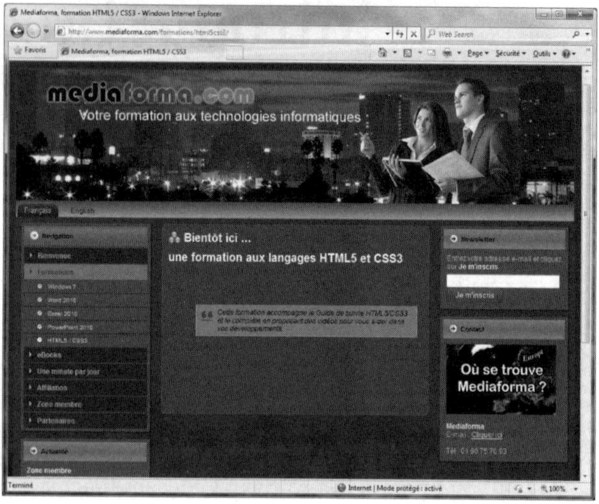

Vous pouvez librement tester ces codes en cliquant sur les liens "Tester le code" correspondants. N'hésitez pas à copier-coller ce qui vous intéresse pour en faire la base du développement de vos propres pages…

Info

Les codes sources de cet ouvrage sont également disponibles sur le site de l'éditeur, Pearson (www.pearson.fr), à la page consacrée à cet ouvrage.

Pourquoi HTML5 et CSS3 ?

Le *World Wide Web Consortium* (W3C) est un organisme de standardisation chargé de promouvoir la compatibilité des technologies du Web, telles que HTML, XHTML, CSS, PNG, SVG, SOAP, etc. La dernière spécification du langage HTML 4.01 date de 1999 (**www.w3.org/TR/REC-html40/**). Onze ans plus tard, bien que le langage HTML 4.01 soit toujours utilisé sur de nombreux sites Web, il faut bien avouer que beaucoup de choses ont changé.

Il était temps qu'une nouvelle version du langage voie le jour. Le groupe de travail HTML5 du W3C (*HTML5 Working Group*) est chargé de la standardisation du HTML5. Vous en saurez plus sur les spécifications de ce tout nouveau langage en accédant aux pages **www.w3.org/TR/html5/** et **www.w3.org/TR/html-markup/**.

HTML est en mesure d'afficher des éléments textuels, graphiques et vidéos dans un navigateur web et d'assurer leur mise en page. Cette seconde fonction est cependant assez limitée. C'est la raison d'être du langage CSS, qui se charge de la mise en forme et de la mise en page des éléments HTML. La version 3 du langage apporte son lot de nouveautés, toutes plus impressionnantes les unes que les autres. La standardisation de ce langage est assurée par la section *CSS3 Working Group* du W3C. Pour suivre l'état d'avancement des différents modules qui la composent, rendez-vous à **www.css3.info/modules/**.

Vous vous demandez peut-être si le couple HTML5/CSS3 est nécessaire, ou si vous pouvez utiliser du code CSS 2 dans HTML5, ou encore du code CSS3 dans HTML 4.0x/XHTML 1.x. HTML5 et CSS3 procurent, chacun dans leur domaine, de réelles avancées dans la programmation sur le Web. Il serait vraiment dommage de passer à côté des possibilités offertes par l'utilisation conjointe de ces deux langages. Je suggère donc de vous mettre au goût du jour en les apprenant. Votre investissement sera largement récompensé par la qualité, l'universalité et la "propreté" du code produit…

À travers ce livre, vous verrez à quel point HTML5 et CSS3 vont simplifier la vie du développeur web et lui offrir de nouvelles possibilités très intéressantes pour concevoir des pages et applications fondées sur des fonctionnalités implémentées de façon native dans les navigateurs. Et ce, indépendamment de la plateforme (PC, Mac, Linux, tablette, smartphone, etc.). Les perspectives offertes sont vraiment très alléchantes. Alors, tournez vite les pages !

Compatibilité avec les navigateurs

Alors que nous écrivons ces lignes, les nouveaux éléments propres au langage HTML5 ne sont pas encore entièrement implémentés sur les principaux navigateurs. Pour connaître le taux de compatibilité de votre navigateur, rendez-vous à la page **http://html5test.com/**. Un compte rendu clair et succinct y sera présenté et une note lui sera attribuée (voir Figure 0.1).

Les éléments inconnus du navigateur sont généralement ignorés. Mais il est possible de leur affecter un style en utilisant une feuille de styles CSS. Notez cependant qu'un traitement particulier doit être réservé à Internet Explorer 8 et inférieur. En effet, celui-ci doit intégrer les éléments inconnus à son DOM *via* la méthode `createElement`, sans quoi, il ne sera pas en mesure de leur affecter un style. D'autre part, il est nécessaire d'attribuer un rendu `block` à ces éléments en initialisant leur propriété CSS `display`. Nous y reviendrons en détail par la suite.

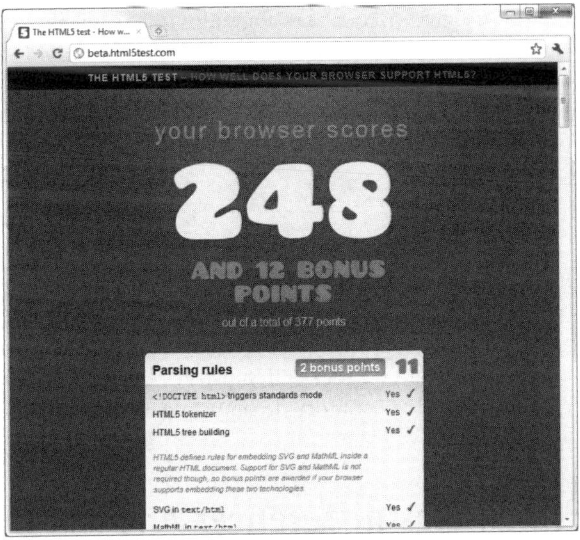

Figure 0.1 : Google Chrome 6 est le navigateur le plus compatible avec HTML5.

Les principaux navigateurs utilisent un préfixe pour (pré) implémenter les nouvelles propriétés CSS3 :

- `-moz` pour les navigateurs Mozilla (Firefox) ;
- `-webkit` pour les navigateurs Webkit (Safari, OmniWeb, Midori, etc.) ;
- `-khtml` pour les navigateurs Konqueror ;
- `-o` pour les navigateurs Opera ;
- `-ms` pour le navigateur Internet Explorer 9.

Tant que la spécification du langage n'a pas atteint au moins le statut de *recommandation candidate*, vous devrez utiliser plusieurs préfixes dans les propriétés CSS3 pour assurer la plus grande compatibilité possible. À terme, ces préfixes ne devraient plus avoir cours et une seule instruction devrait être interprétée à l'identique dans tous les navigateurs. *Wait and see…*

Si vous utilisez encore des fonctions CSS spécifiques d'Internet Explorer (`DropShadow()`, `filter()` ou `gradient()` par exemple), mieux vaut les inclure dans une feuille de styles particulière, appelée dans un commentaire conditionnel, dans l'en-tête du document :

```
<head>
  <!--[if IE]>
    <link rel="stylesheet" href="style-pour-ie.css">
  <![endif]-->
</head>
```

Si, par la suite, vous décidez de remplacer ces fonctions par du code CSS3, il vous suffira de supprimer l'élément `link` correspondant.

Principales différences entre HTML5 et ses prédécesseurs

Avant tout, je tiens à rassurer tous les développeurs web qui se sentiraient frileux devant l'apprentissage d'un nouveau langage : HTML5 est rétrocompatible avec ses prédécesseurs HTML 4.x et XHTML 1.x. Les codes fonctionnels dans un de ces langages le seront donc également en HTML5.

La déclaration de type de document (DTD) est simplifiée à son extrême. En fait, elle ne sert qu'à éviter l'ouverture du document en mode de compatibilité (*Quircks Mode*).

Le jeu de balises propre à HTML5 introduit une nouvelle logique de formulation, plus sémantique et plus intuitive. Nous y reviendrons en détail au cours de plusieurs sections de cet ouvrage. Ici encore, vous pouvez continuer à utiliser les éléments auxquels vous étiez habitué jusque-là. Jetez cependant un coup d'œil aux sections "Structure d'un document HTML5" du Chapitre 1 et "Nouvelle organisation des documents" du Chapitre 2. Vous serez certainement convaincu du bien-fondé de cette nouvelle syntaxe.

Les formats XML, tels que MathML, SVG (en HTML5, il est possible d'utiliser les formats MathML et SVG en text/html : ce n'est plus un domaine réservé de application/xml+xhtml), SMIL, RDF, WML, etc., peuvent être utilisés dans le code HTML5 codé en XML (XHTML5), ce qui offre de nouvelles perspectives fort intéressantes. Vous aurez tout loisir d'en juger à travers plusieurs exemples plus loin dans ce livre.

Enfin, les développeurs web peuvent désormais utiliser des API JavaScript gérées nativement par les navigateurs. Le but est d'obtenir des niveaux de performances comparables à ceux des applications Desktop, mais aussi de tirer parti des possibilités offertes par les périphériques mobiles, qui vont prendre une part de plus en plus importante dans le paysage Internet.

Bonne lecture et bon encodage…

À propos de l'auteur

Après avoir passé cinq ans dans de grandes sociétés françaises (Aérospatiale, EDF, Dassault), Michel Martin se consacre à l'écriture de livres techniques et à la réalisation de CD-ROM d'autoformation vidéo. Il compte aujourd'hui plus de 300 livres et CD-ROM à son actif et est reconnu MVP (*Most Valuable Professional*) depuis six ans par Microsoft pour l'ensemble de ses travaux sur les technologies Microsoft.

Parallèlement, Michel Martin développe le site de formation vidéo Mediaforma (**www.mediaforma.com**). Orienté sur divers produits et technologies informatiques tels que Windows 7, Office 2010 et HTML5/CSS3, il vulgarise leur utilisation au travers de vidéos courtes et directement utilisables.

1

Les bases du HTML5/CSS3

Ce premier chapitre rappelle tout ce qu'il est bon de connaître lorsqu'on se lance dans le développement HTML5/CSS3, depuis la déclaration de type de document jusqu'au regroupement de propriétés et de sélecteurs en passant par les différents types de feuilles de styles.

À lire impérativement pour commencer sur de bonnes bases !

Attention

Bien que définis en HTML5, les éléments présentés tout au long de l'ouvrage apparaissent en lettres minuscules. Cela vient d'une vieille habitude de codage en XHTML. Si vous le préférez, vous pouvez utiliser des capitales dans les balises. HTML5 ne vous en tiendra pas rigueur !

Déclaration de type de document (DTD)

<!DOCTYPE>

Les documents HTML5 peuvent être écrits en HTML ou en XHTML (c'est-à-dire en HTML compatible XML). Pour faire simple, disons que XHTML5 est à HTML5 ce que XHTML 1.x est à HTML 4.0x. Les deux standards sont similaires ; seule la syntaxe change. Dans le premier cas, le code est compatible XML, dans le second, il ne l'est pas. Cet ouvrage s'intéresse uniquement à la version HTML de HTML5.

La balise `<!DOCTYPE>` (contraction de *Document Type Declaration*) doit apparaître en tête des documents HTML. Elle indique au navigateur les règles d'écriture utilisées dans le langage. Sans elle, vos documents risquent de ne pas être interprétés correctement.

La balise `<!DOCTYPE>` des documents écrits en HTML5 est réduite à sa plus simple expression :

```
<!DOCTYPE html>
```

Ici, il n'est plus question de préciser la version (stricte, transitionnelle ou frameset) du code HTML ni l'adresse de la DTD : seul le terme `html` est spécifié comme paramètre de la balise `<!DOCTYPE>`. Dans les versions précédentes du langage HTML, la balise `<!DOCTYPE>` était plus longue car le langage HTML était basé sur le SGML. Par conséquent, il exigeait une référence à une DTD. Les trois variantes généralement utilisées étaient les suivantes :

- HTML 4.01 strict :

```
<!DOCTYPE HTML PUBLIC "-//W3C//DTD HTML 4.01//EN" "http://
www.w3.org/TR/html4/strict.dtd">
```

- HTML 4.01 transitionnel :

```
<!DOCTYPE HTML PUBLIC "-//W3C//DTD HTML 4.01
Transitional//EN" "http://www.w3.org/TR/html4/loose.dtd">
```

- HTML 4.01 frameset :

```
<!DOCTYPE HTML PUBLIC "-//W3C//DTD HTML 4.01 Frameset//EN"
"http://www.w3.org/TR/html4/frameset.dtd">
```

Dans HTML5, la balise `<!DOCTYPE>` n'est utilisée que pour activer le mode standard (*Strict Mode*). Lorsque le navigateur la rencontre, il sait que le code qui la suit est du HTML5 et il l'interprète en mode standard. Si elle est omise, le navigateur fonctionne en mode de compatibilité (*Quircks Mode*).

Info

La balise `<!DOCTYPE>` est facultative en XHTML5 : les documents de type MIME XML sont toujours traités en mode standard.

Syntaxes HTML et XHTML

```
.htaccess
application/xhtml+xml
charset
```

Un document HTML5 peut être interprété en tant que HTML ou XHTML, selon le navigateur et le type MIME utilisés. Il sera interprété en XHTML si les conditions suivantes sont réunies :

- La syntaxe du code est de type XHTML et bien formée (en particulier caractères minuscules, balises toujours terminées).

- Le type MIME est `application/xhtml+xml`. Il peut être spécifié sur le serveur dans l'en-tête HTTP Content-Type. Par exemple, sur un serveur APACHE, insérez l'instruction suivante dans le fichier *.htaccess* :

```
Content-Type: text/html; charset=utf-8
```

- Il est également possible d'utiliser une instruction PHP :

```
header ("Content-type: application/xhtml+xml");
```

- Ou encore un élément `meta` dans le code HTML5 :

```
<meta http-equiv="Content-Type" content="application/
➥ xhtml+xml;>
```

- L'élément `html` définit l'espace de nom XHTML.
- Un ou plusieurs espaces de nom secondaires (SVG, MathML, Xlink, etc.) sont spécifiés si nécessaire.
- La balise `<!DOCTYPE html>` est optionnelle et peut être omise. Dans certains navigateurs, elle évitera cependant l'exécution en *Quircks Mode*.

Voici le squelette d'un document HTML5 écrit pour être interprété en HTML :

```
<!DOCTYPE html>
<html>
  <head>
  </head>
  <body>
  </body>
</html>
```

Et voici le squelette d'un document HTML5 écrit pour être interprété en XML :

```
<?xml version="1.0" encoding="UTF-8"?>
<html xmlns="http://www.w3.org/1999/xhtml">
  <head>
  </head>
  <body>
  </body>
</html>
```

La déclaration `<?xml version="1.0" encoding="UTF-8"?>` n'est pas obligatoire si le codage par défaut est UTF-8. On peut alors configurer l'encodage dans l'en-tête `HTTP Content-Type` côté serveur. Par exemple, sur un serveur APACHE, il faut agir sur le fichier *.htaccess*. La syntaxe est la suivante :

```
Content-Type: text/html; charset=utf-8
```

Si la balise `<?xml>` est omise, il est également possible de spécifier l'encodage des caractères dans le document avec une balise `<meta charset>` :

```
<meta charset="UTF-8" />.
```

Dans cet ouvrage, à quelques rares exceptions près, nous avons choisi de développer en HTML5 et non en XHTML5. Les documents présentés seront donc conformes au premier squelette.

Attention

Internet Explorer 8 n'implémente pas le type MIME **`application/xhtml+xml`**.

D'autre part, la balise **`<?xml version="1.0" encoding="UTF-8"?>`** provoque le passage d'Internet Explorer 6 en *Quircks Mode*.

Jeux de caractères

```
<meta charset= >
```

Les *charsets* (jeux de caractères) sont associés à la notion de claviers nationaux. Pour indiquer aux navigateurs dans quel jeu de caractères vous travaillez, vous pouvez insérer une balise `<meta charset=>` dans l'en-tête de votre document.

Vous utiliserez le jeu de caractères :

- **ISO-8859-1** pour accéder directement à la majorité des caractères des langues occidentales (français, anglais, allemand, espagnol, etc.).

```
<head>
  <meta charset=ISO-8859-1" />
  ...
</head>
```

- **UTF-8** pour afficher sur une même page des caractères issus de plusieurs langues (français et japonais par exemple). Consultez la page **www.columbia.edu/kermit/utf8.html** pour vous rendre compte des immenses possibilités du jeu de caractères UTF-8.

```
<head>
  <meta charset=UTF-8" />
  ...
</head>
```

Info

Si votre code manipule des données à travers une base de données, celle-ci peut imposer le jeu de caractères.

Pour indiquer le jeu de caractères au navigateur, on peut aussi agir sur l'en-tête HTTP `Content-Type` côté serveur.

Par exemple, sur un serveur APACHE, insérez la ligne suivante dans le fichier *.htaccess* du dossier concerné :

```
Content-Type: text/html; charset=utf-8
```

Définir la langue dans un document HTML5

```
<meta content="fr" >
```

Il est important de spécifier la langue utilisée dans un document HTML. En effet, cette information est primordiale pour le référencement (moteurs de recherche) et l'accessibilité (lecteurs d'écran) de la page.

La langue d'un document HTML présente deux types d'informations :

- La langue "primaire". Elle peut être spécifiée :
  - Dans le champ d'en-tête HTTP, au niveau du serveur. Par exemple, sur un serveur APACHE, la ligne suivante peut être insérée dans le fichier *.htaccess* du dossier concerné :

```
Content-Language :fr
```

  - Dans le document, par l'intermédiaire d'un élément `meta` :

```
<meta http-equiv="Content-Language" content="fr" />
```

- La langue "de traitement". Elle doit être spécifiée dans l'attribut `lang`. L'élément `html` étant la racine du document, tous les autres éléments hériteront la langue spécifiée sur celui-ci :

```
<HTML lang="fr">
```

Si une portion du document utilise une autre langue, il suffit de renseigner l'attribut `lang` de son conteneur, par exemple :

```
<html lang="fr" >
<!DOCTYPE html>
<html>
<head>
   …
</head>
<body>
<p>
   Le texte du document est en français par défaut.
   <br>Mais la ligne suivante est en anglais.
   <br><span lang="en">This line is written in english </
span>.
  <br>Le document se poursuit en français.
</p>
</body>
</html>
```

Pour en savoir plus sur les langues utilisables dans un document HTML, consultez la page **http://fr.wikibooks.org/wiki/Le_langage_HTML/Internationalisation**.

Structure d'un document HTML5

```
<!DOCTYPE>
<html>
<meta>
<title>
<base>
<link>
<style>
<body>
```

Cet ouvrage s'intéresse aux documents HTML5 destinés à être interprétés en tant que contenus HTML (et non XHTML). Leur squelette est le suivant :

```
<!DOCTYPE html>
<html>
  <head>
    <meta …>
    …
    <meta …>
    <title>…</title>
    <base />
    <link …>
    <style>…</style>
  </head>
  <body>
  </body>
</html>
```

Examinons les balises de ce document.

- `<!DOCTYPE html>`, balise obligatoire, définit le DOCTYPE HTML5.
- `<html>…</html>` délimite le document.
- `<head>…</head>` définit l'en-tête du document. Elle rassemble zéro, une ou plusieurs balises enfants :
  - Les éléments `meta`, s'ils sont présents, permettent, entre autres, d'associer un jeu de caractères, une description et un nom d'auteur au document. Par exemple :

```
<meta charset="UTF-8" />
<meta name="description" content="Description de la page
en quelques phrases." />
<meta name="author" content="Michel Martin" />
```

Info

La balise `<meta charset="..." />` doit être placée au début du `<head>` afin que les navigateurs sachent aussi vite que possible quel jeu de caractères est utilisé dans le document. Les attributs `http-equiv` et `content` ne sont plus nécessaires.

L'élément `meta`, permettant de définir des mots-clés (`<meta name="keywords" content="..." />`), est obsolète et ne fait plus partie de l'algorithme d'indexation de Google.

- `<title></title>` définit le titre du document. Ce dernier doit être placé entre la balise d'ouverture et la balise de fermeture. Par exemple :

```
<title>Mon premier document HTML5</title>
```

- `<base href="" target="" />` définit un chemin et une destination par défaut pour tous les liens hypertextes/hypermédias insérés dans le document. Par exemple, elle affecte le préfixe *http://www.monsite.com* à tous les liens du document et entraîne leur affichage dans une fenêtre complémentaire[1] :

```
<base href="http://www.monsite.com" target="_blank" />
```

Info

L'élément `base` est facultatif, et l'utilisation de l'attribut `target` peut nuire à l'accessibilité des pages. C'est la raison pour laquelle, par la suite, je ne l'utiliserai pas. J'ai juste voulu signaler son existence.

1. Les valeurs possibles pour l'attribut `target` sont `_blank` (fenêtre annexe), `_self` (même frame), `_parent` (frame parent) ou `_top` (même fenêtre).

– `<link>` lie le document courant à un autre document (HTML, CSS, image, XML). Par exemple, pour définir une feuille de styles externe :

```
<link rel="stylesheet" href="style.css" />
```

– `<style>…</style>` définit une feuille de styles interne. Par exemple :

```
<style type="text/css">
  h1 {color: red;}
  p {color: blue;}
</style>
```

Info

En HTML5, l'attribut `type="text/css"` est utilisé par défaut dans l'élément `style`. Il peut donc être supprimé pour alléger le code.

- `<body></body>` définit le corps du document.

Valider du code HTML5

Avant de tester un code HTML5 dans votre navigateur, je vous conseille de vous assurer de sa conformité. Pour cela, rendez-vous à la page **http://html5.validator.nu**.

Selon la valeur sélectionnée sur la liste déroulante Validator Input, le fichier HTML5 testé peut se trouver sur un serveur web (Address), sur un disque local (File Upload) ou être entré directement sur la page web du validateur (Text Field). La Figure 1.1 représente un exemple de validation de code depuis un serveur web.

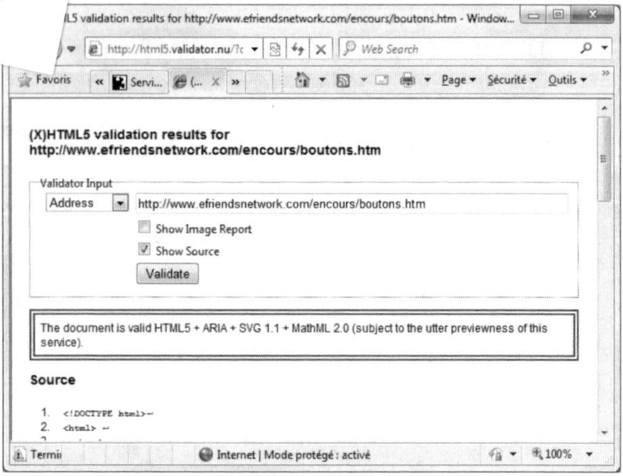

Figure 1.1 : Le code HTML5 est valide.

Si vous préférez utiliser le validateur du W3C, tapez l'adresse suivante dans la barre d'adresse de votre navigateur, en remplaçant adresse_page par l'adresse URL de la page à tester : **http://jigsaw.w3.org/css-validator/validator?uri=adresse_page&profile=css3**.

Attention

Alors que j'écris ces lignes, les préfixes destinés aux différents navigateurs ne sont pas reconnus par le validateur du W3C mais ils sont déjà définis dans les spécifications CSS 2.1 (www.w3.org/TR/CSS21/syndata.html#vendor-keywords).

Des erreurs seront donc générées. N'en tenez pas compte (voir Figure 1.2).

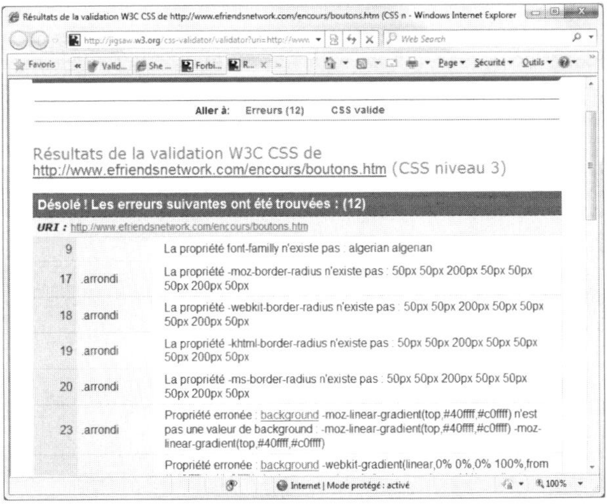

Figure 1.2 : Plusieurs erreurs propres aux préfixes des navigateurs ont été détectées.

Styles CSS dans les balises

style=""

Les éléments HTML peuvent être directement mis en forme avec un attribut `style=`. La syntaxe est la suivante :

```
<balise style="propriété1:valeur1; …propriétéN:valeurN";>
```

où :

- `balise` est un nom de balise : `<p>` ou `<h1>` par exemple.
- `propriété1` sont des propriétés de style de la balise.
- `valeur1` sont les valeurs affectées aux propriétés.

Attention

Cette technique n'est pas optimale, car limitée au seul élément qui l'utilise. Dans la mesure du possible, privilégiez l'utilisation d'une feuille de styles externe, d'extension .css et reliée au document à l'aide d'un élément **link**. Cette même feuille de styles pourra être utilisée dans tous les documents apparentés pour uniformiser leur apparence.

À titre d'exemple, pour affecter la couleur jaune à l'arrière-plan d'un élément p, vous utiliserez le code suivant :

```
<p style="background-color:yellow;>
Ce texte a un arrière-plan jaune
</p>
```

Pour utiliser la police Verdana corps 18 dans un titre h2, vous utiliserez le code suivant :

```
<h2 style="font-family:Verdana; font-size: 18px;">
Ce titre est en Verdana corps 18
</h2>
```

Feuille de styles interne

```
élément {propriété: valeur; …}
```

À la section précédente, vous avez vu qu'il était possible de définir des attributs de mise en forme directement dans les balises HTML. Pour étendre la portée de ces définitions, vous pouvez les regrouper dans l'en-tête du document HTML.

Voici la syntaxe permettant d'affecter des propriétés à une balise :

```
élément {propriété1:valeur1; … propriétéN:valeurN}
```

où :

- `élément` est un nom d'élément :`p` ou `h1` par exemple.
- `propriété1` sont des propriétés de style de l'élément.
- valeur1 sont les valeurs affectées aux propriétés.

Ces lignes de code doivent être insérées entre les balises `<style>` et `</style>`, à l'intérieur de l'élément `head`.

Attention

Cette technique n'est pas optimale, car limitée au seul document qui l'utilise. Dans la mesure du possible, privilégiez l'utilisation d'une feuille de styles externe, d'extension .css et reliée au document à l'aide d'un élément `link`. Elle pourra être utilisée dans tous les documents apparentés pour uniformiser leur apparence.

À titre d'exemple, pour définir dans tout le document un arrière-plan jaune pour les éléments `p` et pour utiliser la police Verdana corps 18 dans tous les titres `h2`, vous utiliserez le code suivant :

```
<!DOCTYPE html>
<html>
  <head>
    <meta charset=UTF-8" />
    <title>Une feuille de styles interne</title>
    <style>
      p {background-color:yellow;}
      h2 {font-family:Verdana; font-size: 18px;>
    </style>
  </head>
  <body>
    ...
  </body>
</html>
```

Feuille de styles externe

<link>

Pour augmenter encore le champ d'action des styles définis dans l'en-tête d'un document, vous pouvez les stocker dans un fichier CSS. Dans ce cas, plusieurs documents HTML peuvent référencer cette "feuille de styles" (le fichier CSS) pour utiliser les styles qui y sont définis.

L'opération se fait avec un élément `link` (ici, la feuille de styles a pour nom *moncss.css*) :

```
<link rel="stylesheet" href="moncss.css" />
```

Supposons que le fichier *moncss.css* contienne les deux éléments de style ci-après :

```
p {background-color:yellow;}
h2 {font-family:Verdana; font-size: 18px;>
```

Un document HTML y fera référence avec les instructions suivantes :

```
<!DOCTYPE html>
<html>
  <head>
    <meta charset=UTF-8" />
    <title>Une feuille de styles externe</title>
    <link rel="stylesheet" href="moncss.css" />
  </head>
  <body>
    <!-- Les instructions HTML5 peuvent utiliser les
    ➥ styles -->
    <!-- définis dans la feuille de styles moncss.css     -->
  </body>
</html>
```

Info

Vous pouvez définir les styles dans une feuille de styles, dans l'élément **`style`** d'un document ou à l'intérieur d'une balise, en utilisant l'attribut **`style=`**. Lorsqu'un style est simultanément affecté à une balise dans deux ou trois de ces emplacements stratégiques, le dernier style lu est celui qui est appliqué. Le style défini à l'intérieur d'une balise a donc la priorité sur celui qui est défini dans l'élément **`style`**, qui, lui-même, a la priorité sur celui qui est défini dans une feuille de styles externe.

Éléments, sélecteurs, propriétés et valeurs CSS

```
sélecteur {propriété1: valeur1; ... propriétéN: valeurN;}
élément {propriété1: valeur1; ... propriétéN: valeurN;}
```

Pour définir le style d'un élément, il suffit d'entrer le nom de l'élément, d'ouvrir des accolades, d'énumérer des propriétés et de leur affecter les valeurs souhaitées :

```
li
{
  color: blue;
  background: #156129;
  margin: 14px 14px 14px 14px;
  list-style: none;
}
```

Dans cet exemple :

- `li` correspond à l'élément de liste du langage HTML.
- `color`, `background`, `margin` et `list-style` sont les propriétés de l'élément `li`.
- `blue`, `#156129`, `14px 14px 14px 14px` et `none` sont les valeurs affectées aux propriétés.

L'élément peut être remplacé par un sélecteur, par exemple pour faire référence à tous les éléments (*), ou encore, pour cibler des éléments en fonction de leur attribut `class` (.) ou `id` (#).

Sélecteurs CSS 2.1

```
*
.nom_classe
nom_élément.nom_classe
nom_élément
#nom_identifiant
[attribut]
```

Avant de commencer à définir des styles CSS, il est important de bien comprendre la logique des sélecteurs.

Le sélecteur universel étoile (*) s'adresse à tous les éléments. Vous l'utiliserez essentiellement pour modifier le style de tous les éléments de la page. Par exemple, la police.

```
* { font-family: Verdana;}
```

Attention

Le sélecteur universel peut provoquer des problèmes de performances. La propriété `font-family` sera plutôt déclarée dans le style de l'élément `body`.

Le sélecteur de type permet de changer le style d'un élément. Ici, par exemple, le style de tous les éléments `h1` :

```
h1 {font-size: 120%;}
```

Le sélecteur de classe est représenté par un point (.). Il cible les éléments en fonction de la valeur de leur attribut `class`. Par exemple, le style ci-après s'applique à tous les éléments `p` dont l'attribut `class` vaut `info`.

```
p.info {backgroung: yellow;}
```

Si aucun élément ne restreint le sélecteur de classe, tous les éléments dont l'attribut `class` a la valeur spécifiée sont concernés. Ici, par exemple, il s'agira de tous les éléments dont l'attribut `class` vaut `info` :

```
.info {backgroung: yellow;}
```

Il est possible d'affecter plusieurs classes à un élément (l'attribut `class` peut recevoir plusieurs valeurs séparées par des espaces). On parle alors de "sélecteur de classes multiples". Ici par exemple, seuls les éléments `p` dont l'attribut `class` vaut `info` et `premier` sont affectés :

```
p.info.premier {backgroung: yellow;}
```

Le sélecteur d'identificateur est représenté par le caractère dièse (`#`). Il cible l'élément dont l'attribut `id` a la valeur spécifiée. Ici, seul l'élément dont la propriété `id` vaut `corne` est concerné :

```
#corne {font-family: Serif;}
```

Vous pouvez restreindre le ciblage en précisant un élément devant le sélecteur d'`id`. Ici, par exemple, seul l'élément `p` dont le marqueur `id` vaut `corne` est concerné :

```
p#corne {font-family: Serif;}
```

Un sélecteur descendant est construit avec deux sélecteurs traditionnels (ou plus) séparés par un espace. Il cible les enfants du premier sélecteur. Par exemple, pour affecter un arrière-plan jaune à tous les éléments `li` enfants d'un élément `div`, vous utiliserez le sélecteur descendant ci-après :

```
div li {color: yellow;}
```

Un sélecteur d'attribut cible les éléments en fonction de la présence d'attributs et/ou de leurs valeurs. Par exemple, pour affecter une taille de `120%` à tous les éléments qui possèdent un attribut `perso`, vous utiliserez le sélecteur suivant :

```
[perso] {font-size: 120%;}
```

Pour cibler les seuls éléments dont l'attribut `perso` a pour valeur `vert`, vous utiliserez le sélecteur suivant :

```
[perso=vert] {font-size: 120%;}
```

Sélecteurs CSS3

```
root, nth-child, nth-last-child, last-child
nth-of-type, nth-last-of-type, first-of-type, last-of-type
only-child, only-of-type
empty, target, enabled, checked
```

Tout ce qui a été dit sur les sélecteurs à la section précédente reste valable en CSS3. Cependant, de nouveaux sélecteurs sont maintenant disponibles, qui permettent de cibler encore plus précisément les éléments auxquels vous vous adressez. En voici la liste.

Syntaxe	Signification
`nom_élément[attr^="valeur"]`	Tout élément `nom_élément` dont la valeur de l'attribut `attr` commence exactement par la chaîne `valeur`
`nom_élément[attr$="valeur"]`	Tout élément `nom_élément` dont la valeur de l'attribut `attr` finit exactement par la chaîne `valeur`
`nom_élément[attr*="valeur"]`	Tout élément `nom_élément` dont la valeur de l'attribut `attr` contient la sous-chaîne `valeur`

Syntaxe	Signification
`nom_élément:root`	Un élément `nom_élément`, racine du document
`nom_élément:nth-child(n)`	Un élément `nom_élément` qui est le n-ième enfant de son parent
`nom_élément:nth-last-child(n)`	Un élément `nom_élément` qui est le n-ième enfant de son parent en comptant depuis le dernier enfant
`nom_élément:nth-of-type(n)`	Un élément `nom_élément` qui est le n-ième enfant de son parent et de ce type
`nom_élément:nth-last-of-type(n)`	Un élément `nom_élément` qui est le n-ième enfant de son parent et de ce type en comptant depuis le dernier enfant
`nom_élément:last-child`	Un élément `nom_élément`, dernier enfant de son parent
`nom_élément:first-of-type`	Un élément `nom_élément`, premier enfant de son type
`nom_élément:last-of-type`	Un élément `nom_élément`, dernier enfant de son type
`nom_élément:only-child`	Un élément `nom_élément`, seul enfant de son parent
`nom_élément:only-of-type`	Un élément `nom_élément`, seul enfant de son type
`nom_élément:empty`	Un élément `nom_élément` qui n'a aucun enfant
`nom_élément:target`	Un élément `nom_élément` qui est la cible de l'URL d'origine
`nom_élément:enabled`	Un élément d'interface utilisateur `nom_élément` qui est actif ou inactif
`nom_élément:checked`	Un élément d'interface utilisateur `nom_élément` qui est coché ou dont l'état est indéterminé (bouton radio ou case à cocher par exemple)

Syntaxe	Signification
`nom_élément:contains("attr")`	Un élément `nom_élément` dont le contenu textuel concaténé contient la sous-chaîne `attr`
`nom_élément:selection`	La partie d'un élément `nom_élément` qui est actuellement sélectionnée par l'utilisateur
`nom_élément:not(sel)`	Un élément `nom_élément` qui n'est pas représenté par le sélecteur simple `sel`
`nom_élément ~ F`	Un élément F précédé par un élément `nom_élément`

id ou *class* ?

```
id
class
#
.
```

L'attribut `id` est généralement utilisé :

- Sur les éléments qui structurent le document et qui sont désignés comme uniques : par exemple, les éléments `header`, `container`, `content`, `nav`, `footer`, etc. Une fois ces éléments identifiés avec l'attribut id, ils peuvent être stylés avec des propriétés CSS.
- Sur d'autres éléments qui doivent être accessibles en JavaScript.
- Pour accéder à une ancre.

```
<header id="hperso">
<nav id="nperso">
<p id="position1">, puis <a href="#position1">Aller au
repère 1</a>
```

L'attribut class est utilisé dans tous les autres cas.

```
<div class="perso">
<p class="perso">
```

Pseudo-classes et pseudo-éléments

```
:first-child
:link
:visited
:hover
:active
:focus
:lang
:first-line
:first-letter
```

Le sélecteur de pseudo-classe est représenté par le caractère deux-points (:).

Vous ferez appel aux pseudo-classes pour cibler des éléments en fonction de caractéristiques inaccessibles aux sélecteurs traditionnels : premier enfant ou focus par exemple.

La pseudo-classe :first-child permet de cibler le premier enfant d'un élément. Par exemple, pour mettre en gras le premier élément p enfant de l'élément div, vous utiliserez le sélecteur ci-après :

```
div p:first-child {font-weight: bold;}
```

Les pseudo-classes :link et :visited ciblent les éléments a dont (respectivement) le lien n'a pas été visité/a été visité. Les deux lignes suivantes définissent la couleur des liens :

```
:link {color: fushia}
:visited {color: navy}
```

La pseudo-classe `:focus` cible les éléments qui ont le focus (par défaut, les liens et les éléments de formulaires). Elle permet très simplement de modifier la couleur d'arrière-plan (ou un autre style) d'un élément. Ici, par exemple, nous affectons un arrière-plan rouge à l'élément `input` de type `text` qui a le focus :

```
input[type=text]:focus {background: red;}
```

La pseudo-classe `:hover` cible les éléments dont le contenu est survolé. Cela permet par exemple de changer la bordure d'une image lorsqu'elle est pointée par la souris :

```
img:hover {border-style: dotted;}
```

La pseudo-classe `:lang` permet de définir un style en fonction de la langue du document. Ici, par exemple, nous définissons les guillemets à utiliser pour la langue française :

```
:lang(fr) {quotes: '"' '"';}
```

CSS3 s'enrichit de plusieurs pseudo-classes :

Pseudo-classe	Signification
`:nth-child(position)`	Éléments repérés par leur position dans le parent
`:nth-last-child(position)`	Dernier élément du parent
`type:nth-of-type(position)`	Éléments du type spécifié repérés par leur position dans le parent
`type:nth-last-of-type(N)`	Dernier élément du type spécifié du parent
`:last-child`	Dernier élément du parent
`type:first-of-type`	Premier élément du type spécifié
`:last-of-type`	Dernier élément du type spécifié
`:only-child`	Élément qui est l'enfant unique du parent

Pseudo-classe	Signification
`type:only-of-type`	Élément qui est l'enfant unique du type spécifié du parent
`:root`	Éléments à la racine du document
`:empty`	Éléments sans enfant
`:target`	Élément dont l'identifiant est l'ancre spécifiée dans l'URL de la page
`:enabled`	Éléments validés (enabled)
`:disabled`	Éléments dévalidés (disabled)
`:checked`	Éléments (cases à cocher ou boutons radio) cochés
`:not(Sélecteur)`	Éléments qui sont différents du sélecteur

Pour en savoir plus sur l'utilisation de ces pseudo-classes, reportez-vous à la page **http://reference.sitepoint.com/css/css3psuedoclasses**.

Le sélecteur de pseudo-élément est également représenté par le caractère deux-points (`:`).

D'une façon traditionnelle, les CSS sont liés à un élément, en fonction de sa position dans l'arbre du document. Cependant, faire appel à un pseudo-élément peut être utile pour effectuer des mises en forme à partir d'informations absentes de l'arbre du document. Par exemple, pour définir le style de la première ligne ou du premier caractère d'un élément.

Le pseudo-élément `:first-line` cible la première ligne d'un élément. Ici, par exemple, la première ligne de l'élément `p` est affichée en rouge.

```
p:first-line {color:red;}
```

Le pseudo-élément `:first-letter` cible le premier caractère d'un élément. Ici, par exemple, nous doublons la taille du premier caractère d'un élément `p` et nous lui affectons l'attribut `gras` :

```
p:first-letter {font-size: 200%; font-weight: bold;;}
```

Unités CSS

cm, em, ex, in, mm, pc, pt, px

De nombreuses propriétés CSS peuvent avoir des valeurs numériques exprimées dans différentes unités.Voici la liste des unités exprimées de façon absolue :

- `cm` : centimètre ;
- `in` : pouce (2,54 cm) ;
- `mm` : millimètre ;
- `pt` : point (1/62 inch) ;
- `pc` : pica (12 points).

Info

À titre d'information, 1 in = 2,54 cm = 25,4 mm = 72 pt = 6 pc.

Il existe également des unités exprimées de façon relative, qui dépendent de leur élément parent :

- **`em` :** cadratin. Un em correspond grossièrement à la hauteur de la lettre "Ç" de l'élément parent (taille du texte définie dans la propriété font-size).
- **`ex` :** fraction de la hauteur des caractères. Dans les polices occidentales, ex correspond à la hauteur de la lettre minuscule "x".
- **`px` :** pixel. Cette unité dépend de la résolution du périphérique d'affichage.
- **`%` :** pourcentage de la taille de l'élément ou de son parent.

Info

L'unité `em` est très intéressante. Elle permet en effet aux utilisateurs finaux de redimensionner le texte proportionnellement à la taille de police, tout en conservant la mise en page intacte. C'est la raison pour laquelle je ne saurais trop vous recommander de l'utiliser !

2

Ossature d'un document HTML5

Ce chapitre s'intéresse aux différents squelettes types d'une page web écrite en HTML5/CSS3. Les squelettes étudiés constitueront les fondations des pages définies tout au long de l'ouvrage.

Nouvelle organisation des documents

```
<header>
<nav>
<aside>
<article>
<footer>
```

Bien souvent, les pages web sont constituées d'un en-tête et d'un pied de page, d'un menu, d'une zone réservée au contenu (article, images, vidéos, etc.) et, éventuellement, d'une zone annexe, n'ayant aucun rapport direct avec le contenu de la page (voir Figure 2.1).

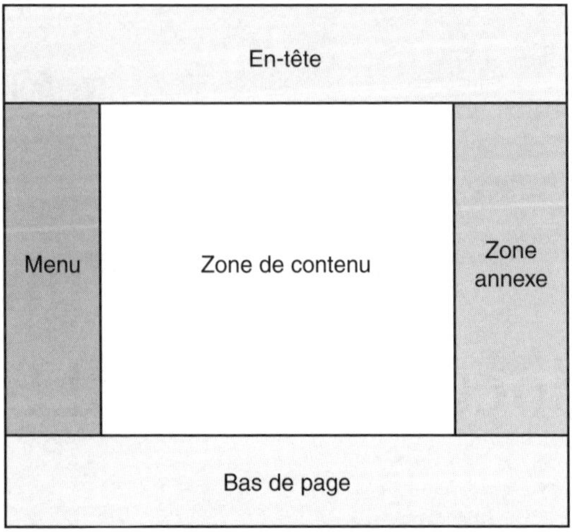

Figure 2.1 : Une page web traditionnelle.

En HTML 4.0x/XHTML 1.x, ce type de page est défini à l'aide de plusieurs éléments `div`. Par exemple, voici le code XHTML 1.0 strict à utiliser :

```
<!DOCTYPE html PUBLIC "-//W3C//DTD XHTML 1.0 Strict//EN"
➥"http://www.w3.org/TR/xhtml1/DTD/xhtml1-strict.dtd">
<html>
  <head>
    <meta charset=UTF-8" />
    <title>Un document XHTML avec en-tête, pied de page,
    ➥ menu, zone annexe et zone de contenu</title>
    <link rel="stylesheet" href="style0.css">
  </head>
  <body>
    <div id="entete">
      <h1>En-tête du document</h1>
      Texte de l'en-tête
    </div>
    <div id="barre-navigation">
      <h2>Menu</h2>
```

```
      <ul>
        <li><a href="page1.htm">Page 1</a></li>
        <li><a href="page2.htm">Page 2</a></li>
        <li><a href="page3.htm">Page 3</a></li>
        <br><br>
      </ul>
    </div>
    <div id="barre-droite">
      Texte affiché dans la partie droite de la page<br><br>
    </div>

    <div class="article">
      <h2>Premier article</h2>
      Texte du premier article
    </div>
    <div class="article">
      <h2>Deuxième article</h2>
      Texte du deuxième
    </div>
    <div id="pied-de-page">
      <p>Copyright et e-mail du webmaster.</p>
    </div>
  </body>
</html>
```

Et le code CSS correspondant, stocké dans le fichier *style0.css* :

```
#entete
{
  background-color: red;
}

#barre-navigation
{
  float:left;
  width:20%;
  background-color:yellow;
}

#barre-droite
{
```

```
  float:right;
  width:20%;
  background-color:yellow;
}

h2
{
  margin:0;
  padding:0;
}

.article
{
  width:80%;
  background-color: #66FFFF;
}

#pied-de-page
{
  clear:both;
  background-color: #99FF66;
}
```

La Figure 2.2 représente le résultat de ce code dans Internet Explorer 9.

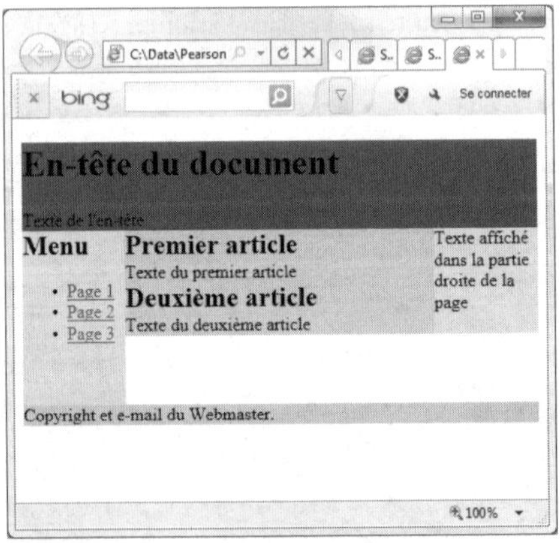

Figure 2.2 : Une page web traditionnelle écrite en XHTML 1.0/CSS 2.

En HTML5, le code a une tout autre allure :

```
<!doctype html>
<html>
  <head>
    <meta charset=UTF-8" />
    <title>Un document HTML5 avec en-tête, pied de page,
    ➥ menu, zone annexe et zone de contenu</title>
    <link rel="stylesheet" href="style.css">
    <script src="Creation-elements-HTML5.js"></script>
  </head>
  <body>
    <header>
      <h1>En-tête du document</h1>
      Texte de l'en-tête
    </header>
    <nav>
      <h2>Menu</h2>
      <ul>
        <li><a href="page1.htm">Page 1</a></li>
        <li><a href="page2.htm">Page 2</a></li>
        <li><a href="page3.htm">Page 3</a></li>
      </ul>
      <br><br><br>
    </nav>
    <aside>
      Texte affiché dans la partie droite de la page avec
      ➥ la balise &lt;aside&gt;<br><br>
    </aside>
    <article>
      <h2>Premier article</h2>
        <p>Texte du premier article</p>
    </article>
    <article>
      <h2>Deuxième article</h2>
        <p>Texte du deuxième article</p>
    </article>
    <footer>
      <p>Copyright et e-mail du webmaster</p>
    </footer>
  </body>
</html>
```

Comme vous pouvez le voir, les éléments `div` ont disparu[1]. Ils ont été remplacés par les éléments `header`, `nav`, `aside`, `article` et `footer`.

- `article` correspond à une entité autonome du document : par exemple, un article (ou un ensemble d'articles) extrait d'un blog ou d'un forum.
- `aside` définit un contenu qui n'a pas de rapport direct avec la page. Il peut être utilisé pour définir un menu ou pour donner accès aux archives du site.
- `header` et footer définissent l'en-tête et le pied de page d'une section ou d'une page web.
- `nav` est destiné à contenir des liens de navigation dans le site.

L'en-tête du document fait appel à la feuille de styles *style.css*. Voici le code utilisé :

```
header, nav, article, section, footer, aside
{
  display: block;
}


header
{
  background-color: red;
}
nav
{
  float:left;
  width:20%;
  background-color:yellow;
}
article
{
  background-color: #66FFFF;
  width:80%;
```

1. Les balises `<div>` n'ont pas disparu du langage HTML5. Elles sont simplement moins souvent utilisées, car plusieurs nouvelles balises plus spécialisées viennent leur prêter main-forte.

```
}

aside
{
  float:right;
  width:20%;
  background-color:yellow;
}

footer
{
  clear:both;
  background-color: #99FF66;
}
```

Ici, peu de changements. Notez cependant que le rendu `block` (`display: block;`) a été affecté aux nouveaux éléments HTML5. Cette pratique assure le support de ces nouveaux éléments dans les navigateurs peu ou pas compatibles.

Les navigateurs Internet Explorer 8 et inférieur ne sont pas en mesure d'affecter un style aux nouveaux éléments HTML5. En effet, puisqu'ils ne les connaissent pas, ils doivent les intégrer au DOM *via* la méthode `createElement`. Pour ce faire, quelques lignes de JavaScript sont nécessaires. C'est la raison d'être du script *Creation-elements-HTML5.js*, invoqué dans l'en-tête du document HTML5. Voici le code utilisé :

```
document.createElement("footer");
document.createElement("header");
document.createElement("article");
document.createElement("nav");
document.createElement("aside");
```

Attention

Cette technique dépend de JavaScript. S'il n'est pas activé sur un client Internet Explorer, les nouveaux éléments HTML5 seront de type `Inline` par défaut, et les pages web auront une tout autre allure !

Sections et niveaux de titre

```
<article>
<section>
```

Les éléments header, nav, aside, article et footer ne sont pas les seuls à faire leur apparition dans le langage HTML5. Vous pouvez également utiliser l'élément section pour définir des sections dans un document. Il sert généralement pour segmenter une page ou un article en plusieurs sujets. Il peut être employé conjointement aux éléments de titre h1 à h6 pour définir la structure du document. Il correspond plus ou moins à l'ancien élément div du HTML 4.0x/XHTML 1.x, à ceci près qu'il y ajoute une signification sémantique. En effet, il regroupe des éléments qui traitent d'un même sujet.

Ici, par exemple, nous utilisons un élément section pour englober plusieurs articles au sein du document :

```
<section>
  <article>
    Contenu du premier article
  </article>
  …
   <article>
    Contenu du dernier article
  </article>
</section>
```

Vous pouvez également inclure plusieurs contenus dans un article en utilisant plusieurs sections.

```
<article>
  <section>
    Contenu de la première  section
  </section>
  …
   <section>
```

```
    Contenu de la dernière section
  </section>
</article>
```

Prenons l'exemple d'un blog, constitué d'un empilement de plusieurs articles (ou *posts*), non nécessairement liés les uns aux autres. Ces composants pourraient être insérés dans des éléments `article`, eux-mêmes insérés dans un élément `section` :

```
<section>
  <article>
    <h1>Titre de la première section</h1>
    Texte ou autre contenu qui présente la section
  </article>
  ..
  <article>
    <h1>Titre de la dernière section</h1>
    Texte ou autre contenu qui présente la section
  </article>
</section>
```

Si vous avez du mal à faire la différence entre `<section>` et `<article>`, dites-vous qu'une section peut être composée d'un ou de plusieurs articles qui traitent d'un même sujet. Par exemple, si une page web contient plusieurs sujets sur les baleines blanches et plusieurs autres sur les arbres fruitiers, les sujets sur les baleines blanches seront regroupés dans une même section et décomposés en autant d'articles que nécessaire. De même en ce qui concerne les sujets sur les arbres fruitiers :

```
<section>
  <h1>Articles sur les baleines blanches</h1>
  <article>
    <h2>Les baleines blanches, habitat</h2
    <p>texte de l'article</p>
  </article>
```

```
  <article>
    <h2>Les baleines blanches, population</h2
    <p>texte de l'article</p>
  </article>
  <article>
    <h2>Les baleines blanches, une espèce menacée</h2
    <p>texte de l'article</p>
  </article>
</section>
<section>
  <h1>Articles sur les arbres fruitiers</h1>
  <article>
    <h2>Les arbres fruitiers, catégories</h2
    <p>texte de l'article</p>
  </article>
  <article>
    <h2>Les arbres fruitiers, taille</h2
    <p>texte de l'article</p>
  </article>
  <article>
    <h2>Les arbres fruitiers, récolte</h2
    <p>texte de l'article</p>
  </article>
</section>
```

Un ou plusieurs niveaux de titre `<h1>` à `<h6>` peuvent être utilisés à l'intérieur d'un élément `section`, mais aussi `article`, `aside` ou `nav`. Dans le code suivant, des niveaux de titre `<h2>` sont utilisés dans les sections et un niveau de titre `<h1>` dans l'article qui englobe les sections :

```
<article>
  <h1>Titre de l'article</h1>
  Texte ou autre contenu qui présente les grandes lignes
de l'article
  <section>
    <h2>Titre de la section 1</h2>
    <p>Contenu texte pour la section 1.</p>
  </section>
```

```
...
  <section>
    <h2>Titre 2 pour dernière section </h2>
    <p>Contenu texte pour la dernière section</p>
  </section>
</article>
```

En HTML 4.0x/XHTML 1.x, les niveaux de titre `<h1>` à `<h6>` devaient être utilisés d'une façon hiérarchique : un document HTML ne contenait qu'un seul niveau de titre `<h1>`, zéro, un ou plusieurs niveaux de titre `<h2>`, d'importance hiérarchique plus faible, zéro, un ou plusieurs niveaux de titre `<h3>`, d'importance hiérarchique plus faible, et ainsi de suite :

```
<h1>Titre de niveau 1</h1>
Contenu principal
<h2>Titre de niveau 2</h2>
Contenu de niveau hiérarchique plus faible
<h3>Titre de niveau 3</h3>
Contenu de niveau hiérarchique encore plus faible
...
<h3>Titre de niveau 3</h3>
Contenu de même niveau hiérarchique que celui du <h3>
précédent
...
<h2>Titre de niveau 2</h2>
Contenu de même niveau hiérarchique que le <h2> précédent
...
```

Les spécifications du HTML5 viennent jeter un pavé dans la mare en bouleversant ce concept ancré depuis tant d'années : désormais, les niveaux de titres sont relatifs aux sections (mais aussi aux éléments `article`, `aside` et `nav`) et non à l'ensemble du document. En pratique, cela signifie que l'on peut se retrouver avec plusieurs niveaux de titre `<h1>` dans une même page ! Ainsi, le code précédent, englobé dans un article et plusieurs sections, se transforme comme suit :

```
<article>
  <h1>Titre de l'article</h1>
  Texte ou autre contenu qui présente les grandes lignes
  ➥ de l'article
  <section>
    <h1>Titre de la section 1</h1>
    <p>Contenu texte pour la section 1.</p>
  </section>
  …
  <section>
    <h1>Titre pour dernière section </h1>
    <p>Contenu texte pour la dernière section</p>
  </section>
</article>
```

Pas moins de trois titres `<h1>` font partie de cette portion de document ! Reste à savoir comment les moteurs interpréteront cette nouvelle convention d'un point de vue du référencement naturel. Google étant manifestement pro HTML5, il n'y a pas beaucoup de souci à se faire de ce côté.

hgroup

```
<article>
<header>
<group>
```

`hgroup` est un cas particulier de l'élément `header`. Il est toujours composé de deux éléments (ou plus) de titre `h1` à `h6` et… de rien d'autre ! Par exemple :

```
<hgroup>
  <h1>Titre de niveau 1</h1>
  <h2>Titre de niveau 2</h2>
  <h3>Titre de niveau 3</h3>
</hgroup>
```

Vous l'utiliserez pour créer des titres qui ont des valeurs additives et non hiérarchiques. Ici, par exemple, les titres h1, h2 et h3 se complètent, indépendamment de leur valeur hiérarchique :

```
<hgroup>
  <h1>Johann Sebastian Bach</h1>
  <h2>... L'héritage musical</h2>
  <h3>... Compositions remarquables</h3>
</hgroup>
```

Les éléments hgroup peuvent être inclus dans un article ou une section :

```
<article>
  <header>
    <hgroup>
      <h1>Titre de l'article</h1>
      <h2>Sous-titre de l'article</h2>
    </hgroup>
    <p>Texte dans l'en-tête</p>
  </header>
  <p>Contenu de l'article</p>
</article>
```

address

```
<address>
```

L'élément address permet de définir des informations permettant aux visiteurs d'une page d'entrer en contact avec son initiateur. Vous pouvez ainsi renvoyer vers les contributeurs d'une page, les adresses e-mail en rapport avec une page de produit ou encore l'adresse postale de la société qui est à l'origine du site.

Par exemple, pour renvoyer vers les pages web des personnes qui assurent la maintenance d'un site, vous pourriez utiliser le code suivant (ce code pourrait être placé dans l'élément `footnote`) :

```
Ce site est maintenu par les personnes suivantes :
<address>
  <a href="http://www.site.com/nom1">Nom première
personne</a>,
  <a href="http://www.site.com/nom2">Nom deuxième
personne</a>,
  <a href="http://www.site.com/nom3">Nom troisième
personne</a>
  …
</address>
```

Il est possible de combiner plusieurs types d'informations dans un élément `address` :

```
<address>
  Ecrit par Michel Martin <br />
  <a href="mailto:lem.korp@free.fr">Ecrivez moi</a><br />
  Address: 5, rue des Ecrivains, 75005 Paris<br />
  Téléphone: 01 23 45 67 89
</address>
```

3

Mise en forme d'un document HTML5 avec CSS3

Ce chapitre s'intéresse à la mise en forme des éléments HTML5 avec CSS3. Vous y apprendrez, entre autres, à mettre en place des polices non conventionnelles côté serveur, à définir des arrière-plans sophistiqués et à effectuer la mise en page de vos documents.

Utiliser des polices exotiques

@font-face

CSS3 permet d'utiliser des polices qui ne sont pas installées sur les "postes clients"[1]. C'est la propriété CSS3 `@font-face` qui autorise cette prouesse.

`@font-face` n'est pas à proprement parler une nouveauté puisque cette fonctionnalité avait été implémentée dès

1. Par "poste client", entendez ordinateur ou périphérique de lecture quelconque (téléphone ou tablette par exemple).

1998, dans la norme CSS 2.0. Elle l'a même été dans Internet Explorer depuis… la version 5 du navigateur ! Cependant, son implémentation reposait sur le format propriétaire *Embedded Open Type* (.eot) et les navigateurs l'ont jusque-là dédaignée. Lors de la publication de la norme CSS 2.1, `@font-face` fut supprimée. Aujourd'hui, cette propriété refait surface dans CSS3. Elle est enfin correctement implémentée dans tous les navigateurs récents : Safari 3.1 et supérieur, Google Chrome 3.1 et supérieur, Firefox 3.5 et supérieur et Opera 10.1 et supérieur et, bien entendu, Internet Explorer 5 et supérieur.

```
@font-face
{
  font-familly: "nom-police";
  [font-style: style-police;]
  [font-variant: petites-capitales;]
  [font-weight: graisse-police;]
  [font-stretch: condensé-étendu;]
  [font-size: taille-police;]
  src: [local('nom-local'),] url('url-police')
[format(format-police)];
}
```

Où :

- `nom-police` est le nom de la police, tel qu'il sera utilisé dans la feuille de styles.
- `style-police` définit le style de la police : `all`, `normal`, `italic` ou `oblique`.
- `petites-capitales` indique la casse des caractères : `normal` ou `small-caps`.
- `graisse-police` indique la graisse de la police : `all`, `normal`, `bold`, `100`, `200`, `300`, `400`, `500`, `600`, `700`, `800` ou `900`.
- `condensé-étendu` définit l'état de compression/extension horizontale de la police : `all`, `normal`, `ultra-condensed`, `extra-condensed`, `condensed`, `semi-condensed`, `semi-expanded`, `expanded`, `extra-expanded` ou `ultra-expanded`.

- `taille police` définit les tailles possibles pour la police : `all` pour toutes les polices proportionnelles, une ou deux tailles pour les polices bitmap ou devant être rendues dans une taille ou une fourchette de tailles spécifiques.
- `nom-police` définit le nom local de la police, au cas où cette dernière serait installée sur l'ordinateur.
- `url-police` définit l'adresse URL de la police accessible sur le serveur.
- `format-police` définit le format de la police : `truedoc-pfr` (TrueDoc™ Portable Font Resource, .pfr), `embedded-opentype` (Embedded OpenType, .eot), `type-1` (PostScript™ Type 1, .pfb ou .pfa), `truetype` (TrueType, .ttf) ou `opentype` (OpenType, .ttf).

Quelques exemples pour mieux appréhender la propriété `@font-face` :

Implémentation de la police Swiss 721, disponible sur le serveur, dans le dossier Fonts, sous le nom *swiss721lt.pfr*, en style Normal et italique et en graisse 200.

```
@font-face
{
    font-family: "Swiss 721";
    src: url("fonts/swiss721lt.pfr");
    font-style: normal, italic;
    font-weight: 200;
}
```

Implémentation de la police DeliciousRoman, disponible localement sous le nom Delicious Roman et sur un site web externe, sous le nom *Delicious-Roman.otf*, en graisse 400.

```
@font-face
{
    font-family: DeliciousRoman;
    src: local('Delicious Roman'), url(http://www.font-
face.com/fonts/delicious/Delicious-Roman.otf);
    font-weight:400;
}
```

Implémentation de la police SketchRockwell, disponible sur le serveur, dans le dossier courant, sous le nom *SketchRockwell.ttf.*

```
@font-face
{
  font-family: SketchRockwell;
  src: url('SketchRockwell.ttf');
}
```

Pour utiliser une police implémentée *via* `@font-face`, il suffit d'affecter la propriété `font-family` définie dans `@font-face` à un élément ou une classe quelconque. Voici un exemple complet qui implémente la police *know_your_product.ttf* côté serveur.

Le code CSS mis en œuvre est le suivant :

```
@font-face
{
  font-family: KnowYourProduct;
  src: url('know_your_product.ttf');
}

h1
{
  font-family: 'KnowYourProduct';
}
```

La propriété `@font-face` définit la police serveur KnowYourProduct (`font-family`). Le fichier correspondant se trouve dans le dossier courant sous le nom *know_your_product.ttf* (`src:url()`).

Dans le deuxième bloc d'instructions, la propriété `font-family` du style `h1` est redéfinie pour que les éléments de style `h1` appliquent la police KnowYourProduct.

Pour employer ce code CSS3, il suffit de créer un document HTML5 conventionnel et d'utiliser un titre de niveau 1 dans le corps du document.

```
<!doctype html>
<html>
  <head>
    <meta charset=UTF-8" />
    <title>Utilisation de la police serveur know_your_
product.ttf</title>
    <link rel="stylesheet" href="font-face.css">
  </head>
  <body>
    <h1>Test d'utilisation de la police know_your_
product</h1>
  </body>
</html>
```

La Figure 3.1 présente le résultat de ce code dans le navigateur Firefox 3.6.11.

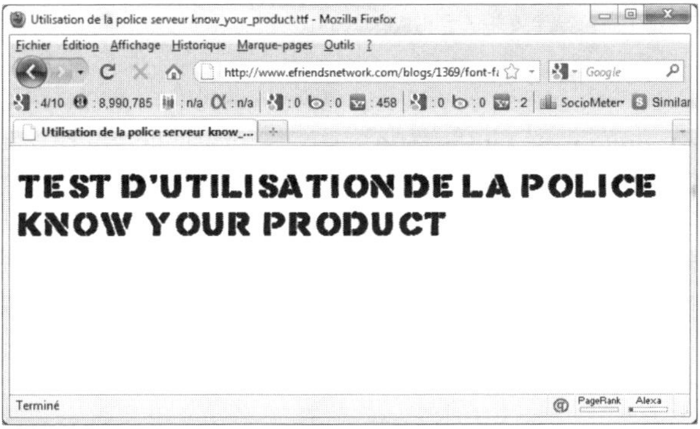

Figure 3.1 : Un exemple d'exécution.

Si vous essayez d'afficher ce document dans Internet Explorer, le résultat est bien décevant (voir Figure 3.2).

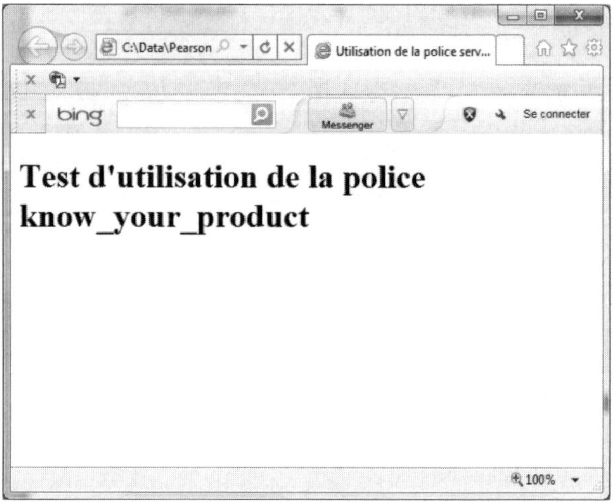

Figure 3.2 : La même page affichée dans Internet Explorer 9.

Cela ne vient pas d'une incompatibilité d'Internet Explorer, mais plutôt d'un mauvais format de police : le navigateur n'est pas en mesure d'exploiter les polices au format TTF. Pour qu'il produise le résultat escompté, la police doit être spécifiée au format EOT.

Si vous avez la police au format EOT, il vous suffit d'y faire référence dans le code CSS en ajoutant une ligne `src:` dans la définition `@font-face` :

```
@font-face
{
  font-family: KnowYourProduct;
  src: url('know_your_product.ttf');
  src: url('know_your_product.eot');
}

h1
{
  font-family: 'KnowYourProduct';
}
```

Aucune modification n'est nécessaire dans le code HTML. Désormais, la police apparaît correctement dans Internet Explorer (voir Figure 3.3).

Figure 3.3 : La police Know Your Product s'affiche dans Internet Explorer. Ici, la version 9 du navigateur.

Info

Pour assurer la plus grande compatibilité possible, le mieux est de mettre à disposition les versions EOT, TTF, SVG et WOFF de la police. Il vous suffit alors de référencer ces quatre variantes dans le code CSS :

```
@font-face
{
  font-family: KnowYourProduct;
  src: url('know_your_product.ttf');
  src: url('know_your_product.eot');
  src: url('know_your_product.svg');
  src: url('know_your_product.woff');
}
```

Polices libres de droits et multinavigateur

```
@font-face
eot, woff, truetype, svg
```

Pour trouver des polices librement téléchargeables et utilisables, je vous conseille d'aller faire un tour sur le site Font Squirrell, à l'adresse **www.fontsquirrel.com/fonts/**, où plusieurs milliers de polices libres de droits vous attendent (voir Figure 3.4).

Figure 3.4 : Une mine pour trouver des polices de caractères.

Choisissez un filtre et un style dans la partie droite du site. Les polices correspondantes sont affichées dans la partie centrale. Cliquez sur le lien Download correspondant à la police de votre choix et procédez comme indiqué à la section précédente.

Si vous voulez assurer une compatibilité maximale avec les différents navigateurs disponibles sur le marché, le mieux est de proposer les versions TTF, EOT, SVG et WOFF de vos polices. Là encore, le site Font Squirrell est digne d'intérêt. Cliquez sur @font-face Kits dans le menu pour accéder à plusieurs centaines de kits contenant les quatre formats des polices (voir Figure 3.5).

Figure 3.5 : Plusieurs centaines de kits de polices vous attendent à cette page.

Imaginons maintenant que vous ayez une police TTF, EOT ou WOFF, et que vous vouliez proposer ses quatre formats sur votre site. Le site Font Squirrell va encore répondre à votre attente. Cliquez sur @font-face Generator dans le menu puis sur Add Fonts, dans le cadre @font-face Kit Generator et désignez la police TTF, EOT ou WOFF sur vos unités de masse. Cochez la case "Yes, the fonts I'm uploading are legally eligible for web embedding" et cliquez sur Download Your Kit (voir Figure 3.6).

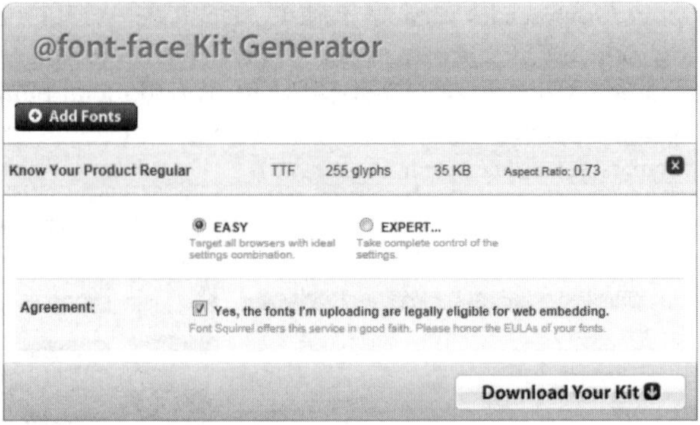

Figure 3.6 : La police Know Your Product Regular est sur le point d'être convertie en un kit de polices.

Peu de temps après, le kit est uploadé sur votre ordinateur au format ZIP. Il ne vous reste plus qu'à dézipper l'archive pour accéder aux quatre versions des polices (voir Figure 3.7).

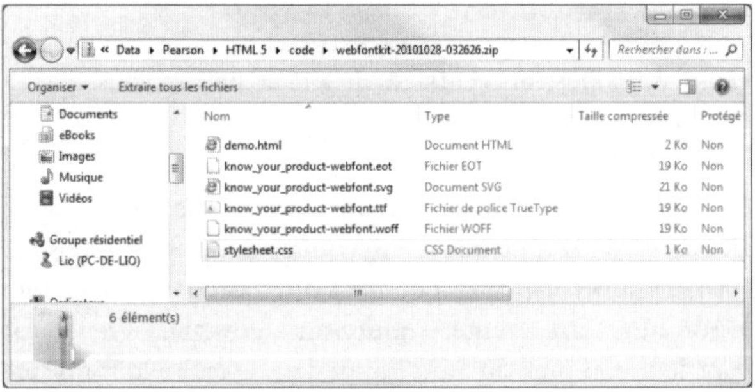

Figure 3.7 : Les quatre versions des polices sont accessibles dans le kit.

Pour faciliter les choses, le fichier *stylesheet.css* contient le code CSS3 nécessaire à l'implémentation de la police :

```
/* Generated by Font Squirrel (http://www.fontsquirrel.
com) on October 28, 2010 */
@font-face
{
  font-family: 'KnowYourProductRegular';
  src: url('know_your_product-webfont.eot');
  src: url('know_your_product-webfont.woff')
format('woff'),
  url('know_your_product-webfont.ttf') format('truetype'),
  url('know_your_product-webfont.svg#webfont7lxVWY55')
format('svg');
  font-weight: normal;
  font-style: normal;
}
```

Le fichier *demo.html*, inclus dans le pack, donne également le code HTML5 nécessaire pour utiliser la police sur tous les navigateurs (voir Figure 3.8).

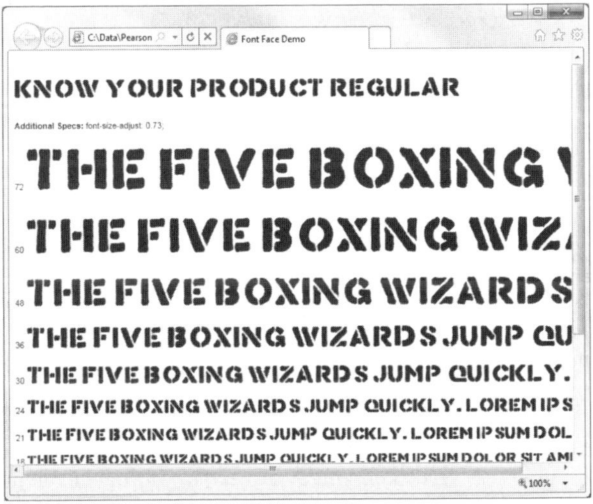

Figure 3.8 : Démonstration de l'utilisation de la police. Ici, dans Internet Explorer 9.

Couleur et image d'arrière-plan

background-color

La couleur d'arrière-plan d'un élément est définie par la propriété `background-color`. Voici sa syntaxe :

```
background-color: couleur;
```

La valeur `couleur` peut être spécifiée :

- "En dur", c'est-à-dire sous la forme d'un nom normalisé : `yellow` ou `skyblue` par exemple.
- À l'aide d'un code hexadécimal sur 6 digits : `#RRVVBB` (où RR, VV et BB sont les composantes rouge, vert et bleu de la couleur, codées en hexadécimal entre 00 et FF).
- À l'aide de la fonction `RGB(R,V,B)`, où *R*, *V* et *B* sont les composants rouge, vert, bleu de la couleur, dont les valeurs sont comprises entre 0 et 255.

L'image d'arrière-plan d'un élément est définie par la propriété `background-image`. Voici sa syntaxe :

```
background-image: url(image);
```

Où `image` est l'adresse URL de l'image. Par exemple **img/fond.jpg**, ou encore **http://monsite.com/image/fond.png**.

Info

Il n'est pas recommandé d'utiliser des guillemets pour délimiter l'adresse URL de l'image d'arrière-plan car ils peuvent provoquer des dysfonctionnements dans les navigateurs anciens.

Une image d'arrière-plan peut être répétée horizontalement et/ou verticalement. Pour cela, on donne la valeur `repeat` (répétition horizontale et verticale), `repeat-x` (répétition horizontale seulement) ou `repeat-y` (répétition verticale seulement), à la propriété CSS `background-repeat`.

La position d'une image d'arrière-plan peut être définie horizontalement et/verticalement : affectez la position horizontale (`left`, `center` ou `right`) et éventuellement la position verticale (`top`, `center` ou `bottom`) à la propriété CSS `background-position`.

Dans cet exemple, du texte est affiché au-dessus d'une image en arrière-plan. Nous modifions tour à tour la couleur d'arrière-plan d'un lien hypertexte, d'un paragraphe, puis d'un élément `div`. Les styles correspondants sont directement définis dans les éléments concernés :

```
<!DOCTYPE html>
<html>
  <head>
    <meta charset="UTF-8" />
    <title>Couleur d'arrière-plan</title>
  </head>
<body>
  <div style="background-image: url(chute-eau.jpg);
  ➥ font-size: 40px; color: black;">
    <p>La couleur d'arrière-plan de ce texte n'est pas
    ➥ définie. Par contre, <a href="#" style=
    ➥"background-color: red">ce lien a un arrière-plan
    ➥ de couleur rouge</a>.</p>
    <p style="background-color:yellow;">Cette ligne a un
    ➥ arrière-plan de couleur jaune</p>
    <div style="background-color: skyblue;">et celle-ci
    ➥ un arrière-plan bleu ciel.</div>
    </div>
  </div>
</body>
</html>
```

Gradient linéaire

```
filter:progid:DXImageTransform.Microsoft.Gradient()
gradient()
```

Il est bien souvent nécessaire de réaliser un dégradé dans l'arrière-plan d'un conteneur HTML. En CSS 2.x, la technique la plus usitée consistait à définir une image d'un pixel de large et d'autant de pixels que nécessaire en hauteur, à appliquer un dégradé à cette image et à l'utiliser comme arrière-plan du conteneur.

Une autre technique s'appuyait sur la fonction `filter:progid:DXImageTransform.Microsoft.Gradient` dans les navigateurs Internet Explorer 5.5 et supérieur[1] :

```
filter:progid:DXImageTransform.Microsoft.
➥Gradient(GradientType=val1, StartColorStr=val2,
➥ EndColorStr=val3)
```

Où :

- `GradientType` définit l'orientation du gradient : 0 pour un gradient vertical, ou 1 pour un gradient horizontal.
- `StartColorStr` est la couleur de début du gradient.
- `EndColorStr` est la couleur de fin du gradient.

Si cette fonction est toujours utilisable avec la dernière version en date d'Internet Explorer[2], CSS3 apporte une solution élégante, inspirée par celle mise en place bien des

1. Les filtres reposent sur l'utilisation de la couche logicielle DirectX. Ils ne sont pas mis en cache et s'exécutent à chaque rechargement de la page. L'apparition de la propriété CSS3, bientôt reconnue par tous les navigateurs et mémorisable dans leur cache, est donc une vraie bénédiction en ce qui concerne les performances et l'universalité du code.

2. Dans la mesure du possible, je vous conseille de ne pas utiliser cette fonction car ses performances, fondées sur des scripts ActiveX, laissent à désirer quand on les compare à celles des gradients CSS3.

années auparavant par Microsoft. À terme, elle devrait également fonctionner sur Internet Explorer 9.

Alors que j'écris ces lignes, cette solution n'est pas encore implémentée sur tous les navigateurs et il est nécessaire d'utiliser des préfixes pour s'adresser à chaque navigateur :

- `-moz-linear-gradient` pour les navigateurs Gecko (Mozilla Firefox) ;
- `-webkit-gradient(linear,…)` pour les navigateurs Webkit (Safari, Chrome).

Voici la syntaxe détaillée de ces deux propriétés :

```
-webkit-gradient(linear, p1, p2, from(c1), to(c2));
-moz-linear-gradient(p1, c1, c2) no-repeat;
```

Où :

- `p1` représente les coordonnées du point de départ du gradient : sur le navigateur Mozilla, `p1` peut prendre une ou plusieurs des valeurs suivantes : `top`, `left`, `right` et/ou `down`. Sur les navigateurs Webkit, `p1` représente un pourcentage horizontal et pourcentage vertical.
- `p2` représente les coordonnées du point d'arrivée du gradient sur les navigateurs Webkit. Il est défini par un pourcentage horizontal et un pourcentage vertical de la zone cible.
- `c1` est la couleur de départ du gradient.
- `c2` est la couleur de fin du gradient.

Gradient vertical

Par exemple, pour définir un gradient vertical de la couleur rouge à la couleur bleue, vous utiliserez les déclarations de styles CSS3 suivantes :

```
background: -moz-linear-gradient(top, red, blue);
background: -webkit-gradient(linear, 0% 0%, 0% 100%,
from(red), to(blue));
```

Voici le fichier CSS3 mis en œuvre :

```
.gradient-vertical
{
  width:400px;
  height: 200px;
  background: -moz-linear-gradient(top, red, blue);
  background: -webkit-gradient(linear, 0% 0%, 0% 100%,
  ➥ from(red), to(blue));
}
```

Ce code définit la classe `gradient-vertical`, la dimensionne et lui attribue un gradient vertical du rouge au bleu. Voici le code HTML5 qui l'utilise :

```
<!doctype html>
<html>
  <head>
    <meta charset=UTF-8" />
    <title>Gradient vertical du rouge au bleu</title>
    <link rel="stylesheet" href="gradient-vertical.css">
  </head>
  <body>
    <p class="gradient-vertical">Gradient vertical du
    ➥ rouge au bleu</p>
  </body>
</html>
```

Gradient horizontal

Pour définir un gradient horizontal de la couleur rouge à la couleur bleue, vous utiliserez les déclarations de styles CSS3 suivantes :

```
background: -moz-linear-gradient(left, red, blue);
background: -webkit-gradient(linear, 0% 0%, 100 % 0%,
➥ from(red), to(blue));
```

Voici le fichier CSS3 mis en œuvre :

```
.gradient-horizontal
{
  width:400px;
  height: 200px;
  background: -moz-linear-gradient(left, red, blue);
  background: -webkit-gradient(linear, 0% 0%, 100% 0%,
  ➥ from(red), to(blue));
}
```

Ce code définit la classe `gradient-horizontal`, la dimensionne et lui affecte un gradient horizontal du rouge au bleu. Voici le code HTML5 qui l'utilise :

```
<!doctype html>
<html>
  <head>
    <meta charset=UTF-8" />
    <title>Gradient horizontal du rouge au bleu</title>
    <link rel="stylesheet" href="gradient-horizontal.css">
  </head>
  <body>
    <p class="gradient-horizontal">Gradient horizontal du
    ➥ rouge au bleu</p>
  </body>
</html>
```

Gradient diagonal

Pour définir un gradient diagonal de la couleur rouge à la couleur bleue, il suffit de changer les coordonnées du point de départ (Gecko) ou des points de départ et d'arrivée (Webkit) :

```
background: -moz-linear-gradient(top left, red, blue);
background: -webkit-gradient(linear, 0% 0%, 100% 100%,
➥ from(red), to(blue));
```

Les codes CSS3 et HTML5 sont analogues aux précédents. Nous n'y reviendrons pas.

La Figure 3.9 représente le résultat obtenu dans Mozilla Firefox.

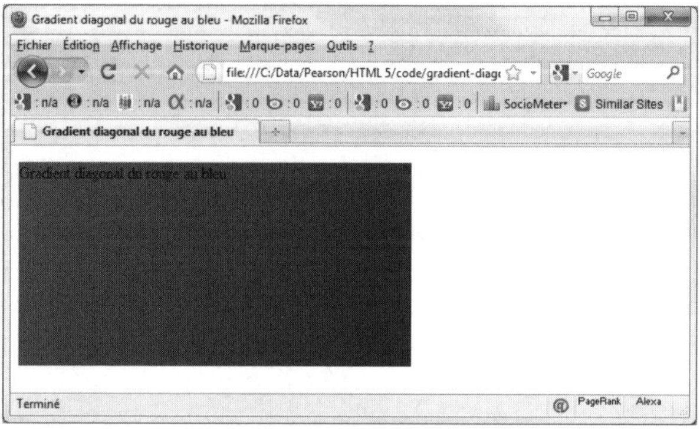

Figure 3.9 : Un gradient diagonal du coin supérieur gauche au coin inférieur droit.

Plusieurs couleurs dans un gradient linéaire

```
gradient()
```

À la section précédente, vous avez appris à définir un gradient linéaire à deux couleurs. Il est possible de lui adjoindre des couleurs intermédiaires, grâce à l'ajout de quelques paramètres dans les propriétés `-webkit-gradient` et `-moz-linear-gradient`.

Navigateurs Gecko

```
-moz-linear-gradient(p1, c1 p1, c2 p2, …, cN);
```

Où :

- `p1` à `pN-1` sont les coordonnées des différentes transitions de couleurs, exprimées en pourcentages.
- `c1` à `cN` sont les différentes couleurs du gradient.

Navigateurs Webkit

```
-webkit-gradient(linear, p1, p2, from(c1), color-stop(v2,
c2), color-stop(v3, c3), …, to(cN));
```

Où :

- `p1` et `p2` sont les coordonnées des points de départ et d'arrivée du gradient, exprimées en pourcentages.
- `c1` à `cN` sont les différentes couleurs du gradient.
- `vI` sont les positions des différentes transitions de couleurs, exprimées dans un nombre décimal compris entre 0 et 1.

À titre d'exemple, nous allons définir un gradient linéaire horizontal – qui passe du rouge au bleu au jaune et au blanc – en répartissant de façon égale les différentes transitions. Il est donc nécessaire de définir deux points intermédiaires à 33 % et 66 % de la zone cible.

Voici le code CSS3 utilisé :

```
.gradient-horizontal-multiple
{
  width:400px;
  height: 200px;
  background: -moz-linear-gradient(left, red 0%, blue 33%,
yellow 66%, white);
  background: -webkit-gradient(linear, 0% 0%, 100% 0%,
from(red), color-stop

(0.33, blue), color-stop(.66, yellow), to(white));
}
```

Et le code HTML5 correspondant :

```
<!doctype html>
<html>
  <head>
    <meta charset=UTF-8" />
    <title>Gradient horizontal multiple, du rouge au
blanc, couleurs intermédiaires bleu et jaune</title>
    <link rel="stylesheet" href="gradient-horizontal-
multiple.css">
  </head>
  <body>
    <p class="gradient-horizontal-multiple"><font
size=6>Gradient horizontal multiple, du rouge au blanc,
couleurs intermédiaires bleu et jaune</font></p>
  </body>
</html>
```

La Figure 3.10 représente le résultat de ce code dans le navigateur Chrome 7.0.

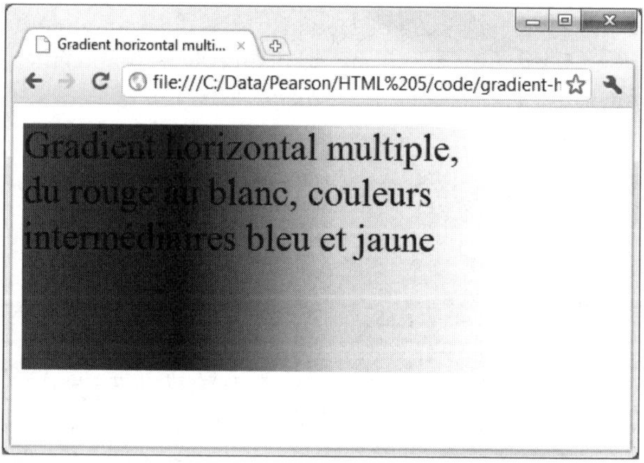

Figure 3.10 : Plusieurs transitions ont été définies dans ce gradient horizontal.

Pour créer vos gradients plus aisément, vous pouvez vous rendre à la page **http://gradients.glrzad.com/**, où quelques réglages élémentaires permettent d'obtenir le code CSS3 correspondant (voir Figure 3.11).

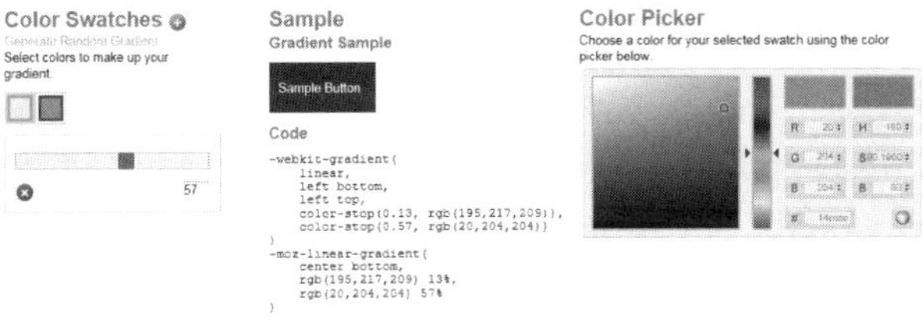

Figure 3.11 : Définition d'un gradient CSS3 en ligne.

Vous pouvez également consulter la page **www.mediaforma.com**, c'est-à-dire la page sur laquelle tous les codes de ce livre sont accessibles.

Gradient radial

gradient()

Les gradients linéaires ne sont pas les seuls utilisables : on peut également définir des gradients radiaux, qui fixent un dégradé de couleurs d'une zone circulaire vers le reste de l'élément ciblé. Les propriétés à utiliser sont les suivantes :

- `-webkit-gradient(radial,…)` sur les navigateurs Webkit (Safari, Chrome) ;
- `-moz-radial-gradient` sur les navigateurs Gecko (Mozilla Firefox).

Voici la syntaxe détaillée de ces deux propriétés :

Navigateurs Webkit

```
background: -webkit-gradient(radial, p1, r1, p2, r2,
from(c1), to(c2));
```

Où :

- `p1` représente les coordonnées du point intérieur du gradient.
- `r1` est le rayon intérieur du gradient.
- `p2` représente les coordonnées du point extérieur du gradient.
- `r2` est le rayon extérieur du gradient.
- `c1` est la couleur intérieure du gradient.
- `c2` est la couleur extérieure du gradient.

Navigateurs Gecko

```
background: -moz-radial-gradient(p1, forme taille, c1, c2);
```

Où :

- `p1` représente les coordonnées du point intérieur du gradient.
- `forme` représente la forme du gradient : `circle` (cercle) ou `ellipse` (ellipse).
- `taille` est la taille du gradient. Ce paramètre peut prendre d'une des valeurs suivantes :
  - `closest-side` (ou `contain`) pour que le gradient occupe toute la taille du conteneur.
  - `closest-corner` pour que le gradient occupe tout l'espace disponible jusqu'au coin le plus proche du conteneur.
  - `farthest-side` (ou `cover`) pour que le gradient occupe tout l'espace disponible jusqu'au coin le plus éloigné du conteneur.

- c1 est la couleur intérieure du gradient.
- c2 est la couleur extérieure du gradient.

Par exemple, pour définir un gradient vertical du rouge au bleu, vous utiliserez les déclarations de styles CSS3 suivantes :

```
background: -webkit-gradient(radial, 50% 0%, 20, 50% 100%,
➥ 40, from(red), to(blue));
background: -moz-radial-gradient(50% 50%, farthest-side,
➥ red, blue);
```

Voici le fichier CSS3 mis en œuvre :

```
.gradient-radial
{
  width:400px;
  height: 200px;
  background: -webkit-gradient(radial, 50% 0%, 20, 50%
  ➥ 100%, 150, from(red), to(blue));
  background: -moz-radial-gradient(50% 50%, circle
  ➥ closest-side, red, blue);
}
```

Ce code définit la classe `gradient-radial`, la dimensionne et lui affecte un gradient radial du rouge au bleu. Voici le code HTML5 qui l'utilise :

```
<!doctype html>
<html>
  <head>
    <meta charset=UTF-8" />
    <title>Gradient radial</title>
    <link rel="stylesheet" href="gradient-radial.css">
  </head>
  <body>
    <p class="gradient-radial">Gradient radial</p>
  </body>
</html>
```

La Figure 3.12 représente le résultat de ce code dans Chrome 7.0.

Figure 3.12 : Un gradient radial dans Google Chrome.

Pour que le gradient n'occupe pas tout le conteneur, la méthode est totalement différente dans les navigateurs Webkit et Gecko.

Navigateurs Webkit

Il suffit de définir un rayon extérieur de plus petite taille dans le code CSS3. Ici, 50 pixels au lieu de 150 :

```
background: -webkit-gradient(radial, 50% 50%, 0, 50% 50%,
➥ 50, from(red), to(blue));
```

Navigateurs Gecko

Il est nécessaire d'ajouter deux pourcentages lors de la définition des couleurs. Ici, le rouge constitue le point de départ du gradient (0 %) et le bleu s'arrête à 30 % de la taille maximale du gradient (30 % de `farthest-side`) :

```
background: -moz-radial-gradient(50% 50%, circle farthest-
side, red 0%, blue 30%);
```

La Figure 3.13 représente le résultat obtenu dans Firefox 3.6 quand on injecte ces deux propriétés dans le code CSS3 et qu'on utilise le même code HTML5.

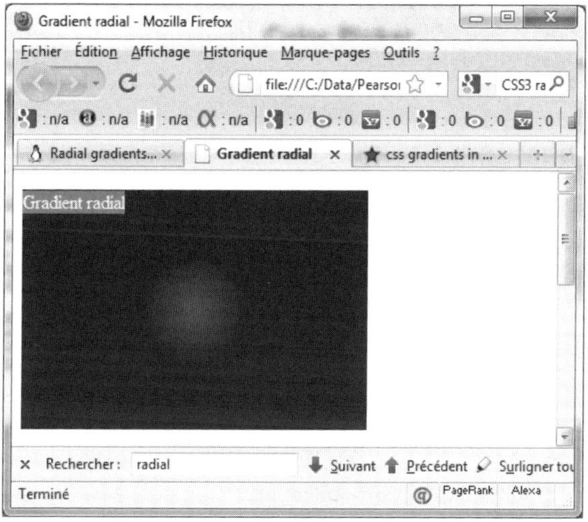

Figure 3.13 : Un gradient qui n'occupe pas toute la surface du conteneur.

Plusieurs couleurs dans un gradient radial

`gradient()`

Tout comme pour les gradients linéaires, il est possible de définir plusieurs couleurs dans un gradient radial. La syntaxe à utiliser est très différente selon qu'on s'adresse à un navigateur Webkit ou Gecko.

Navigateurs Webkit

Un ou plusieurs `color-stop` doivent être définis entre la couleur de départ (`from`) et la couleur d'arrivée (`to`). Ici, par exemple, le gradient va du rouge au noir en passant par le jaune et le bleu :

```
background: -webkit-gradient(radial, 50% 50%, 0, 50% 50%,
➥ 150, from(red), color-stop(.25,yellow), color-stop(.50,
➥ blue), to (black));
```

Navigateurs Gecko

La syntaxe est beaucoup plus simple dans les navigateurs Gecko. Il suffit de préciser les différentes couleurs comme paramètres de la propriété `-moz-radial-gradient`. Ici, le gradient va du rouge au noir en passant par le jaune et le bleu :

```
background: -moz-radial-gradient(circle, red, yellow, blue,
➥ black);
```

Voici le fichier CSS3 mis en œuvre :

```
.gradient-radial
{
  width:300px;
  height: 200px;
  background: -webkit-gradient(radial, 50% 50%, 0, 50%
  ➥ 50%, 150, from(red), color-stop(.25,yellow),
  ➥ color-stop(.50, blue), to (black));
  background: -moz-radial-gradient(circle, red, yellow,
  ➥ blue, black);}
}
```

Le code HTML5 est le même que celui utilisé aux deux sections précédentes. La Figure 3.14 représente le résultat de ce code CSS3/HTML5 dans Firefox 3.6.

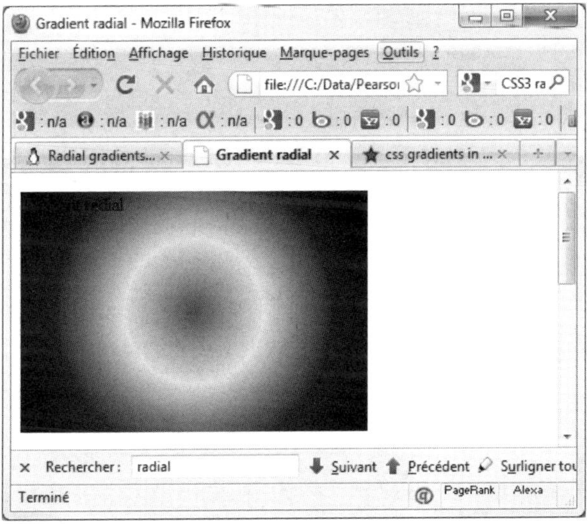

Figure 3.14 : Un gradient multicolore.

Utiliser un gradient pour masquer une image

-mask-image
gradient()

Les navigateurs Webkit peuvent utiliser la propriété CSS3 `-webkit-mask-image` pour appliquer un masque alpha sur une image. L'astuce consiste à cumuler les effets des propriétés `-webkit-mask-image` et `-webkit-gradient`. Voici la syntaxe à utiliser :

```
-webkit-mask-image: -webkit-gradient(radial, , p1, r1, p2,
r2, from(c1), to(c2));
```

Où :

- p1 représente les coordonnées du point intérieur du gradient.
- r1 est le rayon intérieur du gradient.
- p2 représente les coordonnées du point extérieur du gradient.
- r2 est le rayon extérieur du gradient.
- c1 est la couleur intérieure du gradient.
- c2 est la couleur extérieure du gradient.

La Figure 3.15 représente le résultat à obtenir.

Figure 3.15 : Une image JPG avant puis après l'application d'un masque radial.

Pour arriver à cet effet, nous allons utiliser le code HTML5 suivant :

```
<!doctype html>
<html>
  <head>
    <meta charset=UTF-8" />
    <title>Gradient radial</title>
    <link rel="stylesheet" href="masque-radial.css">
  </head>
  <body>
    <img src="image.jpg" width=400px>
```

```
    <img src="image.jpg" class="masque-radial">
  </body>
</html>
```

Ce code n'a rien d'extraordinaire : il se contente d'afficher une image sans classe puis la même image en lui appliquant la classe `masque-radial`.

Reste à définir le code CSS3 de cette classe :

```
.masque-radial
{
  width: 400px;
  -webkit-mask-image: -webkit-gradient(radial, 50% 50%,
70, 50% 50%, 150, from(white), to(rgba(0,0,0,0)));
}
```

Cette classe cumule les effets des propriétés `-webkit-mask-image` et `-webkit-gradient`.

La propriété `-webkit-gradient` définit un gradient radial centré (50 % 50 %). Le gradient s'étend de 70 à 150 pixels (paramètres `3` et `5`).

Les couleurs de départ et d'arrivée sont respectivement le blanc (`from`) et la couleur `rgba(0,0,0,0)` (`to`). Si nécessaire, reportez-vous à la section suivante, "Fonctions *RGBA()* et *HSLA()*", pour en savoir plus sur la fonction `rgba()`.

L'effet obtenu est certes intéressant, mais il serait préférable que le masque radial soit appliqué sur le visage de la jeune peintre. Pour ce faire, il suffit de déplacer les coordonnées du centre du gradient et d'ajuster les rayons de début et de fin en conséquence. Après quelques essais, le bon réglage est le suivant (voir Figure 3.16) :

```
.masque-radial
{
  width: 400px;
  -webkit-mask-image: -webkit-gradient(radial, 80% 20%,
30, 80% 20%, 100, from(white), to(rgba(0,0,0,0)));
}
```

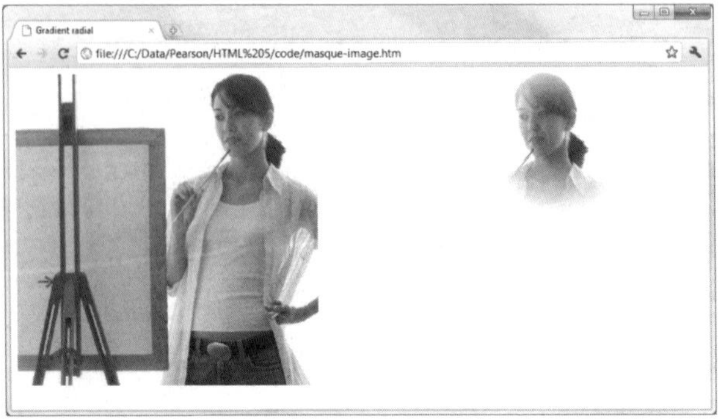

Figure 3.16 : Le masque radial a été recentré sur le visage de la jeune peintre.

Info

La couleur affectée au paramètre `from` n'a que très peu d'importance. Par contre, la quatrième composante de la couleur affectée au paramètre `to` définit la transparence alpha, entre `0` (transparent) et `1` (opaque) du masque. Ici, une transparence totale est demandée. L'image périphérique disparaît donc progressivement selon le gradient.

Fonctions *RGBA()* et *HSLA()*

```
RGBA()
HSLA()
```

En utilisant les fonctions `RGBA()` ou `HSLA()`, on peut appliquer un effet de transparence aux couleurs manipulées dans le code CSS3. Ces fonctions s'appliquent à n'importe quelle propriété dont la valeur est une couleur : `color`, `background-color`, `border-color`, etc.

La fonction `RGBA()` admet quatre paramètres :

```
RGBA(red, green, blue, alpha)
```

Où :

- red, green et blue sont les composantes rouge, vert et bleu de la couleur. Ces trois informations peuvent prendre 256 valeurs, codées entre 0 et 255.
- alpha est le degré d'opacité de la couleur. Cette information est un nombre décimal codé entre 0 (transparent) et 1 (opaque).

La fonction HSLA() admet également quatre paramètres :

```
HSLA(hue, sat, light, alpha)
```

Où :

- hue représente la teinte. Les valeurs autorisées pour ce paramètre sont comprises entre 0 et 360. La valeur 0 (ou 360) correspond au rouge, la valeur 120 correspond au vert et la valeur 250 au bleu.
- sat représente la teinte de la couleur, entre 0% et 100%.
- light représente la luminosité de la couleur, entre 0% (noir) et 100% (blanc).
- alpha est le degré d'opacité de la couleur. Cette information est un nombre décimal codé entre 0 (transparent) et 1 (opaque).

À titre d'exemple, nous allons définir plusieurs éléments div contenant du texte et dont la couleur d'arrière-plan est plus ou moins transparente. Voici le code HTML5 utilisé :

```
<!doctype html>
<html>
  <head>
    <meta charset=UTF-8" />
    <title>Facteur Alpha avec RGBA</title>
    <link rel="stylesheet" href="alpha.css">
  </head>
  <body>
    <div class=alpha00>Texte affiché sur un fond vert avec
    ➥ alpha à 0%</div>
```

```
    <div class=alpha20>Texte affiché sur un fond vert avec
    ➥ alpha à 20%</div>
    <div class=alpha50>Texte affiché sur un fond vert avec
    ➥ alpha à 50%</div>
    <div class=alpha80>Texte affiché sur un fond vert avec
    ➥ alpha à 80%</div>
  </body>
</html>
```

Ce code se contente d'afficher quatre blocs `<div>` de classe `alpha00`, `alpha20`, `alpha50` et `alpha80`. Voici le code CSS3 associé :

```
div
{
  width: 200px;
  height:100px;
}

.alpha00
{
  background-color: rgba(0, 100, 100, 0);
}

.alpha20
{
  background-color: rgba(0, 100, 100, .2);
}

.alpha50
{
  background-color: rgba(0, 100, 100, .5);
}

.alpha80
{
  background-color: rgba(0, 100, 100, .8);
}
```

Le style `div` définit les dimensions de tous les éléments `<div>` utilisés dans le document :

```
div
{
  width: 200px;
  height:100px;
}
```

Les classes `alphaxx` sont toutes définies sur le même principe. Prenons par exemple la classe `alpha50`. Elle applique la fonction `RGBA()` à l'arrière-plan de l'élément concerné en lui donnant une couleur bleu-vert (`R=0, G=100, B=100`) et une transparence de 50 % :

```
.alpha50
{
  background-color: rgba(0, 100, 100, .5);
}
```

La fonction `HSLA()` est une alternative à la fonction `RGBA()`. Le fichier *alpha.css* précédent pourrait être réécrit comme suit avec la fonction `HSLA()` :

```
div
{
  width: 200px;
  height:100px;
}

.alpha00
{
  background-color: hsla(120, 94%, 18%, 0);
}

.alpha20
{
  background-color: hsla(120, 94%, 18%, .2);
}
```

```
.alpha50
{
  background-color: hsla(120, 94%, 18%, 0.4);
}

.alpha80
{
  background-color: hsla(120, 94%, 18%, .8);
}
```

Info

Pour choisir une couleur plus facilement, vous pouvez vous rendre aux pages www.colorschemer.com/online.html (RBG) ou www.workwithcolor.com/hsl-color-schemer-01.htm (HSL).

Regrouper des éléments

Root, text-level semantics, sections, grouping content

La catégorisation "inline" et "bloc" n'a plus cours en HTML5. Cette mouture du langage définit un nouveau schéma de structuration de données : les éléments sont regroupés de manière logique selon leurs rôles sémantiques. Par exemple, `<span>` et `<strong>` appartiennent au groupe *text-level semantics*, ou encore `<img>`, `<audio>` et `<video>` appartiennent au groupe *embedded content*. Le tableau ci-après détaille le contenu des principaux groupes sémantiques

Groupes sémantiques	Éléments
root	html
metadata	head, title, base, link, meta, style
scripting	script
sections	body, section, nav, article, aside, h1 à h6, hgroup, header, footer, address
grouping content	p, hr, pre, blockquote, ol, ul, li, dl, dt, dd, figure, figcaption, div
text-level semantics	a, em, strong, small, s, cite, g, dfn, abbr, time, code, var, samp, kbd, sub, sup, i, b, mark, ruby, rt, rp, bdi, bdo, span, br, wbr
edits	ins, del
embedded content	img, iframe, embed, object, param, video, audio, source, track, canvas, map, area, MathML, svg
tabular data	table, caption, colgroup, col, tbody, thread, tfoot, tr, td, th
forms	form, fieldset, legend, label, input, button, select, datalist, optgroup, option, textarea, keygen, output, progress, meter
interactive elements	details, summary, command, menu, device

Le rendu `inline`, `block` ou `inline-block`, dépend du CSS et n'a rien à voir avec la spécification HTML5. Il ne faut donc pas confondre les groupes d'appartenance HTML5 et le rendu CSS.

```
<!DOCTYPE html>
<html>
  <head>
    <meta charset=UTF-8" />
    <title>Regroupement d'éléments</title>
  </head>
  <body>
    <div style="background-color:yellow; width:500px;
    ➥ height=500px; margin: 20px; padding: 10px;">
      <img src=phare.png style="width: 100px;">
      <span style="font-size: 16px; color:blue;">Ce texte
      ➥ est mis en forme par la première balise span</span>
      <span style="color: red;">et celui-ci par la
      ➥ deuxième balise span.</span>
    </div>
    <div style="background-color: burlywood; margin:
    ➥ 40px; padding: 30px;">
      Ce texte est affiché dans le second div
    </div>
  </body>
</html>
```

La structure de ce document est la suivante :

```
<div>
  <img>
  <span></span>
  <span></span>
</div>
<div>
  texte
</div>
```

Le premier élément `div`, de rendu `block`, inclut trois éléments de rendu `inline`, qui seront affichés successivement de gauche à droite, dans l'espace réservé par le `<div>`. Un second élément `div` fait suite au premier. Il sera donc affiché sur le paragraphe suivant (voir Figure 3.17).

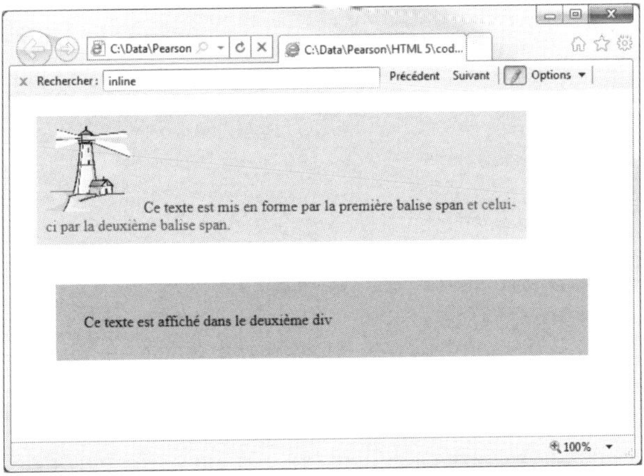

Figure 3.17 : Affichage des deux éléments *div* et des trois éléments en ligne.

Positionner en flux

```
<a>
<h2>
<img>
```

Lorsque la position d'un élément n'est pas spécifiée, il se place d'après l'ordre dans lequel il apparaît dans le code, en ligne ou en bloc selon son rendu, la valeur initiale de la propriété `position` étant `static`.

Par exemple, l'élément a va tout naturellement se placer à la suite du texte qui le précède (voir Figure 3.18).

```
Cliquez <a href="http://www.mediaforma.com"> pour accéder
au site de formation Mediaforma</a>
```

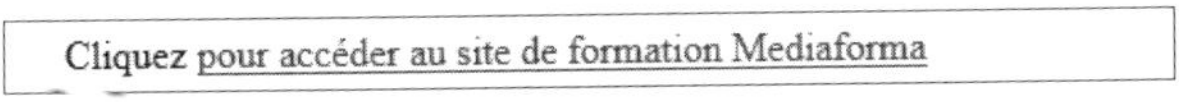

Figure 3.18 : Le lien est affiché sur la même ligne que le texte qui le précède.

Par contre, l'élément de rendu block `<h2>` va s'afficher sur la ligne suivante (voir Figure 3.19) :

```
Ce texte est suivi<h2> par un titre de style H2</h2>
```

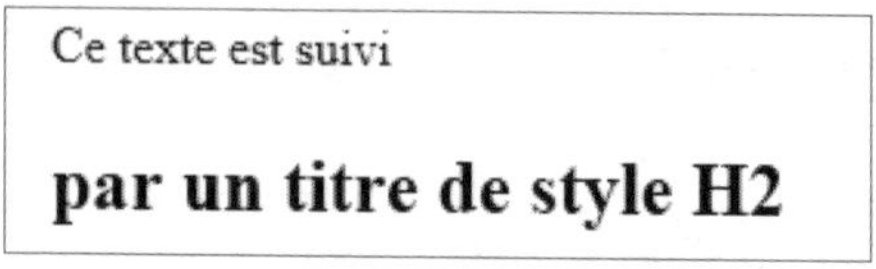

Figure 3.19 : Le titre *<h2>* est affiché sur la ligne suivante.

Il en va de même des objets placés à l'intérieur d'un conteneur. Ici, par exemple, deux images, un texte, puis deux autres images sont affichés à l'intérieur d'un élément `div`. Ces éléments se succèdent en ligne. Le passage à la ligne après le mot "templum" a été provoqué par un manque de place dans le navigateur (voir Figure 3.20).

```
<img src="fgauche.png" style="width:40px">
<img src="fhaut.png" style="width:40px">
Iam summus Pater architectus Deus hanc quam videmus
mundanam domum, divinitatis templum augustissimum,
archanae legibus sapientiae fabrefecerat.
<img src="fbas.png" style="width:40px">
<img src="fdroite.png" style="width:40px">
```

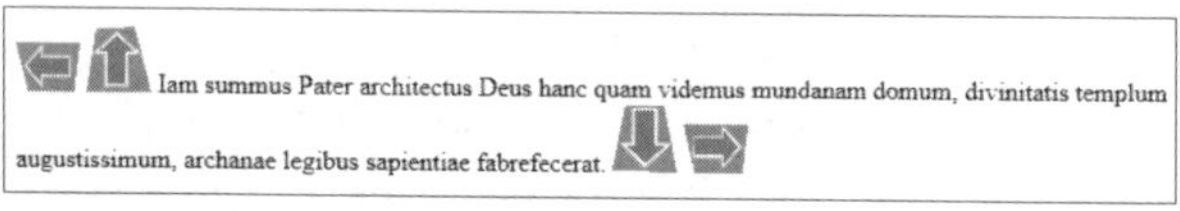

Figure 3.20 : Les éléments se succèdent en ligne.

Mettre en page avec la propriété *display*

display

La propriété `display` permet de spécifier la façon dont un élément est rendu. Elle peut prendre de nombreuses valeurs. Voici les plus courantes :

- **`none`** : l'élément n'est pas rendu.
- **`inline`** : l'élément est rendu sur la même ligne que son parent.
- **`block`** : l'élément est rendu en mode bloc.
- **`inline-block`** : l'élément se comporte comme une "boîte en ligne" : il peut être dimensionné (`width`, `height`) et avoir des marges (`margin`, `padding`), mais il se place également sur la ligne de texte de son parent. Vous utiliserez `-moz-inline-box` pour assurer la compatibilité avec Firefox 2 et supérieur.
- **`list-item`** : l'élément est affiché sous la forme d'une liste.
- **`table`, `inline-table`, `table-header-group`, `table-footer-group`, `table-row`, `table-row-group`, `table-column`, `table-column-group`, `table-cell`, `table-caption`** : l'élément se comporte comme les composants d'un tableau (attention, ces valeurs sont incompatibles avec Internet Explorer).

Cet exemple utilise trois éléments `div`. De type bloc, la première est parent des deux suivantes. La deuxième est de type en ligne (`display: inline;`). La troisième de type bloc : comme la propriété `display` n'est pas spécifiée, l'élément `div` utilise son comportement par défaut : celui d'un élément de type `block` (voir Figure 3.21).

```
<!DOCTYPE html>
<html>
  <head>
    <meta charset=UTF-8" />
    <title>La propriété display</title>
    <style>
      .un
      {
        border: 1px solid #ff0000;
        margin: 10px;
        padding: 10px;
      }
      .deux
      {
        border: 1px solid #00ff00;
        margin: 2px;
        padding: 2px;
      }
      .trois
      {
        border: 1px solid #0000ff;
        margin: 10px;
        padding: 10px;
      }
    </style>
  </head>
  <body>
    <div class="un" style="display: block;">
      ce texte est affiché dans une balise div de type "bloc".
      <div class="deux" style="display: inline">Ce texte
      ➥ est affiché dans une balise div dont la propriété
      ➥ display vaut inline</div>
      <div class="trois">ce texte est affiché dans une
      ➥ balise div de type "bloc"</div>
    </div>
  </body>
</html>
```

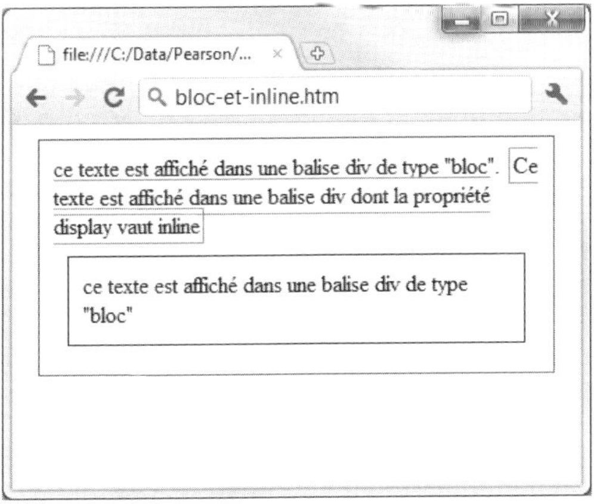

Figure 3.21 : Le comportement "en ligne" du deuxième élément *<div>* provoque son affichage sur la même ligne que le premier.

Dans cet autre exemple, nous utilisons les valeurs `table`, `table-row` et `table-cell` pour simuler le fonctionnement des éléments HTML5 d'un tableau (voir Figure 3.22).

```
<!DOCTYPE html>
<html>
  <head>
    <meta charset=UTF-8" />
    <title>Des tableaux en HTML5</title>
    <style>
      .un
      {
        border: 1px solid #ff0000;
        margin: 10px;
        padding: 10px;
      }
      .deux
      {
        border: 1px solid #00ff00;
        margin: 2px;
        padding: 2px;
```

```
        }
        .trois
        {
          border: 1px solid #0000ff;
          margin: 10px;
          padding: 10px;
        }
      </style>
    </head>
    <body>
      <div class="un" style="display: table;">
        Ce texte est affiché dans une balise div dont la
        ➥ propriété display vaut table.
        <div class="deux" style="display: table-row">Ce
        ➥ texte est affiché dans une balise div dont la
        ➥ propriété display vaut table-row
        <div class="trois"  style="display: table-cell">ce
        ➥ texte est affiché dans une balise div de type
        ➥ "table-cell"</div>
        <div class="trois"  style="display: table-cell">ce
        ➥ texte est affiché dans une autre balise div de
        ➥ type "table-cell"</div>
      </div>
      <div class="deux" style="display: table-row">On
      ➥ recommence avec une nouvelle ligne
        <div class="trois"  style="display: table-cell">Une
        ➥ première cellule</div>
        <div class="trois"  style="display: table-cell">Et
        ➥ une deuxième</div>
        </div>
      </div>
    </body>
  </html>
```

Le corps du document est organisé selon trois niveaux hiérarchiques :

- Un élément de classe `un` et de style `display:table` englobe les deux autres niveaux hiérarchiques.
- Deux éléments de classe `deux` et de style `display:table-row` simulent les éléments XHTML `<tr>`.

- Quatre éléments de classe `trois` et de style `display:table-cell` simulent les éléments XHTML `<td>`.

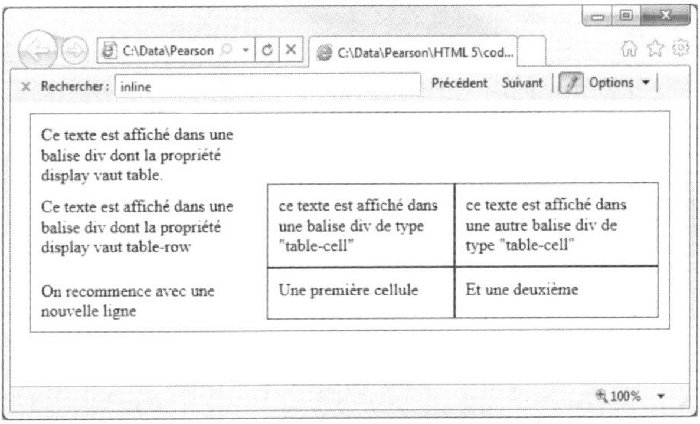

Figure 3.22 : Le comportement "tableau" fonctionne dans tous les navigateurs récents (ici, Internet Explorer 9 Bêta).

Rendu *inline-block*

```
inline-block
inline
zoom
```

Le rendu `inline-block` profite des propriétés propres aux rendus `inline` et `block`. En effet, il permet aux éléments concernés de s'afficher côte à côte (rendu `inline`) et d'être dimensionnés et de recevoir des marges externes (rendu `block`).

Pour définir des blocs de texte de largeur fixe à l'aide de simples éléments `p`, rien de tel qu'un affichage `inline-block` (voir Figure 3.23).

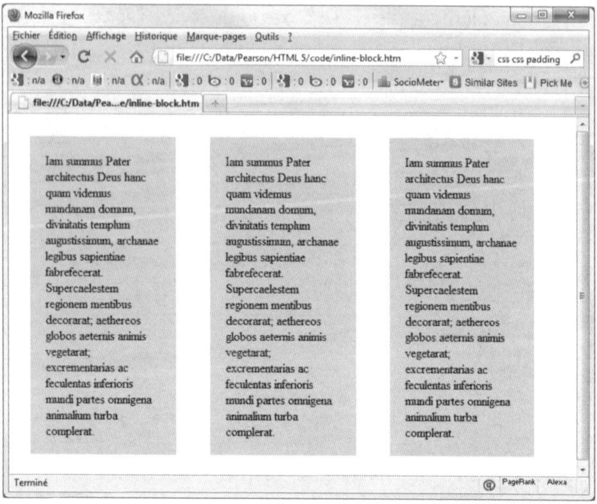

Figure 3.23 : Alignement *inline-block* de paragraphes.

Voici le code HTML5/CSS3 utilisé :

```
<!DOCTYPE html>
<html>
  <head>
    <meta charset=UTF-8" />
    <title>Un rendu inline-block</title>
    <style>
      p
      {
        display:inline-block;
        text-align:left;
        background:#dce;
        width:150px;
        padding:20px;
        margin: 20px;
      }
    </style>
  </head>
```

```
  <body>
    <p>Iam summus Pater architectus Deus hanc quam videmus
mundanam domum, divinitatis templum augustissimum,
archanae legibus sapientiae fabrefecerat. Supercaelestem
regionem mentibus decorarat; aethereos globos aeternis
animis vegetarat; excrementarias ac feculentas inferioris
mundi partes omnigena animalium turba complerat. </p>

    <p>Iam summus Pater architectus Deus hanc quam videmus
mundanam domum, divinitatis templum augustissimum,
archanae legibus sapientiae fabrefecerat. Supercaelestem
regionem mentibus decorarat; aethereos globos aeternis
animis vegetarat; excrementarias ac feculentas inferioris
mundi partes omnigena animalium turba complerat. </p>

    <p>Iam summus Pater architectus Deus hanc quam videmus
mundanam domum, divinitatis templum augustissimum,
archanae legibus sapientiae fabrefecerat. Supercaelestem
regionem mentibus decorarat; aethereos globos aeternis
animis vegetarat; excrementarias ac feculentas inferioris
mundi partes omnigena animalium turba complerat. </p>
  </body>
</html>
```

Le corps du document se contente d'afficher trois textes à l'aide d'éléments `p` consécutifs. Rien de bien intéressant dans ce code. Par contre, le code CSS3 mérite votre attention.

Tous les éléments `p` sont rendus en `inline-block` :

```
p
{
  display:inline-block;
```

Le texte est aligné à gauche sur un arrière-plan grisé de couleur `#dce` :

```
text-align:left;
background:#dce;
```

La largeur de l'élément est définie à 150 pixels et des marges sont fixées pour séparer horizontalement les éléments p consécutifs :

```
width:150px;
padding:20px;
margin: 20px;
```

Info

Cette technique ne se limite pas aux éléments **p**. Elle peut être étendue à tous les éléments dont le rendu par défaut est **inline**. Essentiellement **a**, **b**, **br**, **code**, **em**, **font**, **i**, **img**, **input**, **s**, **select**, **small**, **span**, **strike**, **strong**, **sub**, **sup**, **textarea** et **u**.

Attention

L'utilisation de la propriété **display** ne suffit pas pour obtenir un comportement **inline-block** sur les éléments de type **block** dans Internet Explorer 6 et 7. Pour obtenir le résultat escompté, vous devez affecter un **display inline** à l'élément puis initialiser à **1** la propriété **zoom**. Voici le code à utiliser :

```
.inline-block
{
  display: inline; //Transforme l'élément en type
Inline
  zoom: 1; // Donne le layout
}
```

Design à deux colonnes

```
float
margin-left
```

Le principe consiste à définir une boîte <div> flottante (à gauche ou à droite selon les besoins) et une zone non flottante, dont la marge est légèrement supérieure à la largeur de l'élément flottant.

Dans cet exemple, nous définissons une "colonne" flottante à gauche de largeur 150 pixels, et une colonne non flottante qui occupe le reste de la page. Cette colonne a une marge gauche de 160 pixels, de façon à se détacher légèrement vers la droite de la colonne gauche (voir Figure 3.24).

```
<!DOCTYPE html>
<html>
  <head>
    <meta charset=UTF-8" />
    <title>Un design à deux colonnes</title>
    <style>
      #colonne1
      {
        float: left;
        width: 150px;
        background: #66CCFF;
      }
      #colonne2
      {
        margin-left: 160px;
        background: #FFFFCC;
      }
    </style>
  </head>
  <body>
    <div id="colonne1">
      Iam summus Pater architectus Deus hanc quam videmus
mundanam domum, divinitatis templum augustissimum,
archanae legibus sapientiae fabrefecerat. Supercaelestem
regionem mentibus decorarat; aethereos globos aeternis
animis vegetarat; excrementarias ac feculentas inferioris
mundi partes omnigena animalium turba complerat. Sed,
opere consummato, desiderabat artifex esse aliquem qui
tanti operis rationem perpenderet, pulchritudinem amaret,
magnitudinem admiraretur. Idcirco iam rebus omnibus (ut
Moses5 Timaeusque6 testantur) absolutis, de producendo
homine postremo cogitavit. Verum nec erat in archetypis
unde novam sobolem effingeret, nec in thesauris quod novo
```

```
filio hereditarium largiretur, nec in subselliis totius
orbis, ubi universi contemplator iste sederet.
    </div>
    <div id="colonne2">
      Iam summus Pater architectus Deus hanc quam videmus
mundanam domum, divinitatis templum augustissimum,
archanae legibus sapientiae fabrefecerat. Supercaelestem
regionem mentibus decorarat; aethereos globos aeternis
animis vegetarat; excrementarias ac feculentas inferioris
mundi partes omnigena animalium turba complerat. Sed,
opere consummato, desiderabat artifex esse aliquem qui
tanti operis rationem perpenderet, pulchritudinem amaret,
magnitudinem admiraretur. Idcirco iam rebus omnibus (ut
Moses5 Timaeusque6 testantur) absolutis, de producendo
homine postremo cogitavit. Verum nec erat in archetypis
unde novam sobolem effingeret, nec in thesauris quod novo
filio hereditarium largiretur, nec in subselliis totius
orbis, ubi universi contemplator iste sederet.
    </div>
  </body>
</html>
```

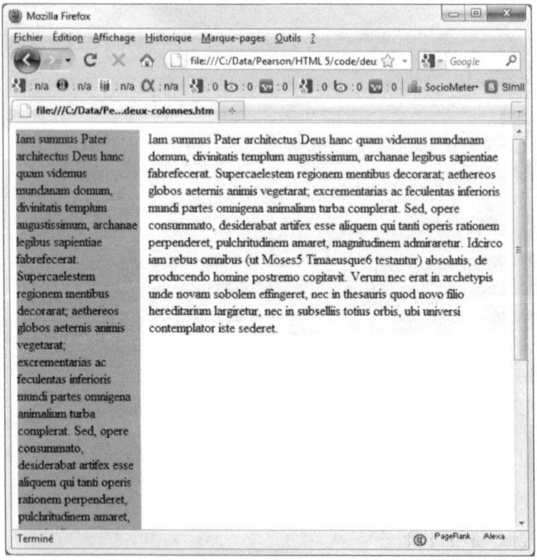

Figure 3.24 : Un design à deux colonnes, dont une flottante.

Design à trois colonnes dont deux flottantes

```
<div>
float
```

Pour réaliser un design à trois colonnes dont deux sont flottantes, ancrées sur les bords gauche et droit de la page, vous utiliserez trois éléments `div` :

- un premier de largeur fixe (`width`), ancré sur le bord gauche de la page (`float: left`) ;
- un deuxième de largeur fixe (`width`), ancré sur le bord droit de la page (`float: right`) ;
- un troisième qui occupera librement l'espace situé entre les deux autres (voir Figure 3.25).

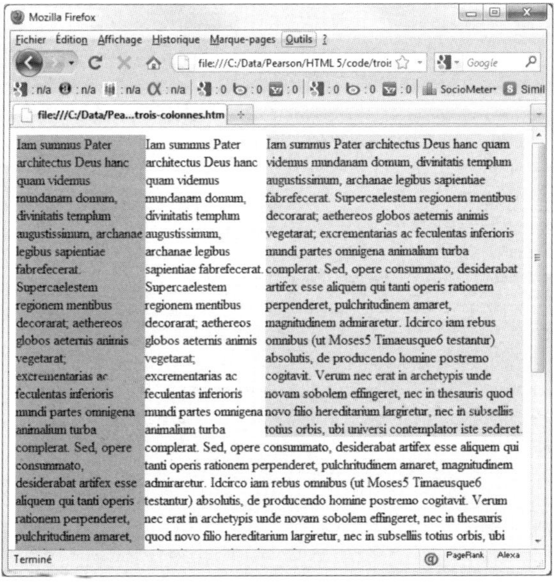

Figure 3.25 : Les deux *<div>* flottants ont un arrière-plan coloré pour faciliter le repérage des colonnes.

```
<!DOCTYPE html>
<html>
  <head>
    <meta charset=UTF-8" />
    <title>Un design fluide à 3 colonnes</title>
    <style>
      #colonne1
      {
        float: left;
        width: 150px;
        background: #66CCFF;
      }
      #colonne2
      {
        float: right;
        width: 300px;
        background: #CCFF99;
      }
      #colonne3
      {
        background: #FFFFCC;
      }
    </style>
  </head>
  <body>
    <div id="colonne1">
      Iam summus Pater architectus Deus hanc quam videmus
mundanam domum, divinitatis templum augustissimum,
archanae legibus sapientiae fabrefecerat. Supercaelestem
regionem mentibus decorarat; aethereos globos aeternis
animis vegetarat; excrementarias ac feculentas inferioris
mundi partes omnigena animalium turba complerat. Sed,
opere consummato, desiderabat artifex esse aliquem qui
tanti operis rationem perpenderet, pulchritudinem amaret,
magnitudinem admiraretur. Idcirco iam rebus omnibus (ut
Moses5 Timaeusque6 testantur) absolutis, de producendo
homine postremo cogitavit. Verum nec erat in archetypis
unde novam sobolem effingeret, nec in thesauris quod novo
```

```
filio hereditarium largiretur, nec in subselliis totius
orbis, ubi universi contemplator iste sederet.
    </div>
  <div id="colonne2">
    Iam summus Pater architectus Deus hanc quam videmus
mundanam domum, divinitatis templum augustissimum,
archanae legibus sapientiae fabrefecerat. Supercaelestem
regionem mentibus decorarat; aethereos globos aeternis
animis vegetarat; excrementarias ac feculentas inferioris
mundi partes omnigena animalium turba complerat. Sed,
opere consummato, desiderabat artifex esse aliquem qui
tanti operis rationem perpenderet, pulchritudinem amaret,
magnitudinem admiraretur. Idcirco iam rebus omnibus (ut
Moses5 Timaeusque6 testantur) absolutis, de producendo
homine postremo cogitavit. Verum nec erat in archetypis
unde novam sobolem effingeret, nec in thesauris quod novo
filio hereditarium largiretur, nec in subselliis totius
orbis, ubi universi contemplator iste sederet.
    </div>
    <div id="colonne3">
      Iam summus Pater architectus Deus hanc quam videmus
mundanam domum, divinitatis templum augustissimum,
archanae legibus sapientiae fabrefecerat. Supercaelestem
regionem mentibus decorarat; aethereos globos aeternis
animis vegetarat; excrementarias ac feculentas inferioris
mundi partes omnigena animalium turba complerat. Sed,
opere consummato, desiderabat artifex esse aliquem qui
tanti operis rationem perpenderet, pulchritudinem amaret,
magnitudinem admiraretur. Idcirco iam rebus omnibus (ut
Moses5 Timaeusque6 testantur) absolutis, de producendo
homine postremo cogitavit. Verum nec erat in archetypis
unde novam sobolem effingeret, nec in thesauris quod novo
filio hereditarium largiretur, nec in subselliis totius
orbis, ubi universi contemplator iste sederet.
    </div>
  </body>
</html>
```

Design à trois colonnes

```
margin-left
margin-right
```

La section précédente a montré comment obtenir une mise en page sur trois colonnes. La colonne centrale occupe tout l'espace laissé libre par les deux autres colonnes flottantes. Dans notre exemple, la colonne de droite étant "plus courte" que la colonne centrale, cette dernière s'enroule sur la droite.

Pour que la deuxième colonne se comporte en tant que telle, il faut donner à ses marges gauche et droite une largeur légèrement supérieure à celles des colonnes de gauche et de droite.

Dans le code de la section précédente, il suffit de compléter le style `colonne3` comme suit :

```
#colonne3
{
  margin-left: 160px;
  margin-right: 310px;
  background: #FFFFCC;
}
```

Les colonnes de gauche et de droite ayant des largeurs respectives de 150 et 300 pixels, une marge de 10 pixels est laissée de part et d'autre de la colonne centrale (voir Figure 3.26).

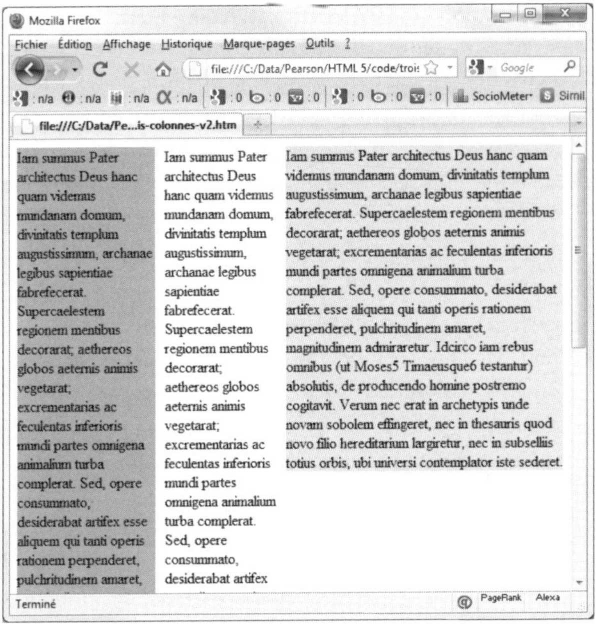

Figure 3.26 : La colonne centrale se comporte maintenant comme une "vraie" colonne.

Design à trois colonnes de même hauteur

```
<div>
background
overflow: hidden;
float
```

La hauteur d'une boîte CSS3 est intimement liée à son contenu. Au cours des sections précédentes, vous avez vu comment réaliser une mise en page sur plusieurs colonnes en utilisant des boîtes flottantes. Malheureusement, la hauteur de ces boîtes dépend de leur contenu et l'effet obtenu n'est pas des plus heureux lorsque la quantité de texte n'est pas la même dans les différentes colonnes.

Pour obtenir des colonnes de même hauteur, et ce, indépendamment de leur contenu, vous utiliserez la technique dite des "colonnes factices", qui consiste à :

1. Insérer les boîtes des colonnes dans un conteneur commun.
2. Définir un arrière-plan graphique qui se répète en hauteur dans le conteneur, de façon à tracer un séparateur entre les colonnes.
3. Modifier les marges de la colonne centrale pour obtenir un léger décalage de part et d'autre des colonnes séparatrices.
4. Conférer au conteneur un nouveau contexte de formatage *via* la déclaration `overflow: hidden`, ce qui permet à ce conteneur d'englober ses enfants flottants.

Dans cet exemple, nous définissons une colonne gauche de largeur 160 pixels, une colonne droite de largeur 300 pixels et une colonne centrale qui occupe le reste de l'espace disponible, soit 800 – 160 – 300 = 340 pixels (voir Figure 3.27).

```
<!DOCTYPE html>
<html>
  <head>
    <meta charset=UTF-8" />
    <title>Un design à 3 colonnes de même hauteur</title>
    <style>
      #conteneur
      {
        width: 800px;
        background: url(fond.gif) repeat-y;
        overflow: hidden;
      }
```

```
      #colonne1
      {
        float: left;
        width: 150px;
        background: #66CCFF;
      }
      #colonne2
      {
        float: right;
        width: 300px;
        background: #CCFF99;
      }
      #colonne3
      {
        background: #FFFFCC;
        margin-left: 160px;
        margin-right: 310px;
      }
    </style>
  </head>
  <body>
    <div id="conteneur">
      <div id="colonne1">
        Iam summus Pater architectus Deus hanc quam
videmus mundanam domum, divinitatis templum augustissimum,
archanae legibus sapientiae fabrefecerat. Supercaelestem
regionem mentibus decorarat; aethereos globos aeternis
animis vegetarat; excrementarias ac feculentas inferioris
mundi partes omnigena animalium turba complerat. Sed,
opere consummato, desiderabat artifex esse aliquem qui
tanti operis rationem perpenderet, pulchritudinem amaret,
magnitudinem admiraretur. Idcirco iam rebus omnibus (ut
Moses5 Timaeusque6 testantur) absolutis, de producendo
homine postremo cogitavit. Verum nec erat in archetypis
unde novam sobolem effingeret, nec in thesauris quod novo
filio hereditarium largiretur, nec in subselliis totius
orbis, ubi universi contemplator iste sederet.
      </div>
      <div id="colonne2">
        Iam summus Pater architectus Deus hanc quam
videmus mundanam domum, divinitatis templum augustissimum,
```

```
archanae legibus sapientiae fabrefecerat. Supercaelestem
regionem mentibus decorarat; aethereos globos aeternis
animis vegetarat; excrementarias ac feculentas inferioris
mundi partes omnigena animalium turba complerat. Sed,
opere consummato, desiderabat artifex esse aliquem qui
tanti operis rationem perpenderet, pulchritudinem amaret,
magnitudinem admiraretur. Idcirco iam rebus omnibus (ut
Moses5 Timaeusque6 testantur) absolutis, de producendo
homine postremo cogitavit. Verum nec erat in archetypis
unde novam sobolem effingeret, nec in thesauris quod novo
filio hereditarium largiretur, nec in subselliis totius
orbis, ubi universi contemplator iste sederet.
      </div>
      <div id="colonne3">
        Iam summus Pater architectus Deus hanc quam
videmus mundanam domum, divinitatis templum augustissimum,
archanae legibus sapientiae fabrefecerat. Supercaelestem
regionem mentibus decorarat; aethereos globos aeternis
animis vegetarat; excrementarias ac feculentas inferioris
mundi partes omnigena animalium turba complerat. Sed,
opere consummato, desiderabat artifex esse aliquem qui
tanti operis rationem perpenderet, pulchritudinem amaret,
magnitudinem admiraretur. Idcirco iam rebus omnibus (ut
Moses5 Timaeusque6 testantur) absolutis, de producendo
homine postremo cogitavit. Verum nec erat in archetypis
unde novam sobolem effingeret, nec in thesauris quod novo
filio hereditarium largiretur, nec in subselliis totius
orbis, ubi universi contemplator iste sederet.
      </div>
    </div>
  </body>
</html>
```

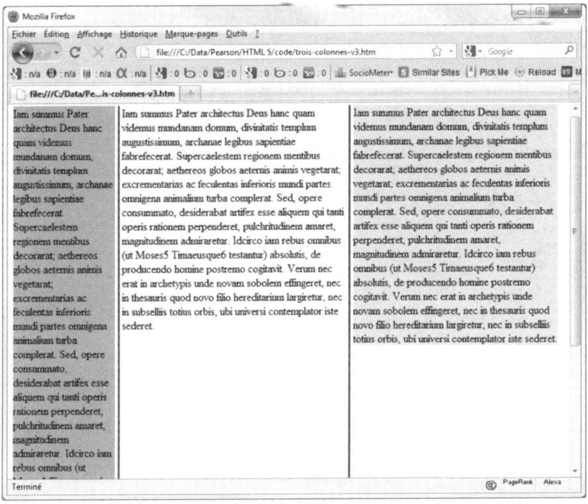

Figure 3.27 : Le séparateur entre les colonnes donne l'illusion qu'elles ont une même hauteur, mais leur arrière-plan montre le contraire.

Multicolonnage, la nouvelle vague CSS3

```
column-width
colum-gap
column-rule
```

Les techniques exposées aux sections précédentes fonctionnent sur tous les navigateurs actuels. CSS3 en propose cependant une autre, bien plus élégante – bien que partiellement compatible –, pour gérer le multicolonnage. Alors que j'écris ces lignes, cette technique ne fonctionne qu'avec les navigateurs Gecko et Webkit. Lors du passage de ce module en RC (*Recommandation Candidate*), elle devrait normalement être supportée par tous les navigateurs de dernière génération. Il est donc important de savoir la mettre en œuvre.

Pour définir un multicolonnage CSS3, il suffit de fixer la largeur des colonnes et l'espace entre deux colonnes.Voici le code HTML5/CSS3 utilisé :

```
<!DOCTYPE html>
<html>
  <head>
    <meta charset=UTF-8" />
    <title>Multicolonnage</title>
    <style>
      .multi-col
      {
        -moz-column-width: 150px;
        -webkit-column-width: 150px;
        -moz-column-gap: 20px;
        -webkit-column-gap: 20px;
      }
    </style>
  </head>
  <body>
    <div class="multi-col">
      Iam summus Pater architectus Deus hanc quam videmus
mundanam domum, divinitatis templum augustissimum,
archanae legibus sapientiae fabrefecerat. Supercaelestem
regionem mentibus decorarat; aethereos globos aeternis
animis vegetarat; excrementarias ac feculentas inferioris
mundi partes omnigena animalium turba complerat. Sed,
opere consummato, desiderabat artifex esse aliquem qui
tanti operis rationem perpenderet, pulchritudinem amaret,
magnitudinem admiraretur. Idcirco iam rebus omnibus (ut
Moses5 Timaeusque6 testantur) absolutis, de producendo
homine postremo cogitavit. Verum nec erat in archetypis
unde novam sobolem effingeret, nec in thesauris quod novo
filio hereditarium largiretur, nec in subselliis totius
orbis, ubi universi contemplator iste sederet.</p>
    </div>
  </body>
</html>
```

Le corps du document se contente de définir un élément div de classe multi-col et de lui affecter un long texte. La partie intéressante du code se trouve dans le CSS3. La classe multi-col définit la largeur des colonnes pour les navigateurs Mozilla et Webkit.

```
.multi-col
{
  -moz-column-width: 150px;
  -webkit-column-width: 150px;
```

L'espace entre les colonnes est fixé à 20 pixels :

```
-moz-column-gap: 20px;
-webkit-column-gap: 20px;
```

Comme vous pouvez le constater (voir Figures 3.28 à 3.30), le nombre de colonnes dépend de la largeur de la page dans le navigateur.

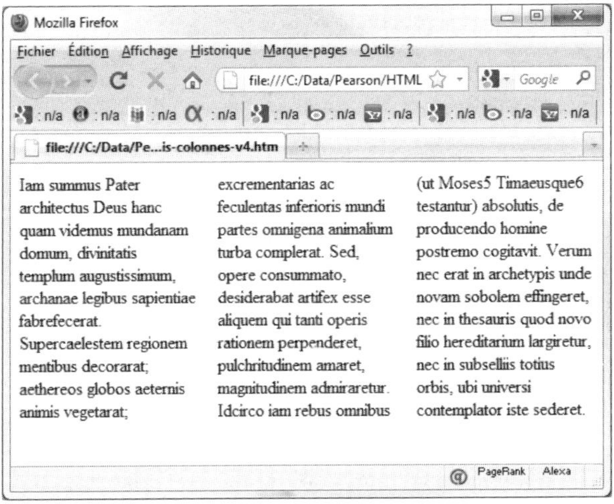

Figure 3.28 : Ici, le texte occupe trois colonnes.

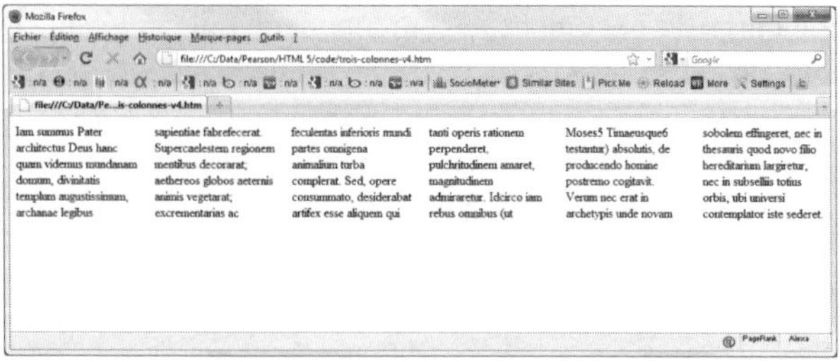

Figure 3.29 : La largeur de la page étant plus importante, le texte occupe maintenant six colonnes.

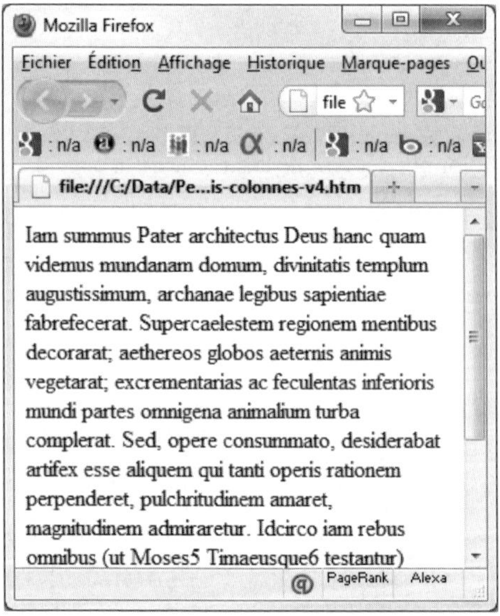

Figure 3.30 : La largeur de la page étant très limitée, le texte n'occupe plus qu'une seule colonne.

Si le nombre de colonnes doit rester fixe, utilisez les propriétés CSS3 `-moz-column-count` et `-webkit-column-count`.

Par exemple, pour définir trois colonnes, quelle que soit la largeur de la fenêtre, ajoutez les deux lignes suivantes dans la classe `multi-col` :

```
-moz-column-count: 3;
-webkit-column-count: 3;
```

Si nécessaire, vous pouvez également insérer un trait séparateur entre les colonnes en utilisant les propriétés CSS3 `-moz-column-rule` et `-webkit-column-rule` dont voici la syntaxe :

```
-moz-column-rule: largeur style couleur;
-webkit-column-rule: largeur style couleur;
```

Où :

- `largeur` est la largeur du trait en pixels.
- `style` est le style du trait. Il peut prendre l'une des valeurs suivantes : `dotted`, `dashed`, `solid`, `insert`, `double`, `groove`, `ridge` ou `outset`.
- `couleur` est la couleur du trait.

Par exemple, pour définir un trait séparateur continu noir et d'épaisseur 1 pixel, vous utiliserez les deux propriétés suivantes :

```
-moz-column-rule: 1px solid black;
-webkit-column-rule: 1px solid black;
```

Pour terminer, sachez qu'il est possible de définir la couleur d'arrière-plan du texte avec la propriété `background` et l'alignement du texte dans les colonnes avec la propriété `text-align`. Par exemple, pour affecter un arrière-plan gris et pour justifier le texte dans les colonnes, servez-vous des propriétés suivantes :

```
background:#ccc;
text-align:justify;
```

La Figure 3.31 représente l'affichage du document précédent dans lequel plusieurs propriétés CSS3 ont été ajoutées.

```
.multi-col
{
  -moz-column-width: 150px;
  -webkit-column-width: 150px;
  -moz-column-gap: 20px;
  -webkit-column-gap: 20px;
  background:#ccc;
  text-align:justify;
  -moz-column-count: 3;
  -webkit-column-count: 3;
  -moz-column-rule: 1px solid black;
  -webkit-column-rule: 1px solid black;
}
```

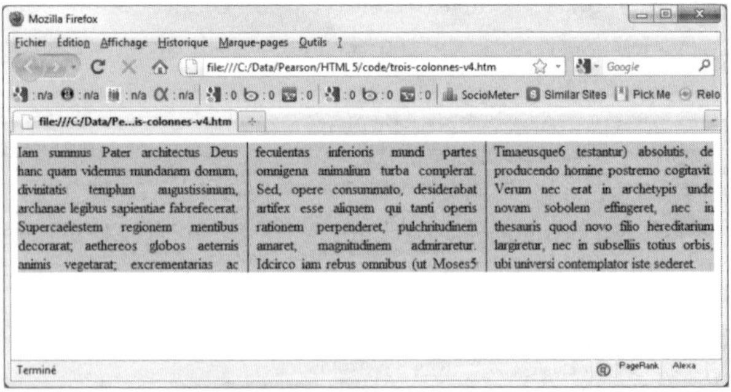

Figure 3.31 : Le texte est maintenant affiché sur trois colonnes, indépendamment de la largeur de la fenêtre.

Info

La propriété **-webkit-column-rule** rassemble plusieurs paramètres qu'on peut éclater en utilisant les propriétés **-webkit-column-rule-color**, **-webkit-column-rule-style** et **-webkit-column-rule-width**. Il en va de même de la propriété **-moz-column-rule** qu'il est possible d'éclater en **-moz-column-rule-color**, **-moz-column-rule-style** et **-moz-column-rule-width**.

4

Textes et polices

Ce chapitre est consacré aux éléments HTML5 en rapport avec la manipulation du texte.Vous y découvrirez ceux qui ont changé ou qui sont apparus avec la version 5 du langage et vous verrez comment afficher les caractères accentués de la langue française sur tous les navigateurs et dans tous les pays du monde.

Éléments redéfinis dans HTML5

`a, b, strong, i et small`

Plusieurs éléments concernant la manipulation du texte et des polices de caractères ont subi quelques modifications dans HTML5. Nous allons voir lesquels.

a

Dans les versions précédentes du langage, l'élément `a` avait un modèle de contenu `inline`. En d'autres termes, il ne pouvait envelopper que des éléments de type `inline`.

En HTML5, il peut envelopper des éléments de tous niveaux, excepté les éléments interactifs (pas de type `block` en HTML5) : `p`, `hr`, `pre`, `ul`, `ol`, `dl`, `div`, `h1`, `h2`, `h3`, `h4`, `h5`, `h6`, hgroup, address, blockquote, ins, del, object, map, noscript, section, nav, article, aside, header, footer, video, audio, figure, table, form, fieldset, menu, canvas ou details.

Quelques modifications apparaissent au niveau des attributs :

- name n'est plus utilisé. Il est remplacé par id.
- target est encore autorisé (seules les DTD strictes interdisent son usage).
- media désigne la destination du lien : all (défaut), aural (synthèse vocale), braille, handheld (écrans de petite taille), projection (projecteurs), print (aperçu avant impression et pages imprimées), screen (écran d'ordinateur), tty (télétypes à caractères de taille fixe) ou tv (télévision).
- ping envoie une requête POST aux URI (*Uniform Resource Identifier*) spécifiés dans l'attribut (les URI doivent être séparés par des espaces).
- rel définit la relation entre le document courant et le document lié. Il peut prendre l'une des valeurs suivantes :

Valeur	Signification
alternate	Version alternative du document (imprimable, traduite ou miroir par exemple)
archives	Lien vers une archive
author	Lien vers l'auteur du document
bookmark	URL permanente utilisée comme signet
external	Document externe
first	Premier document d'un ensemble de documents
help	Document d'aide
index	Index d'un document
last	Dernier document d'un ensemble de documents
licence	Lien vers le copyright du document

Valeur	Signification
`next`	Prochain document dans un ensemble de documents
`nofollow`	Le document lié ne doit pas être suivi par les moteurs de recherche
`prev`	Document précédent dans un ensemble de documents
`search`	Lien vers un outil de recherche dans le document
`sidebar`	Lien vers un document qui doit s'afficher dans un volet du navigateur
`tag`	Mot-clé pour le document
`up`	Lien vers un document situé au niveau hiérarchique supérieur (page produit vers liste de produits par exemple)

- `mime` définit le type MIME du document auquel on accède : `application`, `audio`, `example`, `image`, `message`, `model`, `multipart`, `text` ou `video`.

Quelques exemples valides :

```
<!-- Lien traditionnel -->
<a href="http://www.siteweb.com">texte</a>

<!-- Lien sur un tableau -->
<a href="http://www.siteweb.com">
  <table>
    <tr><td></td></tr>
  </table>
</a>

<!-- Lien avec identifiant sur une image. L'image s'affiche
➥ dans une fenêtre complémentaire -->
<a id="monlien" "http://www.siteweb.com" target="_blank">
➥<img src="monimage.gif"></a>

<!-- Lien pour tous les types de média sauf print -->
<a href= "http://www.siteweb.com" media="not print">next</a>
```

```
<!-- Envoi d'un ping à la page http://www.siteweb.com/
➥ping/trace.htm -->
<a href="http://www.siteweb.com/demo.htm" id="demo" ping=
➥"http://www.siteweb.com/ping/trace.htm?url=demo.htm" >
➥Lien tracé</a>
```

b, *strong* et *i*

Selon le W3C, “L’élément `b` représente maintenant une portée de texte à déporter stylistiquement de la prose normale sans transmettre d’importance en plus, telle que les mots-clés dans un résumé de document, des noms de produits dans un article, ou d’autres portées de texte dont la présentation typographique typique est en gras.”

Toujours selon le W3C, “L’élément `strong` représente maintenant l’importance plutôt que la forte emphase.”

Après avoir lu et relu cette prose, vous pouvez comprendre – si je ne m’abuse – que l’élément `b` met en avant de façon modérée une portion de texte. Vous utiliserez l’élément `strong` pour mettre en avant un texte plus important.

Quant à l’élément `i`, il met en italique une portion de texte sans toutefois le mettre en avant. Il sera utilisé pour afficher des termes techniques, des pensées, des désignations taxonomiques, des expressions idiomatiques, etc.

small

En HTML5, l’élément `small` sera essentiellement utilisé pour afficher des commentaires secondaires et des mentions légales. Le texte encadré par cet élément apparaît en caractères de petite taille.

Info

Les éléments `basefont`, `big`, `center`, `font`, `s`, `strike`, `tt` et `u` ne figurent pas dans les spécifications de HTML5 car leurs effets purement présentatifs relèvent du langage CSS.

Éléments nouveaux du HTML5

```
<time>
<var>
<mark>
<ruby>
<rt>
<rp>
```

Plusieurs éléments orientés texte font leur apparition dans HTML5. Nous allons les passer en revue dans cette section.

time

L'élément `time` définit une information horaire ou une date. Voici sa syntaxe :

```
<time>date ou heure</time>
```

ou

```
<time datetime="date ou heure">texte</date>
```

Quelques exemples :

```
Le magasin ouvre à <time>09:00</time> du lundi au vendredi.
Que faites-vous à <time datetime="25-12-2010">Noël</time> ?
```

var

L'élément `var` permet de différencier du reste du texte les variables définies dans du code informatique ou des équations mathématiques. Par défaut, le texte ciblé apparaît en italique, mais il est possible de modifier cet attribut avec des déclarations de styles CSS.

La Figure 4.1 représente l'exécution de ce code dans Google Chrome.

```
<!DOCTYPE html>
<html>
  <head>
    <meta charset=UTF-8" />
    <title>L'élément var</title>
  </head>
  </body>
    <var>$connexion</var> = mysql_connect(<var>$DBhost</
var>, <var>$DBowner</var>, <var>$DBpw</var>, <var>true</
var>);
    <br><var>$resultat</var> = mysql_select_
db(<var>$DBName</var>,<var>$connexion</var>);
  </body>
</html>
```

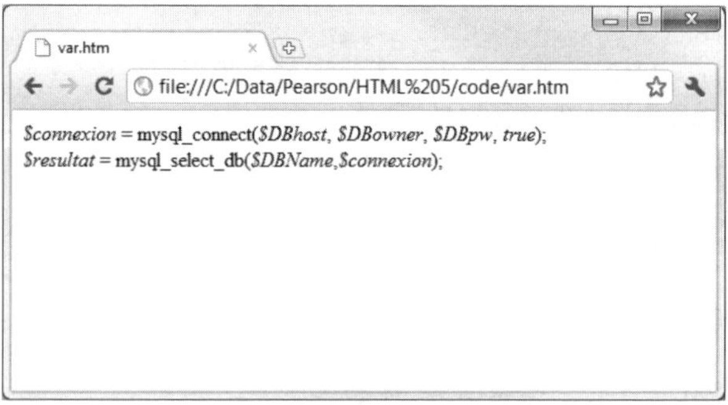

Figure 4.1 : Les variables apparaissent en minuscules.

mark

L'élément `mark` surligne une portion de texte. Au moment de l'écriture de cet ouvrage, il n'est supporté que par les navigateurs Webkit (Chrome et Safari). Voici sa syntaxe :

```
<mark>texte</mark>
```

La Figure 4.2 représente l'exécution du code suivant dans le navigateur Google Chrome.

```
<!DOCTYPE html>
<html>
  <head>
    <meta charset=UTF-8" />
    <title>L'élément mark</title>
  </head>
  </body>
    Ne pas oublier d'acheter du <mark>lait</mark>, des
<mark>oeufs</mark> et du <mark>Nutella</mark>.
  </body>
</html>
```

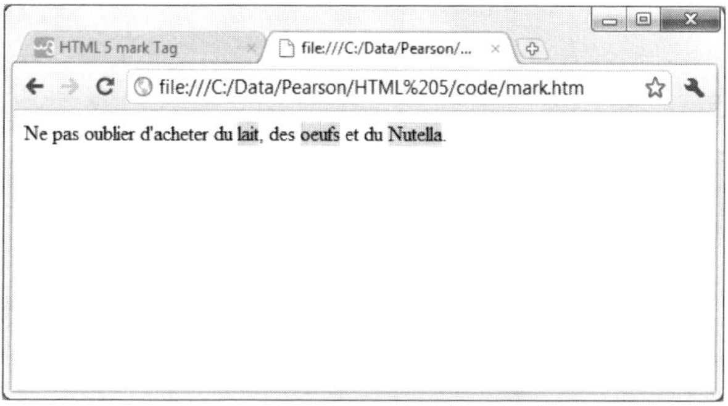

Figure 4.2 : Trois mots sont surlignés.

ruby, rt et *rp*

Les éléments ruby, rt et rp sont essentiellement utilisés pour aider le visiteur d'une page web à prononcer des kanjis chinois, japonais ou coréens. Si vous ne savez pas ce que sont des kanjis et/ou si vous n'avez jamais visité un site qui utilise ces éléments, vous ne savez certainement pas le moins du monde de quoi je suis en train de parler. Pour combler vos lacunes, et si cela vous est utile, je vous invite à visiter la page **http://html5doctor.com/ruby-rt-rp-element/** qui donne de nombreux exemples d'utilisation de ces trois éléments (voir Figure 4.3).

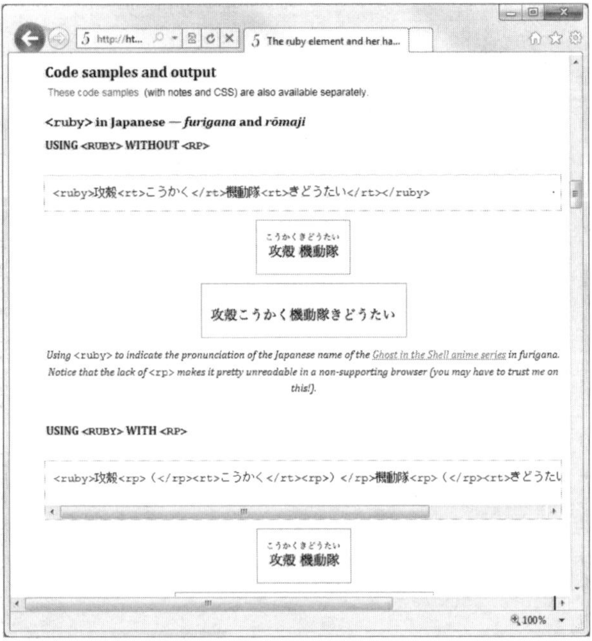

Figure 4.3 : Pour tous ceux que l'art des kanjis ne laisse pas indifférents !

Afficher les caractères accentués correctement, première méthode

```
&code_caractère;
```

Si vous utilisez le jeu de caractères (charset) ISO-8859-1, les caractères accentués et spéciaux n'apparaîtront pas correctement dans tous les navigateurs du monde. Pour corriger ce problème, vous pouvez les remplacer par une suite de codes, comme indiqué au tableau ci-après… ou opter pour un encodage utf-8.

Code	Caractère
&	&
<	<
>	>
©	©
®	®
Á	Á
á	á
À	À
à	à
Â	Â
â	â
Ä	Ä
ä	ä
Ã	Ã
ã	ã
Å	Å
å	å
Æ	Æ
æ	æ
Ç	Ç
ç	ç
Ð	_
ð	?
É	É

Code	Caractère
é	é
È	È
è	è
Ê	Ê
ê	ê
Ë	Ë
ë	ë
Í	Í
í	í
Ì	Ì
ì	ì
Î	Î
î	î
Ï	Ï
ï	ï
Ñ	Ñ
ñ	ñ
Ó	Ó
ó	ó
Ò	Ò
ò	ò
Ô	Ô
ô	ô

Code	Caractère
Ö	Ö
ö	ö
Õ	Õ
õ	õ
Ø	Ø
ø	ø
ß	ß
Þ	_
þ	_
Ú	Ú
ú	ú
Ù	Ù
ù	ù
Û	Û
û	û
Ü	Ü
ü	ü
Ý	Y
ý	y
ÿ	ÿ

Afficher les caractères accentués correctement, seconde méthode

&code_ASCII;

Une seconde méthode permet d'afficher correctement les caractères accentués et spéciaux dans tous les navigateurs : pour chaque caractère, entrez la séquence &# suivie du code ASCII du caractère et d'un point-virgule. Par exemple, le code ` ` correspond à un espace.

Le document HTML suivant affiche la liste des caractères dont le code ASCII est compris entre 32 et 255. Remarquez les marqueurs `<pre>` et `</pre>` de part et d'autre des caractères. Grâce à eux, la saisie des retours chariot de fin de ligne n'est plus nécessaire. De plus, les caractères sont affichés avec une police non proportionnelle. On peut donc facilement les aligner verticalement en insérant autant de caractères d'espacement que nécessaire.

```
<!DOCTYPE html>
<html>
  <head>
    <meta charset=UTF-8" />
    <title>Les codes des caract&egrave;res</title>
  </head>
  <body>
    <pre>
                  32 : &#32;   33 : &#33;   34 : &#34;   35 : &#35;
36 : &#36;   37 : &#37;   38 : &#38;   39 : &#39;
 40 : &#40;   41 : &#41;   42 : &#42;   43 : &#43;   44 : &#44;
45 : &#45;   46 : &#46;   47 : &#47;   48 : &#48;   49 : &#49;
 50 : &#50;   51 : &#51;   52 : &#52;   53 : &#53;   54 : &#54;
55 : &#55;   56 : &#56;   57 : &#57;   58 : &#58;   59 : &#59;
 60 : &#60;   61 : &#61;   62 : &#62;   63 : &#63;   64 : &#64;
65 : &#65;   66 : &#66;   67 : &#67;   68 : &#68;   69 : &#69;
 70 : &#70;   71 : &#71;   72 : &#72;   73 : &#73;   74 : &#74;
75 : &#75;   76 : &#76;   77 : &#77;   78 : &#78;   79 : &#79;
```

```
 80 : &#80;   81 : &#81;   82 : &#82;   83 : &#83;   84 : &#84;
85 : &#85;   86 : &#86;   87 : &#87;   88 : &#88;   89 : &#89;
 90 : &#90;   91 : &#91;   92 : &#92;   93 : &#93;   94 : &#94;
95 : &#95;   96 : &#96;   97 : &#97;   98 : &#98;   99 : &#99;
100 : &#100;  101 : &#101;  102 : &#102;  103 : &#103;  104 : &#104;
105 : &#105;  106 : &#106;  107 : &#107;  108 : &#108;  109 : &#109;
110 : &#110;  111 : &#111;  112 : &#112;  113 : &#113;  114 : &#114;
115 : &#115;  116 : &#116;  117 : &#117;  118 : &#118;  119 : &#119;
120 : &#120;  121 : &#121;  122 : &#122;  115 : &#115;  124 : &#124;
125 : &#125;  126 : &#126;  127 : &#127;  128 : &#128;  129 : &#129;
130 : &#130;  131 : &#131;  132 : &#132;  133 : &#133;  134 : &#134;
135 : &#135;  136 : &#136;  137 : &#137;  138 : &#138;  139 : &#139;
140 : &#140;  141 : &#141;  142 : &#142;  143 : &#143;  144 : &#144;
145 : &#145;  146 : &#146;  147 : &#147;  148 : &#148;  149 : &#149;
150 : &#150;  151 : &#151;  152 : &#152;  153 : &#153;
154 : &#154;  155 : &#155;  156 : &#156;  157 : &#157;  158 : &#158;
159 : &#159;
160 :    161 : &#161;  162 : &#162;  163 : &#163;  164 : &#164;
165 : &#165;  166 : &#166;  167 : &#167;  168 : &#168;  169 : &#169;
170 : &#170;  171 : &#171;  172 : &#172;  173 : &#173;  174 : &#174;
175 : &#175;  176 : &#176;  177 : &#177;  178 : &#178;  179 : &#179;
180 : &#180;  181 : &#181;  182 : &#182;  183 : &#183;  184 : &#184;
185 : &#185;  186 : &#186;  187 : &#187;  188 : &#188;  189 : &#189;
190 : &#190;  191 : &#191;  192 : &#192;  193 : &#193;  194 : &#194;
195 : &#195;  196 : &#196;  197 : &#197;  198 : &#198;  199 : &#199;
200 : &#200;  201 : &#201;  202 : &#202;  203 : &#203;  204 : &#204;
205 : &#205;  206 : &#206;  207 : &#207;  208 : &#208;  209 : &#209;
210 : &#210;  211 : &#211;  212 : &#212;  213 : &#213;  214 : &#214;
215 : &#215;  216 : &#216;  217 : &#217;  218 : &#218;  219 : &#219;
220 : &#220;  221 : &#221;  222 : &#222;  215 : &#215;  224 : &#224;
225 : &#225;  226 : &#226;  227 : &#227;  228 : &#228;  229 : &#229;
150 : &#150;  151 : &#151;  152 : &#152;  153 : &#153;  154 : &#154;
155 : &#155;  156 : &#156;  157 : &#157;  158 : &#158;  159 : &#159;
240 : &#240;  241 : &#241;  242 : &#242;  243 : &#243;  244 : &#244;
245 : &#245;  246 : &#246;  247 : &#247;  248 : &#248;  249 : &#249;
250 : &#250;  251 : &#251;  252 : &#252;  253 : &#253;  254 : &#254;
255 : &#255;
    </pre>
  </body>
</html>
```

La Figure 4.4 représente ce document affiché dans Internet Explorer 7.

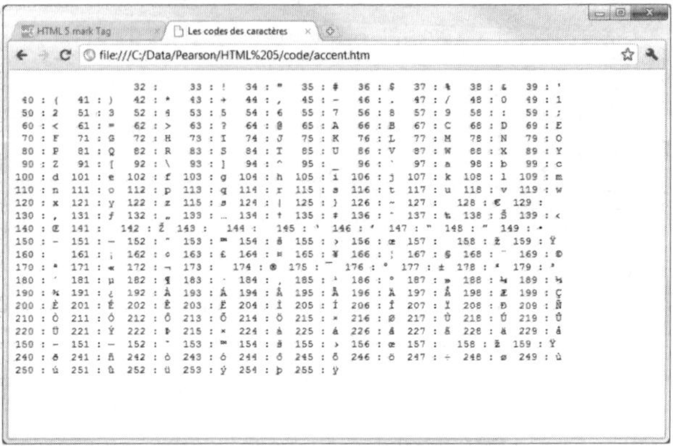

Figure 4.4 : Les codes des caractères de 32 à 255.

Info

La manipulation du texte en HTML5/CSS3 n'a pas été entièrement traitée dans ce chapitre. Vous vous reporterez également au Chapitre 8 pour savoir comment appliquer un ombrage sur des éléments textuels, et au Chapitre 3 pour savoir comment utiliser des polices non conventionnelles sur un site web.

5

Regroupement du contenu

Ce chapitre s'intéresse à différentes techniques HTML5 qui permettent de regrouper des éléments entre eux. Au fil des pages, vous verrez comment regrouper des éléments sur une liste, des paragraphes, des images et des légendes ou encore des éléments textuels dans des citations.

Nouvelles techniques de regroupement de contenu

```
text-level semantics
grouping content
```

Comme il a été dit au Chapitre 2, l'ossature d'un document écrit en HTML5/CSS3 est bien différente de ce qui se faisait jusqu'ici. Le document se découpe désormais en plusieurs zones hiérarchiques fortement spécialisées, qui s'organisent autour des éléments `header`, `nav`, `aside`, `article`, `footer`, `section`, `hgroup` et `address`.

Reportez-vous à la section “Nouvelle organisation des documents” du Chapitre 2 pour avoir un exemple typique de document HTML5, mettant en œuvre tous ces éléments, complété par du code de mise en page CSS3.

À l'intérieur de chacune de ces zones, il est possible de définir :

- des éléments de niveau *text-level semantics* à l'aide de l'élément `span` :

```
<span>
Texte ou autre contenu
</span>
```

- des éléments de niveau *grouping content*, par exemple à l'aide de l'élément `div` :

```
<div>
Texte ou autre contenu
</div>
```

Aux sections suivantes, vous verrez qu'il est également possible de regrouper des éléments sur des listes ou encore dans des éléments `figure`, `pre` ou `blockquote`.

Concept de boîte

```
<div>…</div>
width
height
margin
padding
```

Les “boîtes de bloc” sont des zones rectangulaires qui se comportent comme autant de zones d'affichage indépendantes. Chaque boîte peut être dotée de barres de défilement, d'une image d'arrière-plan, de styles indépendants et être positionnée précisément sur la page pour obtenir un affichage digne d'un professionnel.

Les boîtes sont mises en place avec l'élément div. Leurs principales propriétés sont les suivantes :

- width : largeur ;
- height : hauteur ;
- margin : marges extérieures ;
- padding : marges intérieures ;
- background-color.

La Figure 5.1 représente les marges définis autour d'un élément div dans le listing suivant.

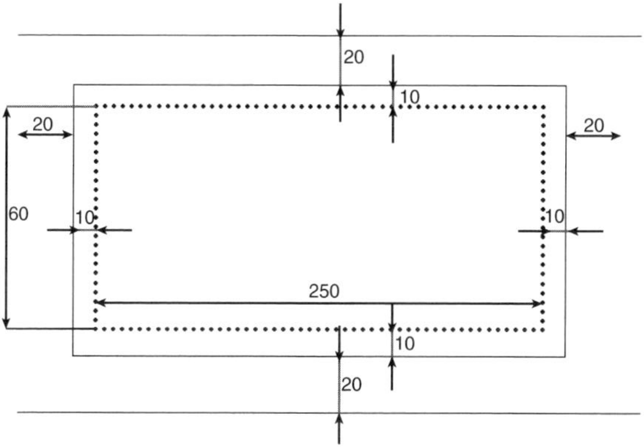

Figure 5.1 : Dimensions et marges d'une boîte *<div>*.

Voici un exemple d'utilisation de l'élément div. Ici, le style est défini dans l'élément à l'aide de l'attribut style (voir Figure 5.2) :

```
<!DOCTYPE html">
<html>
  <head>
    <meta charset=UTF-8" />
    <title>Le concept de boîtes</title>
  </head>
  <body >
    <div style="width:250px; height=60px; margin: 20px;
    ➥ padding: 10px; background-color: yellow;">
```

```
      Ce texte est affiché à l'intérieur de la balise div
      </div>
    </body>
</html>
```

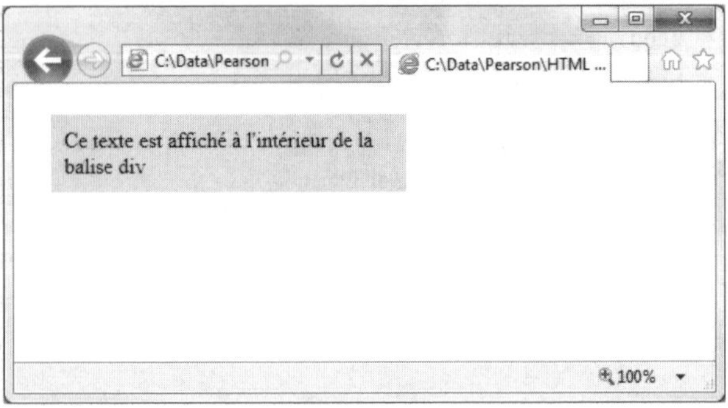

Figure 5.2 : Une première utilisation de l'élément *div*.

Différents styles de listes HTML

<ul>, <ol>, <li>, <dl>, <dt>, <dd>, <dfn>

Le langage HTML5 compte trois types de listes :

- non ordonnées ou listes à puces : éléments `ul` et `li` ;
- ordonnées : éléments `ol` et `li` ;
- de description[1] : éléments `dl`, `dt`, `dd` et `dfn`.

Les listes de description étaient déjà présentes dans HTML 4.x. Souvent boudées et utilisées de manière non sémantique, elles ont subi un lifting pour être remises au goût du jour dans HTML5. L'élément `dfn` est essentiellement utilisé pour encapsuler les mots d'un glossaire,

1. On parle maintenant de "listes de description" et non de "listes de définition".

à l'intérieur de l'élément dt. Notez qu'on peut également définir plusieurs descriptions (dd) pour un seul nom (dt), ou encore regrouper plusieurs noms pour une seule description.

Cet exemple illustre ces trois types de listes (voir Figure 5.3).

```
<!DOCTYPE html">
<html>
  <head>
    <meta charset=UTF-8" />
    <title>Styles de listes HTML</title>
  </head>
  <body>
    <b>Liste non ordonnée</b>
    <ul>
      <li>Premier élément</li>
      <li>Deuxième élément</li>
      <li>Troisième élément</li>
    </ul>
    <b>Liste ordonnée</b>
    <ol>
      <li>Premier élément</li>
      <li>Deuxième élément</li>
      <li>Troisième élément</li>
    </ol>
  <b>Liste de termes et de descriptions</b>
    <dl>
      <dt><dfn>Bit</dfn></dt>
      <dd>Information représentée par un symbole à deux
      ➥ valeurs généralement notées 0 et 1, associées
      ➥ aux deux états d'un dispositif.</dd>
      <dt><dfn>Octet</dfn></dt>
      <dd>Ensemble ordonné de huit éléments binaires
      ➥ traités comme un tout.</dd>
    </dl>
  </body>
</html>
```

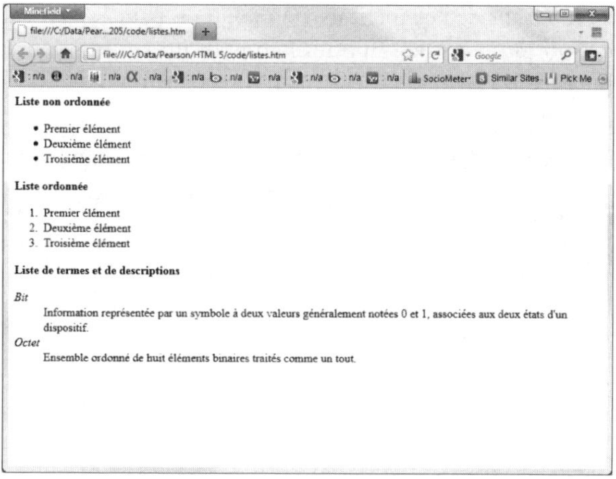

Figure 5.3 : Les trois types de listes du HTML5.

Choisir le style d'une liste

`list-style-type`

CSS3 est bien plus riche que HTML5 en matière de listes et la propriété `list-style-type` permet de choisir le style d'une liste. Elle admet de nombreuses valeurs.

Pour une liste à puces (élément `ul`) :

- `disc` : puce ronde remplie ;
- `circle` : puce ronde vide ;
- `square` : carré rempli ;
- `none` : aucun signe.

Pour une liste ordonnée décimale (élément `ol`) :

- `decimal` : 1, 2, 3 ;
- `decimal-leading-zero` : 01, 02, 03 ;
- `hebrew` : numérotation hébraïque traditionnelle ;
- `armenian` : numérotation arménienne traditionnelle ;

- `georgian` : numérotation géorgienne traditionnelle ;
- `hiragana` : a, i, u, e, o, ka, ki, ku ;
- `katakana` : A, I, U, E, O, KA, KI, KU ;
- `hiragana-iroha` : i, ro, ha, ni, ho, he ;
- `katakana-iroha` : I, RO, HA, NI, HO, TE ;
- `none` : aucune numérotation.

Pour une liste ordonnée alphabétique (élément `ol`) :

- `lower-roman` : i, ii, iii, iv ;
- `upper-roman` : I, II, III, IV ;
- `lower-greek` : α, β, χ, δ, ε ;
- `lower-alpha` : a, aa, aaa ;
- `upper-alpha` : A, AA, AAA ;
- `lower-latin` : a, b, c ;
- `upper-latin` : A, B, C ;
- `none` : aucune numérotation.

Voici quelques exemples d'utilisation de la propriété `list-style-type` :

```
<!DOCTYPE html">
<html>
  <head>
    <meta charset=UTF-8" />
    <title>Différents styles de liste</title>
    <style>
      .rond {list-style-type: disc;}
      .carre {list-style-type: square;}
      .decimal: {list-style-type: decimal;}
    </style>
  </head>
  <body>
    <ul class="rond">
       <li>Premier élément</li>
       <li>Deuxième élément</li>
       <li>Troisième élément</li>
    </ul>
```

```
    <ul class="carre">
      <li>Premier élément</li>
      <li>Deuxième élément</li>
      <li>Troisième élément</li>
    </ul>
    <ol class="decimal">
      <li>Premier élément</li>
      <li>Deuxième élément</li>
      <li>Troisième élément</li>
    </ol>
  </body>
</html>
```

Des images à la place des puces

list-style-image

Si vous vous sentez limité par les styles de puces accessibles par défaut en CSS3, sachez que la propriété `list-style-image` permet d'utiliser n'importe quelle image comme symbole de puce. Voici sa syntaxe :

```
list-style-image: url(adresse);
```

Où `adresse` est l'adresse URI de la puce, au format GIF ou JPEG.

Voici un exemple d'application de la propriété `list-style-image` (voir Figure 5.4) :

```
<!DOCTYPE html">
<html>
  <head>
    <meta charset=UTF-8" />
    <title>Des images à la place des puces</title>
    <style>
      .puce {list-style-image: url(puce.gif);}
    </style>
  </head>
```

```
  <body>
    <ul class="puce">
      <li>Premier élément</li>
      <li>Deuxième élément</li>
      <li>Troisième élément</li>
    </ul>
  </body>
</html>
```

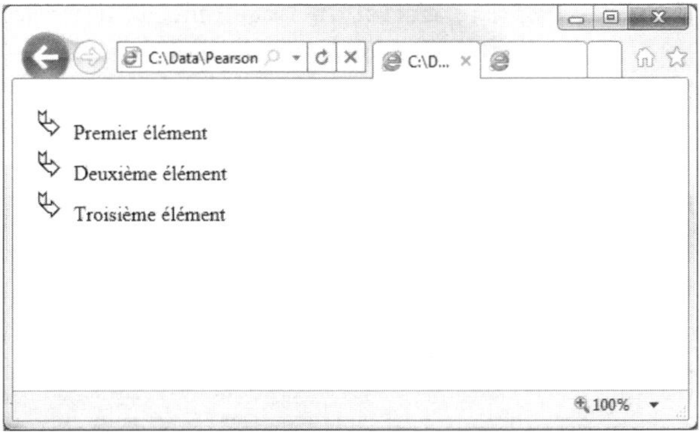

Figure 5.4 : Toutes les puces des éléments *div* ont été remplacées par l'image *puce.gif.*

Info

Si l'image spécifiée dans la propriété **list-style-image** n'est pas trouvée, la puce par défaut la remplacera. Si vous souhaitez une puce circle, square ou aucune puce, vous devez initialiser la propriété **list-style-type** en conséquence. Par exemple :

```
  .puce
{
  list-style-image: url(puces.gif);
  list-style-type: square;
}
```

Des images centrées à la place des puces

```
list-style-type
background-image
background-position
margin
```

Certes, la propriété `list-style-image` offre de nouvelles perspectives pour l'utilisation de styles de puces personnalisés, mais elle introduit également des problèmes de positionnement vertical lorsque la puce a une hauteur différente de celle des lignes de texte. C'est par exemple le cas à la section “Des images à la place des puces”, où les puces sont décalées vers le haut.

Pour venir à bout de ce problème, vous utiliserez une image d'arrière-plan à la place de la propriété `list-style-image`.

```
<!DOCTYPE html">
<html>
  <head>
    <meta charset=UTF-8" />
    <title>Des images centrées à la place des puces</title>
    <style>
      ul
      {
        list-style-type: none;
      }
      li
      {
        background-image: url(puce.gif);
        background-repeat: no-repeat;
        background-position: 0 -0.4em;
        padding-left: 3em;
        line-height:22px;
        margin: 5px;
      }
   </style>
  </head>
```

```
  <body>
    <ul>
       <li>Premier élément</li>
       <li>Deuxième élément</li>
       <li>Troisième élément</li>
    </ul>
  </body>
</html>
```

Quelques explications s'imposent :

- Le style de la liste `ul` demande qu'aucune puce ne soit affichée (`list-style-type`).
- Le style des éléments de liste définit une image d'arrière-plan (`background-image`) non répétée (`background-repeat`), positionnée à gauche et décalée de 0,4em vers le haut (`background-position`).
- La distance entre les puces et le texte est fixée à 3em (`padding-left`).
- La hauteur des lignes est redéfinie pour que l'image d'arrière-plan ne soit pas tronquée (`line-height`).
- Les marges entre les éléments de la liste sont fixées à 5 pixels (`margin`).

Une fois que tous ces réglages sont faits, les puces sont enfin centrées sur les intitulés (voir Figure 5.5).

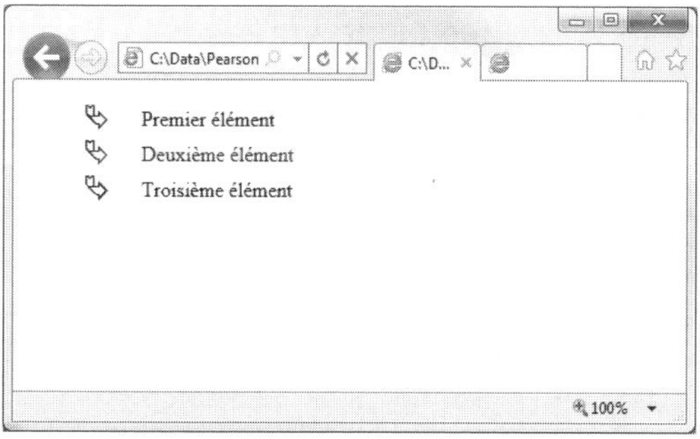

Figure 5.5 : Les puces sont parfaitement alignées avec les lignes de la liste.

Légendage

<figure>

Dans les livres et les magazines, les illustrations, graphiques, tableaux, exemples de code, etc., sont souvent repérés par une légende. Jusqu'ici, il n'existait aucun moyen de marquer sémantiquement ce genre de contenu dans un document HTML. Pour combler cette lacune, deux nouveaux éléments font leur apparition dans HTML5 : `figure` et `figcaption`.

Vous les utiliserez comme suit :

```
<figure>
  <img>, <table>, <video>, <code>, etc.
  <figcaption>La légende de l'élément.</figcaption>
</figure>
```

Attention

<figcaption> doit être défini comme premier ou dernier enfant de l'élément **figure**.

Voici quelques exemples de code.

Légendage d'images et de vidéos

```
<!DOCTYPE html>
<html>
  <head>
    <meta charset=UTF-8" />
    <title>Eléments et légendes</title>
    <style>
      img, video, figcaption
      {
        display: block;
      }
```

```
    </style>
  </head>
  <body>
    <figure>
      <img src="grenouille.jpg" width="200px" border="1" />
      <figcaption>Légende de la Figure 1</figcaption>
    </figure>

    <p>
    <figure>
      <img src="cabane.jpg" height="200px" border="1" />
      <figcaption>Légende de la Figure 2</figcaption>
    </figure>

    <p>
    <figure>
      <video src="video1.mp4" width="200" border="1"></video>
      <figcaption>Légende de la vidéo 1</figcaption>
    </figure>

    <p>
    <figure>
      <video src="video2.mp4" width="200" border="1" >
      ➥ </video>
      <figcaption>Légende de la vidéo 2</figcaption>
    </figure>

  </body>
</html>
```

Dans ce code, remarquez le code CSS qui affecte le type `block` aux éléments `img`, `video` et `figcaption`. S'il était omis, les images, vidéos et légendes seraient affichées les unes à la suite des autres, comme à la Figure 5.6. Grâce au code CSS, les légendes sont affichées en dessous des éléments correspondants (voir Figure 5.7).

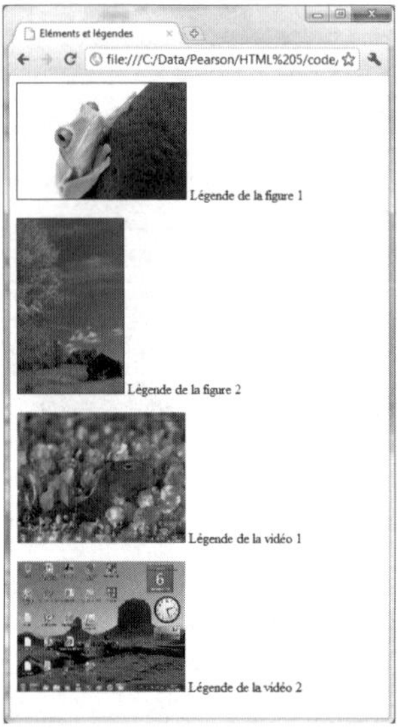

Figure 5.6 : Les légendes sont affichées à côté des éléments.

Figure 5.7 : Les légendes apparaissent en dessous des éléments.

Images et vidéos ne sont pas les seuls éléments HTML5 qui peuvent être accompagnés d'une légende. Ici, par exemple, nous définissons une légende pour un code HTML5 et une autre pour un extrait de poème.

```
<!DOCTYPE html>
<html>
  <head>
    <meta charset=UTF-8" />
    <title>Eléments et légendes</title>
  </head>
<body>
    <p>Le <a href="#1">Listing 1</a> représente le code à
    ➥ utiliser pour afficher une vidéo en HTML5.</p>
    <figure id="1">
      <figcaption>Listing 1. Affichage d'une vidéo en
      ➥ HTML5.</figcaption>
```

```
        <pre><code>
          &lt;video src="nom de la vidéo" width="largeur"
          ➥ height="hauteur"&gt;
          &lt;/video&gt;
        </code></pre>
      </figure>

      <figure>
        <p>Si on venait à nous séparer,<br>
        Jamais je ne m'en remettrais,<br>
        Il fait si bon être à tes côtés,<br>
        Que plus rien ne semble mauvais.<br>
        Tu es ma joie de vivre,<br>
        Mon seul et unique bonheur,<br>
        Ton amour m'enivre,<br>
        Et fait chavirer mon coeur.</p>
        <figcaption><cite>Pour toi, mon amour éternel</cite>
        ➥ (extrait). Hubert</figcaption>
      </figure>
    </body>
</html>
```

Dans les premières lignes du `<body>`, remarquez l'affectation d'un identificateur à l'élément `figure` :

```
<figure id="1">
```

Et son référencement dans le texte du document :

```
<p>Le <a href="#1">Listing 1</a> représente le code à
➥ utiliser pour afficher une vidéo en HTML5.</p>
```

Remarquez également les deux positionnements de l'élément `figcaption` : premier enfant du premier élément `figure`, dernier enfant du deuxième élément `figure`.

La Figure 5.8 représente l'exécution de ce code dans Google Chrome 6.1.

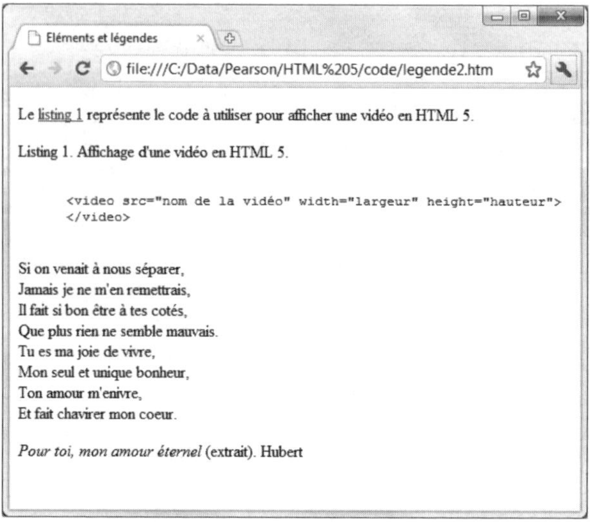

Figure 5.8 : Le légendage n'est pas limité aux images et aux vidéos.

Texte non proportionnel

<pre>

Lorsqu'un texte est encadré avec les éléments pre et /pre, ses caractères sont affichés avec une police non proportionnelle, et les passages à la ligne respectent ceux rencontrés dans le code. Les éléments br ne sont donc plus nécessaires. Cet élément est généralement utilisé pour différencier le code informatique sur une page web.

Le code ci-après affiche du texte et du code HTML. Il est utilisé deux fois pour montrer l'importance des caractères < et > et pour mettre en évidence l'interprétation des caractères d'espacement dans l'élément pre (voir Figure 5.9).

```
<!DOCTYPE html>
<html>
  <head>
    <meta charset=UTF-8" />
    <title>Balise pre</title>
  </head>
  <body>
    Ce code affiche une imagette sur laquelle le visiteur peut
    ➥ cliquer pour afficher la vidéo "Enregistrer le son du PC"
    ➥ :<br>
    <pre>
    <a href="http://www.mediaforma.com/uneminuteparjour/video/
    ➥ enregistrer-son-pc.php">
      <img src="http://www.mediaforma.com/uneminuteparjour/
      ➥ thumbs/enregistrer-son-pc.jpg" border=0>
    </a>
  </pre>

  <br><p>
  Ce code affiche une imagette sur laquelle le visiteur peut
  ➥ cliquer pour afficher la vidéo "Enregistrer le son du PC"
  ➥ :<br>
  <pre>
    &lt;a href="http://www.mediaforma.com/uneminuteparjour/
    ➥ video/enregistrer-son-pc.php"&gt;
      &lt;img src="http://www.mediaforma.com/uneminuteparjour/
      ➥ thumbs/enregistrer-son-pc.jpg" border=0&gt
    &lt;a&gt;
  </pre>
</body>
</html>
```

Comme vous pouvez le voir à la Figure 5.9, les éléments HTML insérés dans le premier bloc `pre` sont interprétés. Étant donné que l'élément `img` est un enfant de l'élément `a` et qu'il est précédé de six espaces et suivi de quatre espaces, ces derniers apparaissent sous la forme de caractères de soulignement. Ils font en effet partie du lien hypermédia.

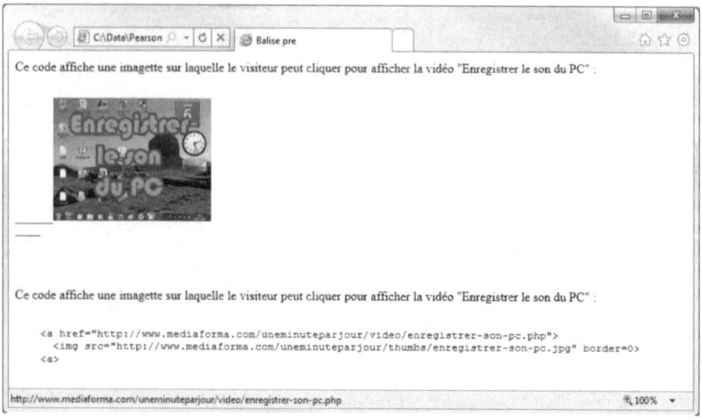

Figure 5.9 : Le premier bloc *pre* est interprété et le second affiché.

Le code HTML est interprété, et ce n'est pas du tout l'effet recherché lorsqu'on utilise des éléments `pre`. Pour afficher le code et non l'interpréter, nous avons remplacé les caractères "<" et ">" par les codes HTML équivalents, respectivement `>` et `<`. Le code inclus dans le deuxième élément `pre` est affiché correctement. Remarquez le respect de l'indentation :

- quatre espaces devant les éléments `a` et `/a` ;
- six espaces devant l'élément `img`.

Citations

<blockquote>

L'élément `blockquote` permet d'insérer une citation dans une page web, ce qui est intéressant pour faire référence à une source d'informations extérieure ou pour mettre en valeur des blocs de texte dans vos pages.

Le code ci-après affiche une citation provenant d'un site externe, sans mise en forme CSS puis avec mise en forme CSS (voir Figure 5.10).

```
<!DOCTYPE html>
<html>
  <head>
    <meta charset=UTF-8" />
    <title>Citations</title>
    <style>
      .avecstyle
      {
        font-family: "Courrier News", serif;
        border : 2px solid #000;
        margin: 10px 0 0 0;
        padding: 10px;
        background-color: #D4FEAE;
      }
    </style>
  </head>
  <body>
    <p>Cette citation de Lao-tseu provient du site
    ➥ <b>www.evene.fr</b> :
    <blockquote cite="www.evene.fr">
      Le sage équarrit sans blesser<br>
      Incline sans porter atteinte<br>
      Rectifie sans faire violence<br>
      Et resplendit sans aveugler.<br>
    </blockquote></p>
    Cette même citation est mise en forme avec un style CSS :
    <blockquote cite="www.evene.fr" class="avecstyle">
      Le sage équarrit sans blesser<br>
      Incline sans porter atteinte<br>
      Rectifie sans faire violence<br>
      Et resplendit sans aveugler.<br>
    </blockquote>
  </body>
</html>
```

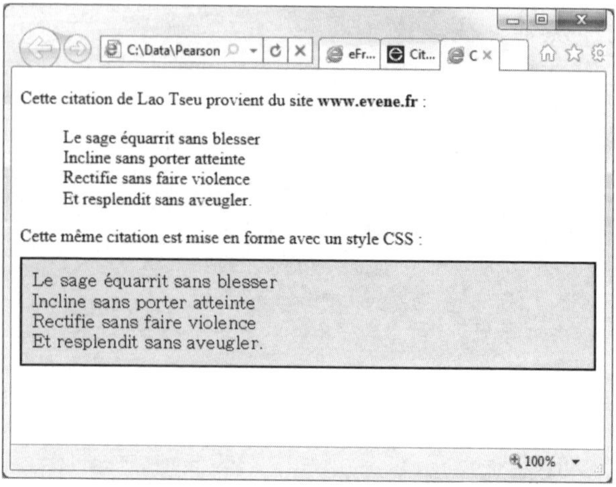

Figure 5.10 : Une citation brute, puis mise en forme avec du code CSS.

La première citation utilise la mise en forme par défaut de l'élément `blockquote`. La seconde utilise la mise en forme définie dans la classe `avecstyle`. Sont redéfinies la police, la bordure, les marges et la couleur d'arrière-plan.

Rupture thématique

<hr>

L'élément `hr` insère une ligne horizontale qui représente une rupture thématique dans le contenu de la page. Les attributs HTML 4.01 `align`, `noshade`, `size` et `width` ne sont plus supportés dans la version HTML5 de cet élément. Pour modifier les caractéristiques d'un élément `hr`, vous devrez désormais passer par le code CSS.

Ce code affiche un élément hr standard et un autre dont les caractéristiques ont été modifiées par quelques lignes de CSS (voir Figure 5.11).

```
<!DOCTYPE html>
<html>
  <head>
    <meta charset=UTF-8" />
    <title>Rupture thématique</title>
    <style>
      .hrstyle1
      {
        text-align:left;
        margin-left: 30px;
        width:500px;
        height:30px;
        background: url(_fond.gif);
      }
    </style>
  </head>
  <body>
    Premier thème abordé dans le document
    <hr>
    Deuxième thème abordé dans le document
    <hr class="hrstyle1">
    Troisième thème abordé dans le document
  </body>
</html>
```

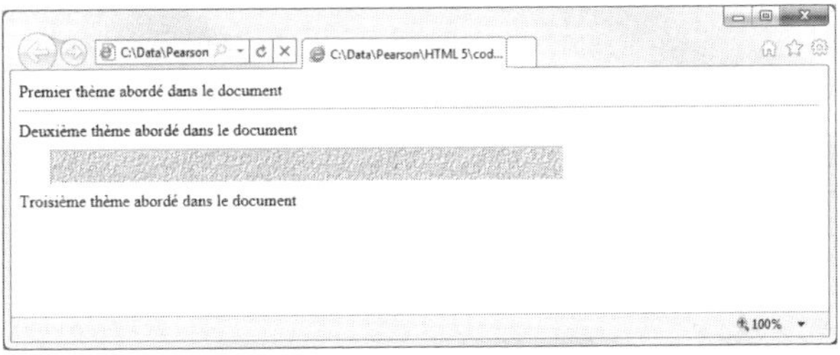

Figure 5.11 : Deux balises *<hr>*, une standard, une remaniée en CSS.

La partie intéressante dans ce code se trouve entre les balises `<style>` et `</style>`. Les déclarations de styles CSS définissent les caractéristiques de la classe `hrstyle1` :

- alignement à gauche (`text-align`) ;
- marge gauche de 30 pixels (`margin-left`) ;
- largeur et hauteur du séparateur (`width` et `height`) ;
- trame de fond du séparateur (`background`).

6

Les éléments interactifs

Certains éléments HTML5 sont interactifs de façon native, c'est-à-dire qu'ils ne nécessitent pas de code CSS, JavaScript ou jQuery supplémentaire. Nous les avons regroupés dans ce chapitre.

Versions résumée et étendue d'un texte

<details>
<summary>

Les éléments `<details>` et `<summary>` permettent d'afficher des versions résumée et étendue d'un texte. Voici la syntaxe à utiliser :

```
<!DOCTYPE html>
<html>
  <head>
    <meta charset=UTF-8" />
    <title>Balises details et summary</title>
  </head>
```

```
  <body>
    <details>
      <summary>En savoir plus</summary>
      <p>Vous en saurez plus sur le référencement en vous
      ➥ rendant sur le site http://www.monsite.com.</p>
     </details>
  </body>
</html>
```

Seul le contenu de l'élément summary apparaît par défaut. Pour afficher la version étendue du texte, il suffit de cliquer sur le texte résumé, et inversement.

Info

Alors que j'écris ces lignes, aucun navigateur ne supporte encore ces deux éléments mais, à terme, tous devraient les implémenter...

Éléments éditables

contenteditable

Si vous affectez la valeur true à l'attribut contenteditable d'éléments comme span, div et p, vous pourrez modifier ces derniers. Si le cœur vous en dit, vous pouvez même ajouter quelques lignes de JavaScript basées sur la fonction getElementById() pour récupérer le texte modifié afin de lui appliquer un traitement.

Voici un exemple d'utilisation de l'attribut contenteditable. La première <div> peut être librement modifiée par l'utilisateur : lorsqu'il clique sur le bouton, le contenu de la première <div> est lu et affiché dans la deuxième.

```
<!doctype html>
<html>
  <head>
    <meta charset=UTF-8" />
    <title>Eléments éditables</title>
    <style>
      div
      {
        border: dotted 1px #666;
        padding: 5px 10px;
        margin-top: 40px;
        margin-bottom: 40px;
      }
    </style>
    <script>
      function traitement()
      {
         var contenu = document.getElementById('texte
         ➥-editable').innerHTML;
         document.getElementById('cible').innerHTML =
         ➥ 'Texte lu dans la div : ' + contenu;
      }
    </script>
  </head>
  <body>
    <div id="texte-editable" contenteditable="true">
    ➥ Le texte de cette div peut être modifié</div>
    <button onclick="traitement()">Cliquez ici pour
    ➥ accéder au texte de la div</button>
    <div id="cible"></div>
  </body>
</html>
```

Des menus en quelques lignes HTML5

```
<menu>
<command>
```

Les éléments `menu` et `command` font leur apparition dans HTML5. Grâce à eux, il est possible de mettre en place un menu en quelques lignes de code.

L'élément `menu` définit le menu et les éléments `command` associent commandes de menus et actions.

Info

L'élément `command` n'a aucun effet s'il est rencontré en dehors de la portée d'un élément `menu`.

Dans ce code par exemple, trois commandes sont disponibles. Chacune d'elles produit l'affichage d'une boîte de dialogue pop-up lorsqu'elle est activée.

```
<menu>
  <command onclick="alert(Première commande cliquée')"
  ➥ label="Première commande"/>
  <command onclick="alert('Deuxième commande cliquée')"
  ➥ label="Deuxième commande"/>
  <command onclick="alert('Troisième commande cliquée')"
  ➥ label="Troisième commande"/>
</menu>
```

Par défaut, les menus sont de simples listes (`list`). En ajoutant un attribut `type` à l'élément `menu`, vous pouvez transformer le menu en une barre de menu traditionnelle (`toolbar`) ou en un menu contextuel (`context`).

Par exemple, voici le code à utiliser pour définir un menu traditionnel :

```
<menu type="toolbar" label="Fichier">
  <command onclick="traitement(0);" label="Ouvrir"
  ➥ icon="ouvrir.gif"/>
  <command onclick="traitement(1);" label="Fermer"
  ➥ icon="fermer.gif"/>
  <command onclick="traitement(2);" label="Enregistrer
  ➥ sous" icon="enregistrer.gif"/>
</menu>
```

Quant au code suivant, il définit un menu contextuel :

```
<menu type="context" label="Edition">
  <command onclick="traitement(0);" label="Annuler" />
  <command onclick="traitement(1);" label="Répéter" />
  <command onclick="traitement(2);" label="Couper" />
  <command onclick="traitement(2);" label="Copier" />
  <command onclick="traitement(2);" label="Coller" />
</menu>
```

Astuce

Il est possible d'imbriquer plusieurs éléments **menu** les uns dans les autres afin de définir des menus sur plusieurs niveaux.

7

Liens hypertextes

Avec les liens hypertextes, vos pages web peuvent faire référence à des pages situées sur le même site web ou sur des sites annexes. Ce chapitre montre comment personnaliser vos éléments HTML a en définissant un ou plusieurs styles CSS associés.

Différents types de liens hypertextes

```
<a href="">
```

Plusieurs types de liens peuvent être utilisés en HTML. Ils sont résumés au tableau ci-après.

Lien vers	Exemple
un document local	`<a href="nom-du-document.htm">texte du lien</a>`
un signet dans un document local	`<a href="nom-du-document.htm#nom-du-signet">texte du lien</a>` (le signet est défini à l'aide de l'attribut `id` ou `name` d'un élément quelconque)
un document sur un autre site	`<a href="http://nom-du-site/nom-du-dossier/nom-du-document.htm">texte du lien</a>`
un fichier déposé sur un serveur FTP	`<a href= "ftp://adresse-du-fichier">Texte du lien</a>`
un correspondant e-mail	`<a href= "mailto:adresse-du-correspondant"> Texte du lien</a>`

Dans cet exemple, on utilise deux types de liens hypertextes pour accéder à un fichier disponible sur le Web et pour envoyer un e-mail à un correspondant électronique.

```
<!DOCTYPE html>
<html>
  <head>
    <meta charset=UTF-8" />
    <title>Liens hypertextes</title>
  </head>
  <body>
    <a href="http://www.mediaforma.com/win7/windows7.php">
    ➥Cliquez ici pour accéder à la formation vidéo sur
    ➥ Windows 7 du site Mediaforma</a><br>
    <a href="mailto:lem.korp@free.fr">Cliquez ici pour
    ➥ envoyer un e-mail à Michel Martin</a>
  </body>
</html>
```

Liens hypertextes en HTML5

```
<a>
<nav>
```

En HTML 4.01, l'élément a pouvait être utilisé pour définir un lien ou une ancre. La nuance se faisait au niveau de l'attribut `href`.

Cette ligne définit un lien vers le site Google :

```
<a href="http://www.google.fr">Cliquez ici pour aller sur
Google</a>
```

Par contre, cette ligne définit l'ancre "plusloin" :

```
<a name="plusloin">Texte quelconque</a>
```

Pour faire afficher la portion de page qui commence à l'ancre plusloin, le code à utiliser est le suivant :

```
<a href="#plusloin">Cliquez ici pour aller plus loin</a>
```

Supposons que l'ancre ait été définie sur une autre page HTML nommée *page2.htm*. Pour afficher la portion de page qui commence à l'ancre plusloin dans *page2.htm*, le code à utiliser est le suivant :

```
<a href="page2.htm#plusloin">Cliquez ici pour aller plus loin</a>
```

En HTML5, l'attribut `name` utilisé sur des éléments autres que `input` devient obsolète. L'élément `a` ne peut donc plus être utilisé pour définir des ancres. Rassurez-vous : définir des ancres est toujours possible si on affecte un identifiant à un élément et si on y fait référence dans un élément `a` :

```
<!DOCTYPE html>
<html>
  <head>
    <meta charset=UTF-8" />
    <title>Balise a</title>
  </head>
  <body>
    <h1 id="test">Titre 1</h1>
    un peu de texte<br>
    <a href="#test">Aller au titre 1</a>
  </body>
</html>
```

Si vous utilisez l'élément HTML5 `nav` pour mettre en place un menu sur toutes les pages d'un site, vous n'avez pas besoin de préciser l'attribut `href` dans le lien qui pointe vers la page courante. Ici, par exemple, la page courante est "Page 2" :

```
<nav>
  <h2>Menu</h2>
  <ul>
    <li><a href="page1.htm">Page 1</a></li>
    <li><a>Page 2</a></li>
    <li><a href="page3.htm">Page 3</a></li>
  </ul>
  <br><br><br>
</nav>
```

L'élément a se dote de plusieurs nouveaux attributs dans HTML5. Reportez-vous à la section "Éléments redéfinis dans HTML5" du Chapitre 4 pour prendre connaissance des détails.

En HTML5, l'élément a peut contenir un ou plusieurs éléments quelconques, mis à part les éléments interactifs (voir Chapitre 6). Le code ci-après est ainsi totalement licite :

```
<aside>
  Atteindre
  <a href="http://www.mediaforma.com/uneminuteparjour">
    Les formations
    <h2>Une minute par jour</h2>
    Une minute tous les jours pour apprendre à utiliser
    ➥ Windows 7
  </a>
  Cette page donne des trucs et astuces en vidéo pour
  ➥ bien utiliser Windows 7.
</aside>
```

Mettre en forme des liens hypertextes

<a>

Par défaut, les liens hypertextes apparaissent en caractères bleus soulignés lorsqu'ils n'ont pas été visités. Ils sont affichés en caractères bordeaux soulignés lorsqu'ils ont été visités.

Vous utiliserez la propriété CSS `color` pour choisir d'autres couleurs :

- `a {color}` pour les liens non visités ;
- `a:visited {color}` pour les liens visités.

Le type de soulignement peut également être choisi avec la propriété CSS `text-decoration` :

- `a {text-decoration}` pour les liens non visités ;
- `a:visited {text-decoration}` pour les liens visités.

La propriété `text-decoration` peut prendre les valeurs suivantes :

- `none` : aucun soulignement ;
- `underline` : soulignement par défaut, en dessous du lien ;
- `overline` : soulignement au-dessus du lien ;
- `overline underline` : soulignement double, en dessous et au-dessus du lien ;
- `line-through` : barre transversale sur toute la longueur du lien.

Cet exemple utilise quatre classes pour illustrer les différentes couleurs et décorations que peuvent revêtir les liens non visités et les liens visités.

```
<!DOCTYPE html>
<html>
  <head>
    <meta charset=UTF-8" />
    <title>Mise en forme des liens hypertextes</title>
    <style>
      a.type1 {color: red; text-decoration: none; }
      a.type1:visited {color: blue; text-decoration: underline; }
      a.type2 {color: blue; text-decoration: overline; }
      a.type2:visited {color: red; text-decoration: none; }
      a.type3 {color: red; text-decoration: overline underline; }
      a.type3:visited {color: blue; text-decoration: overline; }
      a.type4 {color: blue; text-decoration: line-through; }
      a.type4:visited {color: red; text-decoration: underline; }
    </style>
  </head>
  <body>
    <a href="http://www.page1.fr" class="type1">Lien vers la
    ➥ page 1</a>
    <a href="http://www.page2.fr" class="type2">Lien vers la
    ➥ page 2</a>
    <a href="http://www.page3.fr" class="type3">Lien vers la
    ➥ page 3</a>
    <a href="http://www.page4.fr" class="type4">Lien vers la
    ➥ page 4</a>
  </body>
</html>
```

Les propriétés relatives au texte sont également utilisables dans un style relatif aux liens hypertextes. Vous utiliserez en particulier les propriétés suivantes :

- `font-family` : police(s) à utiliser ;
- `font-size` : taille des caractères ;
- `font-style` : orientation des caractères (`normal`, `italic` ou `oblique`) ;
- `font-weight` : graisse de la police ;
- `font-variant` : caractères par défaut (`normal`) ou petites majuscules (`small-caps`) ;
- `text-transform` : casse des caractères (`none`, `capitalize`, `uppercase` ou `lowercase`).

Enfin, notez qu'il est possible d'utiliser la pseudo-classe `a:hover`, associée à la propriété `color`, pour changer la couleur des liens hypertextes lorsque le pointeur les survole.

8

Coins arrondis et ombres

Avec CSS3, réaliser des boîtes à coins arrondis et ajouter des ombrages sur des éléments quelconques devient un jeu d'enfant. Ce chapitre montre comment procéder en l'état actuel de l'avancement des spécifications et de leur adoption par les différents navigateurs du marché.

Boîte à coins arrondis, ancienne méthode

```
<div>
background-image
background-repeat
background-color
float
```

Plusieurs techniques permettent de réaliser des boîtes à coins arrondis. Ici, nous avons retenu celle qui utilise des images pour représenter les quatre coins. Cette technique "à l'ancienne" n'utilise pas CSS3, mais elle a l'avantage d'être compatible avec tous les navigateurs actuels.

Commencez par lancer votre logiciel graphique préféré, définissez un cercle plein, de 40 pixels de diamètre, divisez-le en quatre parties égales que vous sauvegardez sous les noms *hautgauche.gif*, *hautdroite.gif*, *basgauche.gif* et *basdroite.gif* (voir Figure 8.1).

Figure 8.1 : Le cercle a été tracé puis divisé en quatre parties égales, prêtes à être sauvegardées individuellement.

Une fois les quatre coins définis, il ne vous reste plus qu'à écrire le code qui les exploite.

```
<!DOCTYPE html>
<html>
  <head>
    <meta charset=UTF-8" />
    <title>Une boîte à coins arrondis, ancienne méthode
    ➥ </title>
    <style>
      .boîte {width: 400px; background-color: #80FF80;}
      .hg { float: left; background-image: url(hautgauche
      ➥.gif); height: 20px; width: 20px; }
      .hd { float: right; background-image:
      ➥ url(hautdroite.gif); height: 20px; width: 20px; }
      .bg { float: left; background-image: url(basgauche
      ➥.gif); height: 20px; width: 20px; }
      .bd { float: right; background-image:
      ➥ url(basdroite.gif); height: 20px; width: 20px; }
      .texte { margin: 20px 20px 0 20px; }
    </style>
  </head>
<body>
<div class="boîte">
<div class="hg"></div><div class="hd"></div>
<div class="texte">
Iam summus Pater architectus Deus hanc quam videmus
```

```
mundanam domum, divinitatis templum augustissimum, archanae
legibus sapientiae fabrefecerat. Supercaelestem regionem
mentibus decorarat; aethereos globos aeternis animis
vegetarat; excrementarias ac feculentas inferioris mundi
partes omnigena animalium turba complerat.
</div>
<div class="bg"></div><div class="bd"></div>
</div>
</body>
</html>
```

Le code HTML5 est basé sur l'utilisation de plusieurs éléments `div` imbriqués.

L'élément parent a pour classe `boîte`. Il englobe les éléments de classe `hg`, `hd`, `bg` et `bd`, responsables de l'affichage des quatre coins, et l'élément de classe `texte`, responsable de l'affichage du texte.

Examinons le code CSS. Le style `.boîte` définit la largeur de la boîte et sa couleur d'arrière-plan :

```
.boîte {width: 400px; background-color: #80FF80;}
```

Les styles `.hg`, `.hd`, `.bg` et `.bd` définissent :

- la position de l'image d'arrière-plan : aligné à gauche du parent pour les éléments `.hg` et `.bg` (`float: left;`), aligné à droite du parent pour les éléments `.hd` et `.bd` (`float: right;`) ;
- l'image d'arrière-plan : `background-image` ;
- les dimensions de l'élément : `height` et `width`.

Par exemple, pour le style `.hg` :

```
.hg { float: left; background-image: url(hautgauche.gif);
height: 20px; width: 20px; }
```

Enfin, le style `.texte` définit les marges autour du texte :

```
.texte { margin: 20px 20px 0 20px; }
```

La Figure 8.2 représente le résultat de ce code.

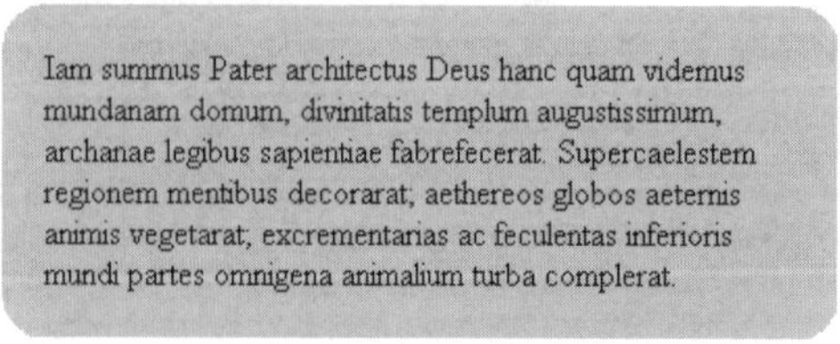

Figure 8.2 : La boîte est maintenant dotée de coins arrondis.

Boîte à coins arrondis, méthode CSS3

```
border-radius
border
```

La méthode CSS3 consiste à utiliser la propriété `border-radius`. En l'état actuel du développement et de l'adoption de la norme, vous devrez spécifier des préfixes sur cette propriété, en fonction du navigateur :

- `-moz` pour les navigateurs Gecko (Mozilla Firefox) ;
- `-webkit` pour les navigateurs Webkit (Safari, Chrome) ;
- `-khtml` pour les navigateur Konqueror ;
- `-ms` pour Internet Explorer 9.

La syntaxe de la propriété `border-radius` est la suivante :

```
border-radius: r1 r2 r3 r4;
```

Où `r1`, `r2`, `r3` et `r4` représentent respectivement le rayon des coins supérieur gauche, supérieur droit, inférieur droit et inférieur gauche de l'élément.

Si un seul rayon est spécifié, il s'applique aux quatre coins de l'élément.

Cet exemple définit une bordure noire et d'épaisseur 1 px autour d'un élément `div`. Il fonctionne sur les navigateurs

Mozilla, Webkit, Konqueror et Internet Explorer 9 Bêta preview 6 et ultérieur, mais pas sur les anciennes versions d'Internet Explorer. Pour celles-ci, vous utiliserez la méthode qui a été présentée à la section précédente.

```
<!DOCTYPE html>
<html>
  <head>
    <meta charset=UTF-8" />
    <title>Une boîte à coins arrondis en CSS3</title>
    <style>
      .arrondi
      {
        -moz-border-radius: 15px;
        -webkit-border-radius: 15px;
        -khtml-border-radius: 15px;
        -ms-border-radius: 15px;
        border: 1px solid black;
      }
    </style>
  </head>
  <body>
    <div class="arrondi">Boîte à bords arrondis en CSS3
    ➥ </div>
  </body>
</html>
```

Le code HTML5 définit un élément `<div>` de classe `arrondi`. Cette classe initialise le rayon de l'arrondi à 15px pour les navigateurs Mozilla (`-moz`), Webkit (`-webkit`), Konqueror (`-khtml`) et Internet Explorer (`-ms`) et définit une bordure noire continue de 1px (`border`). La Figure 8.3 représente l'exécution de ce code dans Google Chrome.

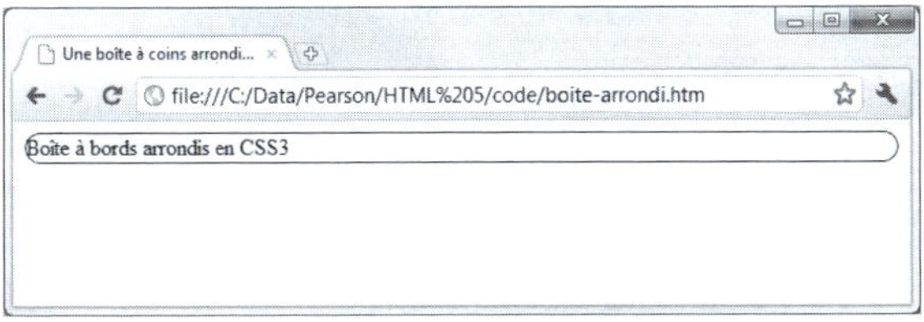

Figure 8.3 : Un arrondi CSS3.

Comme vous pouvez le voir à la Figure 8.3, l'arrondi s'étend sur toute la largeur de la page. Il est possible de limiter sa largeur avec la propriété `width` et même de définir sa hauteur avec la propriété `height`. D'autre part, le texte à l'intérieur de l'élément `div` est un peu trop collé sur le bord gauche. Pour résoudre ce problème, il suffit de définir un `padding`. Pour finaliser la mise en forme, vous pouvez également modifier l'alignement du texte avec la propriété `text-align` et colorer l'arrière-plan avec la propriété `background`.Voici le code CSS3 remanié :

```
.arrondi
{
  -moz-border-radius: 15px;
  -webkit-border-radius: 15px;
  -khtml-border-radius: 15px;
  -ms-border-radius: 15px;
  border: 1px solid black;
  padding: 10px;
  width: 250px;
  background:cyan;
  text-align: center;
}
```

La Figure 8.4 représente l'exécution de ce code dans le navigateur Google Chrome. Il produira les mêmes effets dans les navigateurs Mozilla (`-moz`), Webkit (`-webkit`) et Konqueror (`-khtml`). Pour afficher une boîte à coins arrondis dans Internet Explorer, vous devrez utiliser la technique décrite à la section précédente.

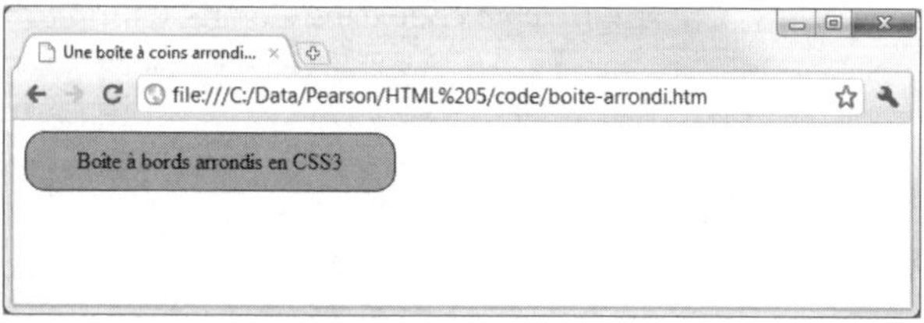

Figure 8.4 : Un arrondi CSS3 amélioré.

L'arrière-plan peut également être une image, répétée si nécessaire pour couvrir toute la surface de l'élément. Ici, par exemple, nous avons pris l'image ecureuil.jpg (`background: url`) et nous l'avons répétée pour couvrir toute la surface de la `<div>` (`repeat`). La couleur (`color`) et la taille des caractères (`font-size`) ont également été modifiées, ainsi que la hauteur de la `<div>` (`height`) et l'épaisseur de la bordure (`border`). Le résultat de ce nouveau code CSS est montré à la Figure 8.5.

```
.arrondi
{
  -moz-border-radius: 15px;
  -webkit-border-radius: 15px;
  -khtml-border-radius: 15px;
  -ms-border-radius: 15px;
  border: 5px solid black;
  padding: 10px;
  width: 250px;
  height:300px;
  color: white;
  font-size: 60px;
  background: url("ecureuil.jpg") repeat;
  text-align: center;
}
```

Figure 8.5 : Un arrondi CSS3 avec image d'arrière-plan.

Dans ce dernier exemple, nous appliquons quatre arrondis différents sur un élément `div` pour lui donner une forme un peu plus évoluée (voir Figure 8.6).

```
<!DOCTYPE html>
<html>
  <head>
    <meta charset=UTF-8" />
    <title>Une boîte à coins arrondis en CSS3</title>
    <style>
      .arrondi
      {
        -moz-border-radius: 50px 50px 200px 50px;
        -webkit-border-radius: 50px 50px 200px 50px;
        -khtml-border-radius: 50px 50px 200px 50px;
        -ms-border-radius: 50px 50px 200px 50px;
        border: 1px solid black;
      }
    </style>
  </head>
  <body>
    <p class="arrondi">
      <br>
      Boîte à bords arrondis en CSS3
      <br><br>
    </p>
  </body>
</html>
```

Figure 8.6 : Les coins n'ont pas tous le même rayon.

Mise en page CSS3 avec arrondis

border-radius
border
padding

Tous les éléments HTML5 peuvent être arrondis, y compris les nouveaux : `header`, `footer`, `nav`, `aside` et `article`. Dans cet exemple, des arrondis sont appliqués à tous les éléments `header`, `nav`, `article`, `section`, `footer`, `aside` et `img` du document.

```
<!doctype html>
<html>
  <head>
    <meta charset=UTF-8" />
    <title>Mise en page en arrondis</title>
    <link rel="stylesheet" href="style.css">
  </head>
<body>
    <nav>
      <ul>
        <li><a href="#">Accueil</a></li>
        <li><a href="#">Page1</a></li>
        <li><a href="#">Page 2</a></li>
        <li><a href="#">Contact</a></li>
      </ul>
    </nav>

  <aside>
    <p>Contenu texte ajouté sur le côté avec la balise
    ➥ &lt;aside&gt;</p>
  </aside>

  <article>
    <header>
      <h2>Titre de l'article</h2>
    </header>
    <p>Contenu principal de l'article, suivi d'une image.</p>
    <img src="grenouille.jpg" width="300px" /><br>
    <footer>
     <a href="#">Afficher les commentaires</a>
    </footer>
```

```
  </article>
</body>
</html>
```

Voici le code CSS3 associé, stocké dans le fichier *style.css*.

```
header, nav, article, section, footer, aside, img
{
  display: block;
  -moz-border-radius: 15px;
  -webkit-border-radius: 15px;
  -khtml-border-radius: 15px;
  border: 1px solid black;
  padding: 10px;
}

header
{
  background-color: red;
}

nav
{
  float:left;
  width:20%;
  background-color:yellow;
}

article
{
  background-color: #66FFFF;
  width:80%;
}

aside
{
  float:right;
  width:20%;
  background-color:yellow;
}

footer
{
  clear:both;
  background-color: #99FF66;
}
```

La partie intéressante du code se trouve dans les premières lignes : les coins des éléments `header`, `nav`, `article`, `section`, `footer`, `aside` et `img` sont arrondis à l'aide de propriétés `-border-radius`, spécialisées pour les navigateurs Mozilla, Webkit et Konqueror. Les bordures sont de couleur noire et d'épaisseur 1 pixel, et les contenus sont décalés de 10 pixels à gauche, à droite, en haut et en bas (voir Figure 8.7).

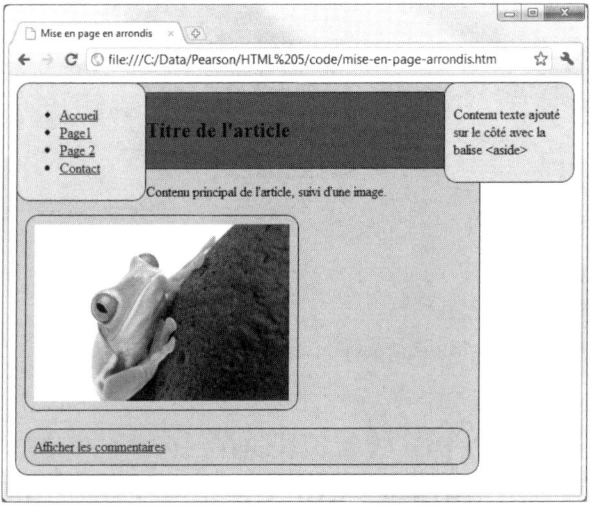

Figure 8.7 : Tous les éléments sont affublés de sympathiques arrondis.

Nous allons maintenant supprimer le premier bloc de code CSS, c'est-à-dire les lignes suivantes :

```
header, nav, article, section, footer, aside, img
{
  display: block;
  -moz-border-radius: 15px;
  -webkit-border-radius: 15px;
  -khtml-border-radius: 15px;
  border: 1px solid black;
  padding: 10px;
}
```

La page a une tout autre allure et fait très Web 2.0. Vive l'ère du Web 3.0 et d'HTML5/CSS3 !

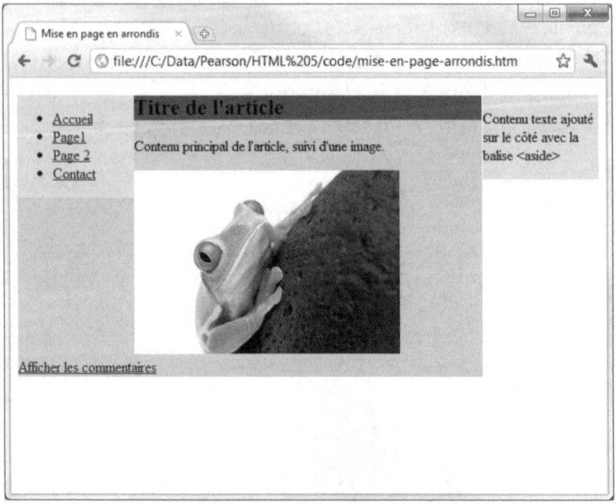

Figure 8.8 : La même page n'a plus du tout le même aspect.

Ombre portée autour d'une image, ancienne technique

```
float:left
background: url
position: relative
display: block
```

Pour définir une ombre portée autour d'une image en utilisant une technique CSS 2, vous devez dans un premier temps créer une image de dimensions supérieures ou égales à celles de l'image, la remplir avec la couleur d'ombrage souhaitée et la sauvegarder au format GIF (le fichier a pour nom *back.gif* dans notre exemple). Cette action peut se faire dans n'importe quelle application graphique, Microsoft Paint par exemple (voir Figure 8.9).

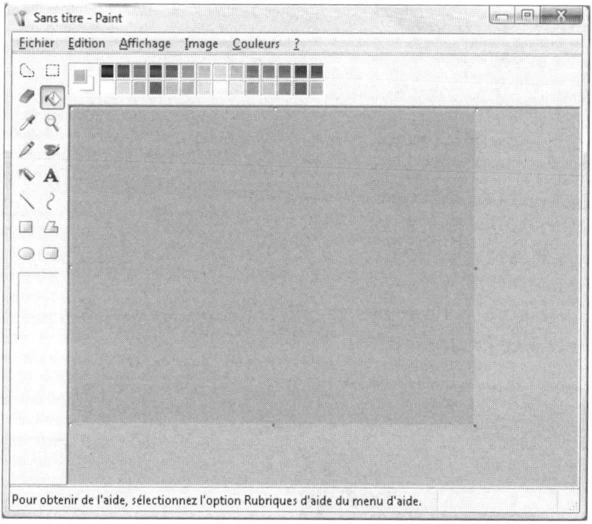

Figure 8.9 : Création de l'image d'arrière-plan dans Microsoft Paint.

Voici le code à mettre en œuvre :

```
<!DOCTYPE html>
<html>
  <head>
    <meta charset=UTF-8" />
    <title>Ombrage d'une image en CSS2</title>
    <style>
      .ombre
      {
        float:left;
        background: url(back.gif) no-repeat bottom right;
      }
      .ombre img
      {
        display: block;
        position: relative;
        border: 1px solid #aaa;
        margin: -5px 5px 5px -5px;
```

```
      }
    </style>
  </head>
  <body >
    <div class="ombre">
      <img src="animal.gif" />
    </div>
  </body>
</html>
```

La Figure 8.10 représente l'exécution de ce code dans Internet Explorer 9.

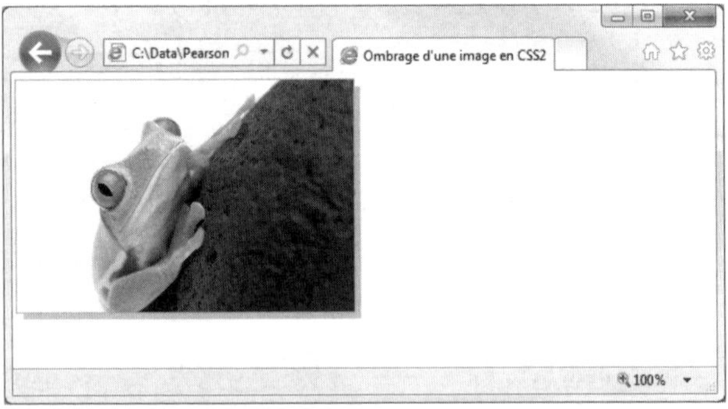

Figure 8.10 : Cette technique d'ombrage fonctionne dans tous les navigateurs actuels.

Ombrage CSS3 sur un élément

box-shadow

L'ombrage des éléments HTML5 non textuels se fait *via* la propriété CSS3 `box-shadow` :

```
box-shadow : offset-horiz, offset-vert, rayon-ombrage,
➥ couleur
```

Où :

- `offset-horiz` est le décalage horizontal de l'ombrage en pixels.
- `offset-vert` est le décalage vertical de l'ombrage en pixels.
- `rayon-ombrage` est le rayon de l'ombrage en pixels.
- `couleur` est la couleur de l'ombrage.

Cette propriété présente deux avantages : elle est compatible avec la plupart des navigateurs actuels (y compris Internet Explorer) et elle s'applique à tous les éléments HTML5. Notez toutefois que vous aurez besoin des habituels préfixes `-moz-`, `-webkit-` et `-khtml-` pour (respectivement) les navigateurs Gecko, Webkit et Konqueror.

Dans le code suivant, nous appliquons la propriété `box-shadow` à un élément `p`.

```
<!DOCTYPE html>
<html>
  <head>
    <meta charset=UTF-8" />
    <title>Ombrage CSS3</title>
    <style>
      .ombrageCSS3
      {
        width: 230px;
        box-shadow: 10px 10px 5px cyan;
        -moz-box-shadow: 10px 10px 5px cyan;
        -webkit-box-shadow: 10px 10px 5px cyan;
        -khtml-box-shadow: 10px 10px 5px cyan;
      }
    </style>
  </head>
  <body>
    <p class="ombrageCSS3">
        Texte à l'intérieur de la balise &lt;p&gt;
    </p>
  </body>
</html>
```

Comme le montre la Figure 8.11, l'élément est ombré sur une largeur limitée (ici, 230 pixels). L'ombrage a une épaisseur de 10 pixels et un rayon de 5 pixels.

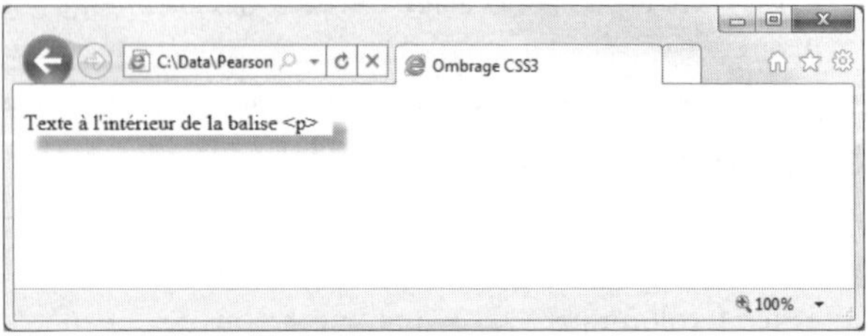

Figure 8.11 : Ombrage CSS3 d'un élément *p*.

Pour que l'ombrage soit plus diffus, il suffit d'augmenter son rayon. La Figure 8.12 représente la même page, mais, ici, le rayon a été fixé à 25 pixels dans la propriété `box-shadow` :

```
box-shadow: 10px 10px 25px cyan;
```

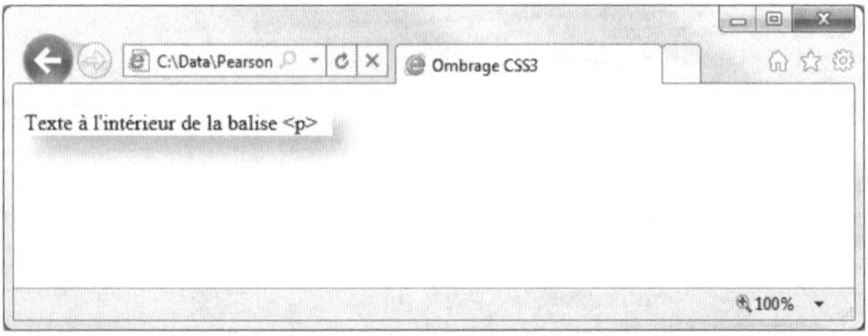

Figure 8.12 : Ombrage CSS3 diffus d'un élément *p*.

En inversant le signe des deux premiers paramètres de la propriété `box-shadow`, on peut changer la position de la bordure. Par exemple, avec la déclaration de style suivante, la bordure apparaît comme à la Figure 8.13 :

```
box-shadow: -10px -10px 5px cyan;
```

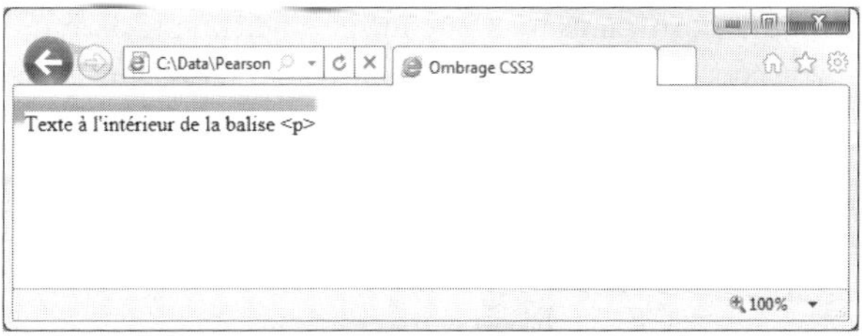

Figure 8.13 : La position de l'ombrage a été inversée.

La propriété `box-shadow` peut également être appliquée à une image. Il suffit pour cela d'affecter la classe `ombrageCSS` à l'élément `img`.

```
<!DOCTYPE html>
<html>
  <head>
    <meta charset=UTF-8" />
    <title>Ombrage CSS3</title>
    <style>
      .ombrageCSS3
      {
        width: 230px;
        box-shadow: 10px 10px 5px #bbb;
        -moz-box-shadow: 10px 10px 5px #bbb;
        -webkit-box-shadow: 10px 10px 5px #bbb;
        -khtml-box-shadow: 10px 10px 5px #bbb;
      }
    </style>
  </head>
  <body>
    <img class="ombrageCSS3" src="ecureuil.jpg"
width="400px" />
  </body>
</html>
```

Cette technique fonctionne parfaitement sur les navigateurs récents (voir Figure 8.14). Par contre, il est toujours bon d'avoir sous la main la méthode exposée à la section

"Ombre portée autour d'une image, ancienne technique" si vous devez assurer la compatibilité avec les anciens navigateurs.

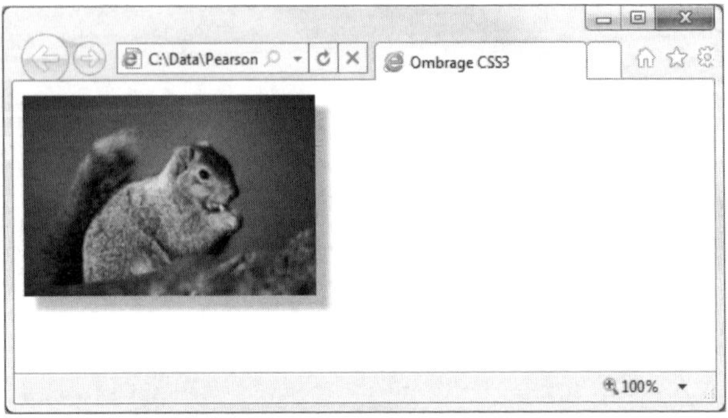

Figure 8.14 : L'ombrage est appliqué à une image.

Ombrage de texte en CSS3

text-shadow

L'ombrage CSS3 d'éléments textuels se fait *via* la propriété `text-shadow` :

```
text-shadow : offset-horiz, offset-vert, épaisseur, couleur
```

Où :

- `offset-horiz` est le décalage horizontal de l'ombrage en pixels.
- `offset-vert` est le décalage vertical de l'ombrage en pixels.
- `épaisseur` est l'épaisseur de l'ombrage en pixels.
- `couleur` est la couleur de l'ombrage.

Voici un exemple d'utilisation de cette propriété. Le résultat de ce code apparaît à la Figure 8.15.

```
<!DOCTYPE html>
<html>
  <head>
    <meta charset=UTF-8" />
    <title>Ombrage de texte en CSS3</title>
    <style>
      .otexte
      {
        font-size: 60px;
        text-shadow: 4px 4px 4px grey;
      }
    </style>
  </head>
  <body>
    <p class="otexte">Ce texte est ombré</p>
  </body>
</html>
```

Figure 8.15 : Ombrage de texte CSS3.

Ombrage de texte dans Internet Explorer

```
span
z-index
position:absolute
filter:DropShadow()
```

Malheureusement, la propriété `text-shadow` n'est pas encore reconnue par la dernière version d'Internet Explorer (version 9 Bêta alors que j'écris ces lignes). Pour assurer la compatibilité avec Internet Explorer 7, 8 et 9, vous devrez utiliser une autre technique qui consiste à superposer le même texte avec un léger décalage et un changement de couleur.

Voici le code XHTML/CSS à mettre en œuvre :

```
<!DOCTYPE html">
<html>
  <head>
    <meta charset=UTF-8" />
    <title>Ombrage de texte dans Internet Explorer</title>
    <style>
    body
    {
      background-color: #cc0;
    }

    .texte-ombre
    {
      font-size: 100px;
    }
    .principal
    {
      position: absolute;
      z-index: 2;
      color: white;
      top: 0;
      left: 0;
    }
```

```
      .ombre
      {
        position: absolute;
        z-index: 1;
        color: black;
        top: 0px;
        left: 4px;
      }
      </style>
    </head>

    <body >
      <p class="texte-ombre">
        <span class = "principal">Ce texte est ombré</span>
        <span class = "ombre">Ce texte est ombré</span>
      </p>
    </body>
  </html>
```

Le code HTML définit un élément `p` de classe `texte-ombre` qui englobe deux éléments `span` de classe `principal` et `ombre`.

Le code CSS définit le style de ces trois classes et la couleur d'arrière-plan de l'élément `body` :

- `body` initialise la propriété `background-color` pour définir la couleur de l'arrière-plan.
- `.texte-ombre` se contente de définir la taille des caractères.
- `.principal` positionne le texte de façon absolue en haut et à gauche de la fenêtre, lui affecte la couleur blanche et la couche 2.
- `.ombre` positionne le texte de façon absolue, décalé de 4 pixels vers la droite, lui affecte une couleur noire et une couche 1. Il apparaîtra donc derrière le texte de classe principal (voir Figure 8.16).

Figure 8.16 : Le texte est ombré.

Pour parvenir au même résultat, mais plus simplement, vous pouvez faire appel à la fonction `DropShadow()` d'Internet Explorer (voir Figure 8.17).

```
<!DOCTYPE html>
<html>
  <head>
    <meta charset=UTF-8" />
    <title>Ombrage de texte avec DropShadow()</title>
    <style>
      .dropshadow-texte
      {
        font-size:64px;
        color:red;
        zoom:1; /* déclenche le layout (concept du
        ➥ haslayout d'IE7 et inférieur), nécessaire pour
        ➥ le fonctionnement des filtres */
        filter:DropShadow(color=#C0C0C0, offx=3, offy=3)
      }
    </style>
  </head>
  <body>
    <p class="dropshadow-texte">Texte avec ombrage</p>
  </body>
</html>
```

Le style `dropshadow-texte` définit la taille, la couleur et l'effet sur le texte.

Pour implémenter l'effet `DropShadow`, il suffit de définir un élément `p` de classe `dropshadow-texte`.

Figure 8.17 : Ombrage de texte avec la fonction *DropShadow()*.

Attention

Pour bien faire les choses, toutes les fonctionnalités destinées à Internet Explorer devraient être intégrées dans une feuille de styles spécifique, appelée dans un commentaire conditionnel dans l'en-tête du document.

```
<head>
  <!--[if IE]>
    <link rel="stylesheet" href="style-pour-ie.css">
  <![endif]-->
</head>
```

Effets sur du texte dans Internet Explorer

```
Filter:alpha
Filter:blur
Filter:glow
Filter:wave
```

Plusieurs filtres additionnels peuvent être utilisés dans les navigateurs Internet Explorer :

- `alpha` : fondu linéaire entre l'avant-plan et l'arrière-plan ;
- `blur` : estompage ;
- `glow` : bords flambants ;
- `wave` : ondulations.

Voici la syntaxe de ces effets :

Alpha

```
Filter:Alpha(Opacity, FinishOpacity, Style, StartX,
StartY, EndX, EndY)
```

Où :

- `Opacity` est le degré de couverture au début de la fusion : entre `0` (transparent) et `100` (opaque).
- `FinishOpacity` est le degré de couverture à la fin de la fusion : entre `0` (transparent) et `100` (opaque).
- `Style` est le style de l'effet :

  `0` : addition des couleurs de l'arrière-plan et de l'avant-plan ;

  `1` : fondu linéaire du point de départ au point d'arrivée ;

  `2` : fondu radial de l'intérieur vers l'extérieur ;

  `3` : fondu rectangulaire de l'intérieur vers l'extérieur.
- `StartX` est l'abscisse du point de départ (uniquement pour `style=1`).
- `StartY` est l'ordonnée du point de départ (uniquement pour `style=1`).
- `EndX` est l'abscisse du point d'arrivée (uniquement pour `style=1`).
- `EndY` est l'ordonnée du point d'arrivée (uniquement pour `style=1`).

Blur

```
Filter:Blur(Add, Direction, Strength)
```

Où :

- `Add` indique si les contours de la police doivent (`add` non spécifié) ou ne doivent pas (`0`) être dessinés.
- `Direction` indique la direction de l'effet, en degrés, entre `0` et `359`.
- `Strength` est la force de l'effet.

Glow

```
Filter:Glow(Color, Strength)
```

Où :

- `Color` est la couleur du flamboiement.
- `Strength` est la force du flamboiement.

Wave

```
Filter:Wave(Freq, Light, Phase, Strength, Add)
```

Où :

- `Freq` est la fréquence des vagues, entre `5` (grandes vagues) et `50` (petites vagues).
- `Light` est l'intensité de la lumière, en pourcentage.
- `Phase` est le décalage au début de la vague en degrés, entre `0` et `359`.
- `Strength` est la force de l'effet, entre `0` et `10`.
- `Add` indique si les contours de la police doivent (`add` non spécifié) ou ne doivent pas (`0`) être dessinés.

Le code HTML/CSS ci-après illustre ces quatre filtres. Attention, il ne fonctionne que dans un navigateur Internet Explorer.

```
<!DOCTYPE html">
<html>
  <head>
    <meta charset=UTF-8" />
    <title>Effets sur le texte</title>
    <style>

    .fondu
    {
      Filter: Alpha(Opacity=100, FinishOpacity=0, Style=1,
      ➥StartX=0, StartY=0, FinishX=100);
      Width:30em;
      font-size:40px;
      color: red;
      font-weight: bold;
    }
```

```
    .estompage
    {
      Filter: Blur(add=0, direction=90, strength=5);
      Width:14cm;
      font-size:40px;
      color: red;
      font-weight: bold;
    }

    .bords-flambants
    {
      width: 100%;
      font-size:40px;
      color: blue;
      filter: Glow(Color=#FF0000, Strength=10);
    }

    .ondulations
    {
      width: 20cm;
      font-size:40px;
      color: red;
      font-weight: bold;
      filter: wave(add=0, freq=5, lightstrength=5,
      ➥ phase=220, strength=2);
    }
    </style>
  </head>

  <body >
    <p class="fondu">Effet Fondu linéaire progressif</p>
    <p class="estompage">Effet Estompage</p>
    <p class="bords-flambants">Effet Bords flambants</p>
    <p class="ondulations">Effet Ondulations</p>
  </body>
</html>
```

La Figure 8.18 représente l'exécution de ce code dans Internet Explorer 9 Bêta.

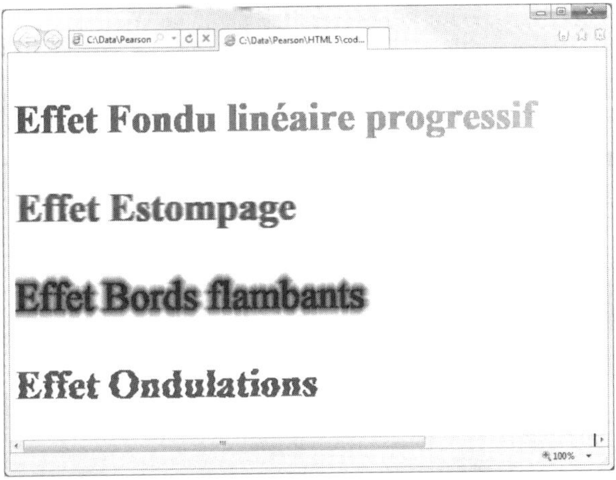

Figure 8.18 : Quoique marginaux, les effets d'Internet Explorer ont cependant du bon !

Attention

La mise en garde de la section précédente reste valable : pour bien faire les choses, toutes les fonctionnalités destinées à Internet Explorer devraient être intégrées dans une feuille de styles spécifique appelée entre commentaires conditionnels dans l'en-tête du document.

Mise en page CSS3 avec arrondis et ombrages

```
border-radius
border
padding
```

Ici, nous allons appliquer conjointement les techniques CSS3 permettant de définir des arrondis sur des éléments, celles permettant d'ombrer des éléments non textuels et celles permettant d'ombrer des éléments textuels.

Le code HTML5 est le même que celui défini à la section "Mise en page CSS3 avec arrondis". Nous n'y reviendrons pas. Par contre, le code CSS3 a subi de nombreuses modifications :

```
header, nav, article, section, footer, aside, img
{
  display: block;
  -moz-border-radius: 15px;
  -webkit-border-radius: 15px;
  -khtml-border-radius: 15px;
  border: 1px solid black;
  padding: 10px;
}

header
{
  background-color: red;
}

nav
{
  float:left;
  width:20%;
  background-color:yellow;
  text-shadow: 4px 4px 4px grey;
}

article
{
  background-color: #66FFFF;
  width:80%;
}

aside
{
  float:right;
  width:20%;
```

```
  background-color:yellow;  box-shadow: 5px 5px 5px grey;
  -moz-box-shadow: 5px 5px 5px grey;
  -webkit-box-shadow: 5px 5px 5px grey;
  -khtml-box-shadow: 5px 5px 5px grey;
}

footer
{
  clear:both;
  background-color: #99FF66;
}

img
{
  box-shadow: 5px 5px 5px grey;
  -moz-box-shadow: 5px 5px 5px grey;
  -webkit-box-shadow: 5px 5px 5px grey;
  -khtml-box-shadow: 5px 5px 5px grey;
}
li
{
  filter:DropShadow(color=#c0c0c0, offx=3, offy=3)
}
```

Vous remarquerez en particulier :

- l'insertion des propriétés `box-shadow` dans le style des éléments `aside` et `img` ;
- l'insertion de la propriété `text-shadow` dans le style de l'élément `nav` ;
- la définition du style `li` pour que les liens du menu apparaissent en caractères ombrés.

Les Figures 8.19 et 8.20 représentent l'exécution de ce code dans les navigateurs Google Chrome 6 et Internet Explorer 9 Bêta. Comme on pouvait s'y attendre, tous les effets sont exécutés dans Google Chrome, mais les arrondis ne sont pas interprétés dans Internet Explorer.

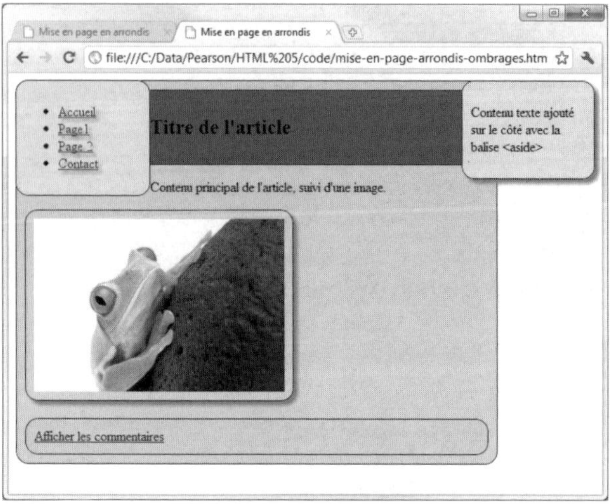

Figure 8.19 : Cette page illustre une partie de la toute-puissance du couple HTML5/CSS3 dans un navigateur compatible. Ici, Google Chrome 6.

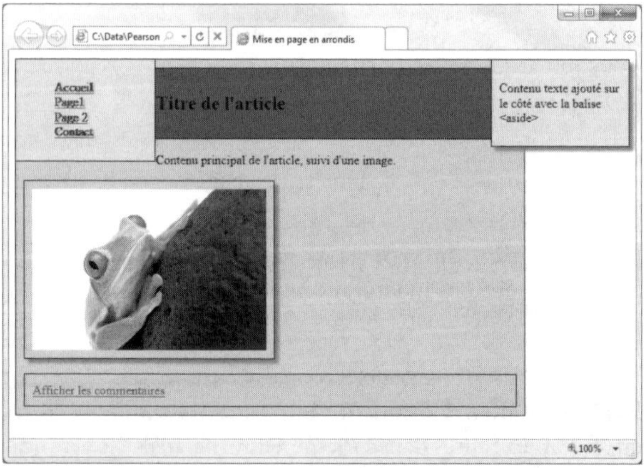

Figure 8.20 : Tous les effets ne sont pas (encore) supportés par Internet Explorer 9 Bêta.

9

Transformations 2D

Avec CSS3, il est désormais très simple d'appliquer des transformations (translations, rotations, changements d'échelle). Et, bonne nouvelle, les transformations sont supportées par la plupart des navigateurs de dernière génération : Webkit (Safari, Chrome), Gecko (Firefox), Opera et Internet Explorer 9 Bêta preview 6 et ultérieur.

Les transformations n'affectent pas le flux. En d'autres termes, les divers éléments qui environnent un élément ne seront pas déplacés suite à sa transformation. Cependant, vous pourrez utiliser la propriété `overflow` de l'élément transformé pour déterminer le rendu.

Translations

`transform: translate();`

Tous les éléments HTML5 présentés dans ce guide peuvent subir une translation par l'intermédiaire de la fonction `translate()` appliquée à la propriété `transform`. Voici la syntaxe à utiliser :

```
transform: translate(h, v);
```

Où h définit le déplacement horizontal (positif pour un déplacement vers la droite, négatif pour un déplacement vers la gauche) et v le déplacement vertical (positif pour un déplacement vers le bas, négatif pour un déplacement vers le haut).

Le résultat, de ce code, affiché dans Internet Explorer 9 Bêta preview 6 est représenté Figure 9.1.

```
<!DOCTYPE html>
<html>
  <head>
    <meta charset=UTF-8" />
    <title>Translations</title>
    <style>
      div
      {
        width: 200px;
        height: 60px;
        background-color: SkyBlue;
        margin: 20px;
        border-color: black;
        border-width: 5px;
        border-style: dashed;
      }
      .droite
      {
        -webkit-transform : translate(20px, 0px);
        -moz-transform : translate(20px, 0px);
        -o-transform : translate(20px, 0px);
        -ms-transform : translate(20px, 0px);
      }
      .gauche
      {
        -webkit-transform : translate(-20px, 0px);
        -moz-transform : translate(-20px, 0px);
        -o-transform : translate(-20px, 0px);
        -ms-transform : translate(-20px, 0px);
      }
      .haut
      {
        -webkit-transform : translate(0px, -5px);
        -moz-transform : translate(0px, -5px);
```

```
      -o-transform : translate(0px, -5px);
      -ms-transform : translate(0px, -5px);
    }
    .bas
    {
      -webkit-transform : translate(0px, 20px);
      -moz-transform : translate(0px, 20px);
      -o-transform : translate(0px, 20px);
      -ms-transform : translate(0px, 20px);
    }
    .hautdroite
    {
      -webkit-transform : translate(15px, -15px);
      -moz-transform : translate(15px, -15px);
      -o-transform : translate(15px, -15px);
      -ms-transform : translate(15px, -15px);
    }
  </style>
</head>
<body>

  <div>
    Boîte sans déplacement
  </div>
  <div class="droite">
    Boîte déplacée à droite de 20px
  </div>
  <div class="gauche">
    Boîte déplacée à gauche de 20px
  </div>
  <div class="haut">
    Boîte déplacée vers le haut de 5px
  </div>
  <div class="bas">
    Boîte déplacée vers le bas de 5px
  </div>
  <div class="hautdroite">
    Boîte déplacée vers le haut et la droite de 15px
  </div>
  <div class="quex">
    Boîte déplacée de 80px vers la droite
  </div>
</body>
</html
```

Remarquez la présence des préfixes `-webkit-`, `-moz-`, `-o-` et `-ms-` dans le code CSS3 pour s'adresser aux navigateurs Webkit, Firefox, Opera et Internet Explorer 9.

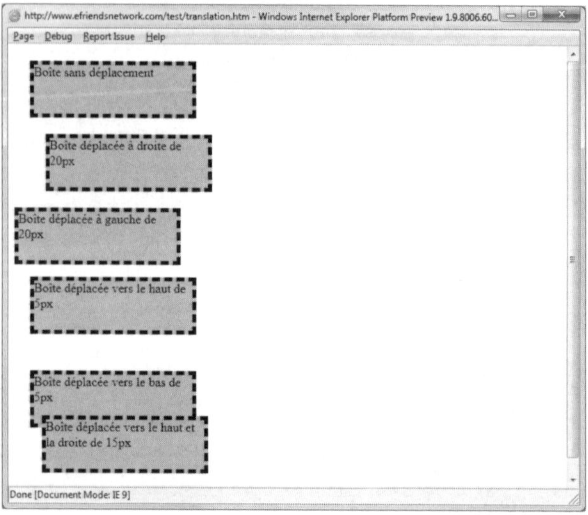

Figure 9.1 : Translations CSS3 dans Internet Explorer 9.

Info

Si la translation ne doit être appliquée que sur un des axes, vous pouvez également utiliser les fonctions **`translateX(h)`** ou **`translateY(v)`**, où **`h`** représente la translation horizontale et **`v`** la translation verticale, en adoptant les mêmes conventions de direction que dans la fonction **`translate()`**.

Rotations

```
transform: rotate();
```

Tous les éléments HTML5 peuvent subir une rotation *via* la fonction `rotate()` appliquée à la propriété `transform`.

Voici la syntaxe à utiliser :

```
transform: rotate(rdeg);
```

Où `r` est l'angle de la rotation en degrés. Une valeur positive provoque une rotation dans le sens horaire, et une valeur négative provoque une rotation dans le sens trigonométrique.

Voici un exemple d'utilisation de cette propriété. Le résultat, de ce code, affiché dans Google Chrome 7.0 est représenté Figure 9.2.

```
<!DOCTYPE html>
<html>
  <head>
    <meta charset=UTF-8" />
    <title>Rotations</title>
    <style>
      div
      {
        width: 200px;
        height: 60px;
        background-color: SkyBlue;
        margin-top: 120px;
        border-color: black;
        border-width: 5px;
        border-style: dashed;
        display: inline-block;
      }
      .rotdroite45
      {
        -webkit-transform : rotate(45deg);
        -moz-transform : rotate(45deg);
        -o-transform : rotate(45deg);
        -ms-transform : rotate(45deg);
      }
      .rotgauche90
      {
        -webkit-transform : rotate(-90deg);
        -moz-transform : rotate(-90deg);
        -o-transform : rotate(-90deg);
        -ms-transform : rotate(-90deg);
      }
```

```
    </style>
  </head>
  <body>
    <div style="border-width: 5px;">
      La &lt;div&gt; originale
    </div>
    <div class="rotdroite45">
      La &lt;div&gt; après une rotation à droite de 45°
    </div>
    <div class="rotgauche90">
      La &lt;div&gt; après une rotation à gauche de 90°
    </div>
  </body>
</html>
```

Dans le code CSS3, remarquez :

- L'affichage en mode `inline-block` des éléments `div` de façon qu'ils apparaissent sur une même ligne.
- La définition de la propriété `margin-top`, pour que les éléments `div` ne soient pas tronqués après rotation.
- L'utilisation des préfixes `-webkit-`, `-moz-`, `-o-` et `-ms-` pour s'adresser aux navigateurs Webkit, Firefox, Opera et Internet Explorer 9.

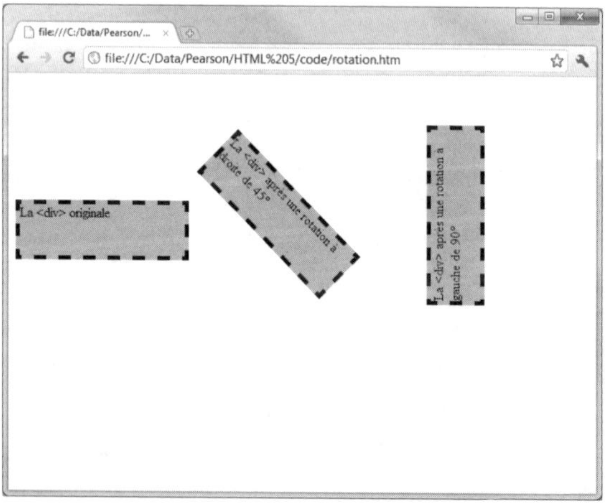

Figure 9.2 : Rotation CSS3 dans Google Chrome 7.0.

Définir le centre de la transformation

transform-origin

La propriété `transform-origin` peut être utilisée pour définir la position du centre de la transformation :

```
transform-origin: x y;
```

Où `x` et `y` représentent l'abscisse et l'ordonnée du centre de la rotation :

- `x` peut être spécifié en pourcentage de la largeur de l'élément ou prendre l'une des trois valeurs suivantes : `left` (équivalent à 0 %), `center` (équivalent à 50 %) ou `right` (équivalent à 100 %).
- `y` peut être spécifié en pourcentage de la hauteur de l'élément ou prendre l'une des trois valeurs suivantes : `top` (équivalent à 0 %), `center` (équivalent à 50 %) ou `bottom` (équivalent à 100 %).

Le code suivant définit deux rotations de 45 degrés. Dans la première (classe `rd45-olefttop`), le centre de la rotation se situe en haut et à gauche de l'élément. Dans la seconde (classe `rd45-ocenterbottom`), il se situe au centre et à droite de l'élément.

Le code HTML affiche deux fois trois éléments. La différence se situe au niveau de la classe des troisième et sixième éléments : `rd45-olefttop` pour le troisième, `rd45-ocenterbottom` pour le sixième. La Figure 9.3 représente l'exécution de ce code dans Internet Explorer 9 Bêta. Remarquez la différence de positionnement dans les éléments 3 et 6.

```
<!DOCTYPE html>
<html>
  <head>
    <meta charset=UTF-8" />
    <title>Définition du centre de la rotation</title>
    <style>
      div
      {
        width: 200px;
        height: 60px;
        background-color: SkyBlue;
        margin-top: 120px;
        border-color: black;
        border-width: 5px;
        border-style: dashed;
        display: inline-block;
      }
      .rd45-olefttop
      {
        -webkit-transform : rotate(45deg);
        -moz-transform : rotate(45deg);
        -o-transform : rotate(45deg);
        -ms-transform : rotate(45deg);
        -webkit-transform-origin: left top;
        -moz-transform-origin: left top;
        -o-transform-origin: left top;
        -ms-transform-origin: left top;
      }
      .rd45-ocenterbottom
      {
        -webkit-transform : rotate(45deg);
        -moz-transform : rotate(45deg);
        -o-transform : rotate(45deg);
        -ms-transform : rotate(45deg);
        -webkit-transform-origin: center bottom;
        -moz-transform-origin: center bottom;
        -o-transform-origin: center bottom;
        -ms-transform-origin: center bottom;
      }
    </style>
  </head>
  <body>
    <div style="border-width: 5px;">
      La &lt;div&gt; originale
```

```
    </div>
    <div class="rd45-olefttop">
      La &lt;div&gt; après une rotation à droite de 45°
    </div>
    <div class="rd45-ocenterbottom">
      La &lt;div&gt; après une rotation à droite de 45°
    </div>
    <br>
    <div style="border-width: 5px;">
      La &lt;div&gt; originale
    </div>
    <div class="rd45-olefttop">
      La &lt;div&gt; après une rotation à droite de 45°
    </div>
    <div class="rd45-olefttop">
      La &lt;div&gt; après une rotation à droite de 45°
    </div>

  </body>
</html>
```

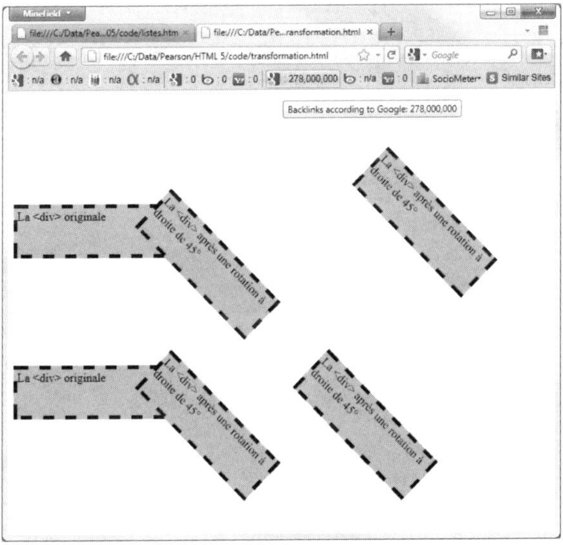

Figure 9.3 : Les troisième et sixième éléments sont décalés sur l'axe des abscisses.

Changements d'échelle

```
transform: scale();
```

Les éléments HTML5 peuvent subir un changement d'échelle quand la fonction `scale()` est appliquée à la propriété CSS3 `transform`. Voici la syntaxe à utiliser :

```
transform: scale(ex, ey);
```

Où `ex` et `ey` représentent les facteurs d'échelle selon les axes des abscisses et des ordonnées. Par défaut, si `ey` n'est pas spécifié, il est supposé égal à `ex`.

Le code ci-après applique deux changements d'échelle sur une image. Son exécution dans Opera 10.63 est représentée Figure 9.4.

```
<!DOCTYPE html>
<html>
  <head>
    <meta charset=UTF-8" />
    <title>Changements d'échelle</title>
    <style>
      .e200
      {
        -webkit-transform : scale(2);
        -moz-transform : scale(2);
        -o-transform : scale(2);
        -ms-transform : scale(2);
      }
      .e50
      {
        -webkit-transform : scale(.5);
        -moz-transform : scale(.5);
        -o-transform : scale(.5);
        -ms-transform : scale(.5);
      }
    </style>
  </head>
```

```
  <body>
    <img src="ecureuil.jpg">
    <img src="ecureuil.jpg" class="e200">
    <img src="ecureuil.jpg" class="e50">
  </body>
</html>
```

Figure 9.4 : Les images se chevauchent.

Comme vous pouvez le voir, les trois images se superposent. En fait, elles sont affichées comme si chacune avait la taille de l'image originale. Pour régler ce problème, vous définirez une marge entre elles avec la propriété CSS `margin` :

```
img
{
  margin: 60px;
}
```

Le résultat et maintenant bien plus acceptable (voir Figure 9.5).

Figure 9.5 : La propriété *margin* a réglé le problème.

Astuce

Vous pouvez également utiliser les fonctions `scaleX(ex)` et `scaleY(ey)` où `ex` et `ey` représentent les facteurs d'échelle en abscisse et en ordonnée. Ces fonctions sont respectivement équivalentes à `scale(ex,1)` et `scale(1, ey)`. Elles produisent donc une déformation de l'élément (voir Figure 9.6).

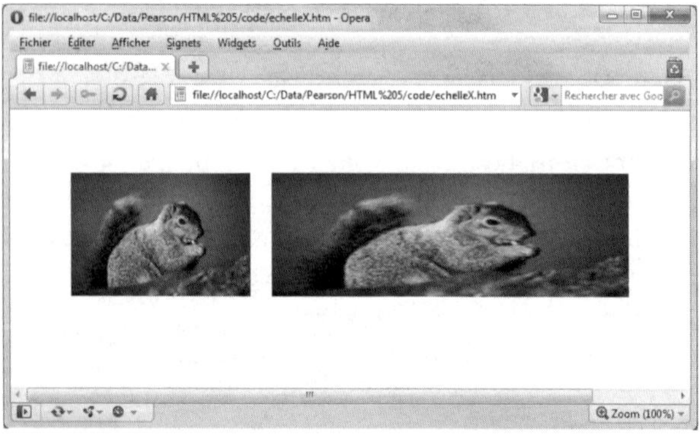

Figure 9.6 : L'image originale a subi un changement d'échelle *scaleX(2)*.

Inclinaison

```
transform: skew();
```

Les éléments HTML5 peuvent être inclinés avec la fonction `skew()` appliquée à la propriété CSS3 `transform`. Voici la syntaxe à utiliser :

```
transform: skew(ax, ay);
```

Où `ax` et `ay` représentent les angles d'inclinaison selon les axes des abscisses et des ordonnées. Les valeurs positives de `ax` inclinent l'élément dans le sens trigonométrique. Quant aux valeurs positives de `ay`, elles l'inclinent vers l'arrière. Par défaut, si `ay` n'est pas spécifié, il est supposé égal à `0`. Dans ce cas, il n'y a donc pas d'inclinaison selon l'axe des ordonnées.

Le code ci-après applique des inclinaisons sur une image. Son exécution dans Google Chrome 7.0 est représentée Figure 9.7.

```
<!DOCTYPE html>
<html>
  <head>
    <meta charset=UTF-8" />
    <title>Inclinaison</title>
    <style>
      img
      {
        margin-top: 60px;
        margin-left: 40px;
      }
      .xy15
      {
        -webkit-transform : skew(15deg, 15deg);
        -moz-transform : skew(15deg, 15deg);
        -o-transform : skew(15deg, 15deg);
       -ms-transform : skew(15deg, 15deg);
       }
```

```
      .xy-25
      {
        -webkit-transform : skew(-25deg, -25deg);
        -moz-transform : skew(-25deg, -25deg);
        -o-transform : skew(-25deg, -25deg);
        -ms-transform : skew(-25deg, -25deg);
      }

    </style>
  </head>
  <body>
    <img src="ecureuil.jpg">
    <img src="ecureuil.jpg" class="xy15">
    <img src="ecureuil.jpg" class="xy-25">
  </body>
</html>
```

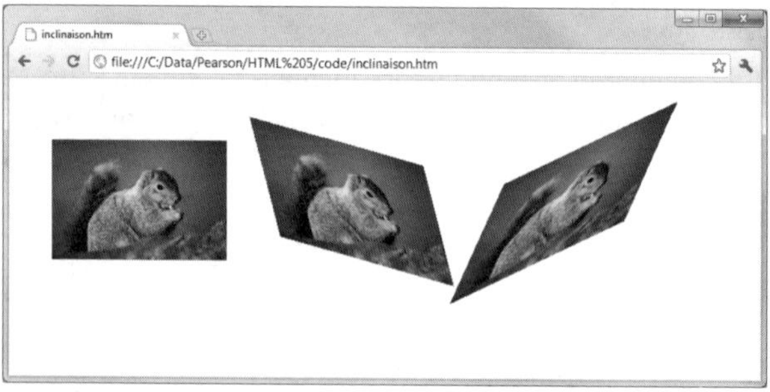

Figure 9.7 : Inclinaison selon les axes X et Y.

Info

Si l'inclinaison ne doit être appliquée que sur un des axes, vous pouvez également utiliser les fonctions **skewX(ax)** ou **skewY(ay)**, où **ax** et **ay** représentent les angles d'inclinaison selon les axes des abscisses et des ordonnées.

Matrices

```
transform: matrix();
```

D'un point de vue mathématique, toutes les transformations CSS3 peuvent être représentées par une matrice 3×3 de la forme suivante :

$$\begin{bmatrix} a & c & e \\ b & d & f \\ 0 & 0 & 1 \end{bmatrix}$$

Figure 9.8 : Matrice de transformation.

La matrice de transformation permet de relier les anciennes et les nouvelles coordonnées des éléments transformés avec la relation suivante :

$$\begin{bmatrix} \text{ancien X} \\ \text{ancien Y} \\ 1 \end{bmatrix} = \begin{bmatrix} a & c & e \\ b & d & f \\ 0 & 0 & 1 \end{bmatrix} \cdot \begin{bmatrix} \text{nouveau X} \\ \text{nouveau Y} \\ 1 \end{bmatrix}$$

Figure 9.9 : Lien entre les anciennes et les nouvelles coordonnées.

Les transformations étudiées jusqu'ici sont équivalentes aux matrices représentées Figure 9.10.

Translation

$$\begin{bmatrix} 1 & 0 & tx \\ 0 & 1 & ty \\ 0 & 0 & 1 \end{bmatrix}$$

Echelle

$$\begin{bmatrix} sx & 0 & 0 \\ 0 & sy & 0 \\ 0 & 0 & 1 \end{bmatrix}$$

Rotation par rapport à l'origine

$$\begin{bmatrix} \cos(a) & -\sin(a) & 0 \\ \sin(a) & \cos(a) & 0 \\ 0 & 0 & 1 \end{bmatrix}$$

Inclinaison sur l'axe des X

$$\begin{bmatrix} 1 & \tan(a) & 0 \\ 0 & 1 & 0 \\ 0 & 0 & 1 \end{bmatrix}$$

Inclinaison sur l'axe des Y

$$\begin{bmatrix} 1 & 0 & 0 \\ \tan(a) & 1 & 0 \\ 0 & 0 & 1 \end{bmatrix}$$

Figure 9.10 : Matrices de transformation.

Six valeurs seulement sont utilisées dans ces matrices, c'est pourquoi il est possible de les exprimer en tant que simples vecteurs `[ a b c d e f ]`.

Si vous êtes à l'aise avec la manipulation des matrices, vous pouvez employer la fonction `matrix()` appliquée à la propriété CSS3 `transform`. En voici la syntaxe :

```
transform: matrix(a, b, c, d, e, f);
```

Où `a`, `b`, `c`, `d`, `e` et `f` sont les coefficients de la matrice 3×3.

Pour effectuer une rotation de 90 degrés dans le sens des aiguilles d'une montre, vous utiliserez la matrice représentée Figure 9.11.

$$\begin{bmatrix} \cos(a) & -\sin(a) & 0 \\ \sin(a) & \cos(a) & 0 \\ 0 & 0 & 1 \end{bmatrix} = \begin{bmatrix} 0 & -1 & 0 \\ 1 & 0 & 0 \\ 0 & 0 & 1 \end{bmatrix}$$

Figure 9.11 : Rotation de 90 degrés dans le sens inverse trigonométrique.

Les coefficients sont donc les suivants : `0, 1, -1, 0, 0, 0`.

Voici le code HTML5/CSS3 correspondant. La Figure 9.12 représente son exécution dans Firefox 3.6.12.

```
<!DOCTYPE html>
<html>
  <head>
    <meta charset=UTF-8" />
    <title>Matrices de transformation</title>
    <style>
      img
      {
        margin-top: 60px;
        margin-left: 40px;
      }
      .mat90
      {
        -webkit-transform : matrix(0, 1, -1, 0, 0, 0);
        -moz-transform : matrix(0, 1, -1, 0, 0, 0);
        -o-transform : matrix(0, 1, -1, 0, 0, 0);
        -ms-transform : matrix(0, 1, -1, 0, 0, 0);
      }

    </style>
  </head>
  <body>
    <img src="ecureuil.jpg">
    <img src="ecureuil.jpg" class="mat90">
  </body>
</html>
```

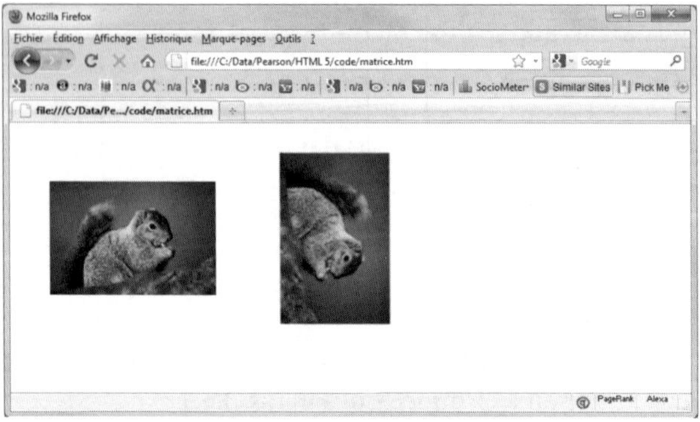

Figure 9.12 : La rotation a été effectuée *via* la fonction *matrix()*.

Il est possible de cumuler plusieurs transformations en multipliant les matrices 3×3 correspondantes (voir Figure 9.13).

$$\begin{bmatrix} \text{ancien X} \\ \text{ancien Y} \\ 1 \end{bmatrix} = \begin{bmatrix} a_1 & c_1 & e_1 \\ b_1 & d_1 & f_1 \\ 0 & 0 & 1 \end{bmatrix} \cdot \begin{bmatrix} a_2 & c_2 & e_2 \\ b_2 & d_2 & f_2 \\ 0 & 0 & 1 \end{bmatrix} \cdot \begin{bmatrix} \text{nouveau X} \\ \text{nouveau Y} \\ 1 \end{bmatrix}$$

Figure 9.13 : Transformations multiples.

Une autre solution consiste à spécifier les transformations à la suite de la propriété en les séparant par un espace. Par exemple, pour effectuer une translation vers la droite de 50 pixels et une rotation de 90 degrés dans le sens des aiguilles d'une montre, la déclaration de style suivante est correcte :

```
-moz-transform: translate(50px, 0) rotate(90deg);
```

10

Transitions

transition

Vous pouvez animer les transformations CSS3 avec des pseudo-classes ou du code JavaScript comme facteurs déclenchants. Ainsi par exemple, une rotation ou une translation peut être affichée progressivement lorsque l'utilisateur déplace le pointeur ou clique sur un élément quelconque. Cette fabuleuse nouveauté réside dans la propriété CSS3 `transition` dont voici la syntaxe :

```
transition: propriété durée type délai;
```

Où :

- `propriété` est une propriété CSS : `background`, `opacity` ou `width` par exemple.
- `durée` est la durée de l'animation en secondes.
- `type` est le type de l'animation. Ce paramètre peut prendre l'une des valeurs suivantes :
  - `linear` : aucun effet ;
  - `cubic-bezier(x1, y1, x2, y2)` : courbe de Bézier dont les points `P0` et `P3` ont pour valeur `(0,0)` et `(1,1)` ;
  - `ease` : équivalent à `cubic-bezier(0.25, 0.1, 0.25, 1.0)` ;

  - `ease-in` : `(0.42, 0, 1.0, 1.0)` ;
  - `ease-out` : `(0, 0, 0.58, 1.0)` ;
  - `ease-in-out` : `(0.42, 0, 0.58, 1.0)`.
- `délai` est le délai avant le déclenchement de l'animation.

Alors que j'écris ces lignes, seuls les navigateurs Webkit (Chrome, Safari), Mozilla (Firefox) et Opera supportent cette propriété `transition`, laquelle devra être correctement préfixée pour être comprise par chacun de ces navigateurs.

Modification progressive d'une propriété

transition: color
hover

Cette section montre comment définir des animations sur la couleur et/ou la transparence des éléments.

Modifier la couleur d'un élément

Notre premier exemple va consister à animer la couleur d'un élément au survol. Pour ce faire, vous devez :

- définir une classe contenant la propriété `transition: color` et l'affecter à l'élément concerné ;
- définir la `pseudo-classe` associée et fixer la couleur à atteindre.

Ici, le code HTML5 affiche un paragraphe de texte de classe `anim-couleur`. Le code CSS de la classe `anim-couleur` définit la taille des caractères et le type de la transition : `color 2s ease-in`. Quant à la pseudo-classe `anim-couleur:hover`, elle se contente de définir la couleur cible lorsque l'élément est survolé.

```
<!DOCTYPE html>
<html>
  <head>
    <meta charset=UTF-8" />
    <title>Animation de la couleur</title>
    <style>
      .anim-couleur
      {
        font-size: 40px;
        -moz-transition: color 2s ease-in;
        -webkit-transition: color 2s ease-in;
        -o-transition: color 2s ease-in;
      }
      .anim-couleur:hover
      {
        color: red;
      }
    </style>
  </head>
  <body>
    <p class="anim-couleur">Placez le pointeur sur ce
texte</p>
  </body>
</html>
```

Modifier la transparence d'un élément

La propriété `opacity` permet de régler la transparence d'un élément. Pour faire disparaître un élément au survol, il suffit de définir :

- Une classe dans laquelle la propriété `transition: opacité` est initialisée et l'affecter à l'élément concerné.
- La `pseudo-classe` correspondante dans laquelle l'opacité cible est spécifiée.

Dans ce code par exemple, l'image disparaît progressivement lorsqu'elle est survolée.

```
<!DOCTYPE html>
<html>
  <head>
    <meta charset=UTF-8" />
    <title>Animation de la transparence</title>
    <style>
      .anim-opacite
      {
        -moz-transition: opacity 2s linear;
        -webkit-transition: opacity 2s linear;
        -o-transition: opacity 2s linear;
      }
      .anim-opacite:hover
      {
        opacity: 0;
      }
    </style>
  </head>
  <body>
    <img class="anim-opacite" src="ecureuil.jpg" />
  </body>
</html>
```

Animer une transformation

transition

En utilisant conjointement les propriétés CSS3 `transform` et `transition`, vous n'aurez besoin que de quelques lignes de code pour animer une transformation.

Pour déplacer progressivement de 50 pixels une image lorsqu'elle est survolée, employez le code suivant :

```
<!DOCTYPE html>
<html>
  <head>
    <meta charset=UTF-8" />
    <title>Animation d'une translation</title>
    <style>
      .animation
```

```
        {
          -moz-transition: all 2s linear;
          -webkit-transition: all 2s linear;
          -o-transition: all 2s linear;
        }
        .animation:hover
        {
          -moz-transform: translate(50px, 0);
          -webkit-transform: translate(50px, 0);
          -o-transform: translate(50px, 0);
        }
      </style>
    </head>
    <body>
      <img class="animation" src="ecureuil.jpg" />
    </body>
  </html>
```

Le code HTML5 se contente d'afficher une image de classe `animation`.

La classe `animation` définit la propriété `transition` :

```
transition: all 2s linear;
```

L'animation sera linéaire et elle durera deux secondes. La valeur `all` étant appliquée au premier paramètre, toutes les propriétés modifiées pour cet élément seront automatiquement animées. Ici, seule une translation est appliquée à l'image, mais on aurait pu également ajouter une disparition progressive, une rotation ou un quelconque autre effet.

Pour vous en convaincre, modifiez la pseudo-classe `animation:hover` comme suit :

```
.animation:hover
{
  -moz-transform: translate(50px, 0) rotate(360deg);
  -webkit-transform: translate(50px, 0) rotate(360deg);
  -o-transform: translate(50px, 0) rotate(360deg);
  opacity: 0;
}
```

Maintenant, lorsque l'image est pointée, elle subit simultanément une translation, une rotation et une disparition *via* la propriété `opacity`.

Déclencher une animation en JavaScript

```
getElementById();
setAttribute();
transition
```

Il peut être intéressant de déclencher une animation par une fonction JavaScript. Cette fonction étant associée à la propriété `onClick` d'un élément HTML `button` par exemple, l'animation sera déclenchée lorsque l'utilisateur cliquera sur un bouton.

Ce code montre comment déclencher une animation sur l'attribut `top` d'une `<div>` à la suite d'un clic sur un `<button>`, puis comment restituer la position initiale de la `<div>` à la suite d'un clic sur un autre bouton.

```
<!DOCTYPE html>
<html>
  <head>
    <meta charset=UTF-8" />
    <title>Animation déclenchée en JavaScript</title>
    <style>
      div
      {
        position: absolute;
        left: 100px;
        top: 100px;
        height: 100px;
        width: 100px;
        background: Yellow;
        -webkit-transition: top 1s ease-in;
        -moz-transition: top 1s ease-in;
        -o-transition: top 1s ease-in;
```

```
        transition: top 1s ease-in;
      }
    </style>

    <script>
      function animer()
      {
        var el = document.getElementById('madiv');
        el.setAttribute("style","top: 150px;");
      }
      function reinit()
      {
        var el = document.getElementById('madiv');
        el.setAttribute("style","top:100px;");
      }
    </script>
  </head>

  <body>
    <button onclick="animer()">Cliquez ici pour animer la
&lt;div&gt;</button>
    <button onclick="reinit()">Cliquez ici pour
réinitilaiser la &lt;div&gt;</button>
    <div id="madiv">Une simple &lt;div&gt;</div>
  </body>
</html>
```

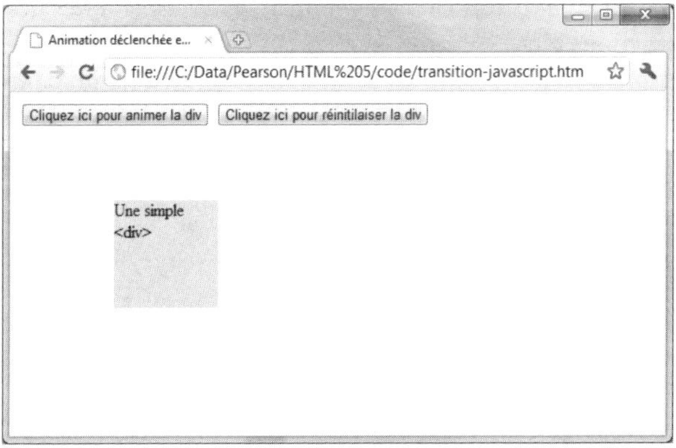

Figure 10.1 : Ces deux boutons agissent sur la propriété *top* de l'élément *div*.

Examinons le code.

La partie HTML5 définit deux <button> et affecte les fonctions JavaScript animer() et reinit() à leurs propriétés onclick. Ces deux fonctions seront donc exécutées lorsque l'utilisateur cliquera sur ces boutons. L'élément div utilisé a pour identifiant madiv.

La partie CSS3 définit les caractéristiques de la <div> : position (top, left), taille (width, height), couleur d'arrière-plan (background), type de la transition (transition: top).

La partie JavaScript définit les fonctions animer() et reinit(). Toutes deux modifient l'attribut top de la <div>. Dans un premier temps, le handle de la <div> est récupéré *via* la fonction getElementById() puis stocké dans la variable el :

```
var el = document.getElementById('madiv');
```

Dans un second temps, l'attribut style de cet élément est modifié *via* la fonction setAttibute() :

```
el.setAttribute("style","top: 150px;");
```

Ce code est certes élémentaire mais, en y insérant des instructions plus évoluées (notamment en agissant sur la propriété transform), vous pourrez commander des animations à la demande.

11

Menus

Les menus sont des éléments de choix dans la programmation HTML/CSS. Fortement personnalisables, ils sont utilisés pour hiérarchiser les pages d'un site web. Lisez vite et vous prendrez conscience des innombrables possibilités offertes par le duo de choc HTML5/CSS3.

Menu vertical élémentaire

```
<ul>
<li>
```

Pour créer un menu vertical, nous utiliserons une liste à puces <ul>, légèrement modifiée par un style CSS.

```
<!DOCTYPE html>
<html>
  <head>
    <meta charset=UTF-8" />
    <title>Menu vertical élémentaire</title>
    <style>
      ul#vertical
      {
        width: 100px;
        float: left;
      }
```

```
      li
      {
        list-style-type: none;
      }
    </style>
  </head>
  <body>
    <ul id="vertical">
      <li><a href="page1.htm">Page 1</a></li>
      <li><a href="page2.htm">Page 2</a></li>
      <li><a href="page3.htm">Page 3</a></li>
      <li><a href="page4.htm">Page 4</a></li>
      <li><a href="page5.htm">Page 5</a></li>
    </ul>
Iam summus Pater architectus Deus hanc quam videmus
mundanam domum, divinitatis templum augustissimum,
archanae legibus sapientiae fabrefecerat. Supercaelestem
regionem mentibus decorarat; aethereos globos aeternis
animis vegetarat; excrementarias ac feculentas inferioris
mundi partes omnigena animalium turba complerat. Sed,
opere consummato, desiderabat artifex esse aliquem qui
tanti operis rationem perpenderet, pulchritudinem amaret,
magnitudinem admiraretur. Idcirco iam rebus omnibus (ut
Moses5 Timaeusque6 testantur) absolutis, de producendo
homine postremo cogitavit. Verum nec erat in archetypis
unde novam sobolem effingeret, nec in thesauris quod novo
filio hereditarium largiretur, nec in subselliis totius
orbis, ubi universi contemplator iste sederet.
  </body>
</html>
```

Le premier style définit la largeur du menu à l'aide de la propriété `width` et le positionne comme flottant, sur la partie gauche de la page, afin que le reste de la page puisse s'enrouler autour (voir Figure 11.1).

Le deuxième style supprime la puce des éléments `<li>` à l'aide de la propriété `list-style-type`.

Le corps du document met en place le menu *via* l'élément `ul`. Il affiche ensuite du texte afin de matérialiser son enroulement autour du menu.

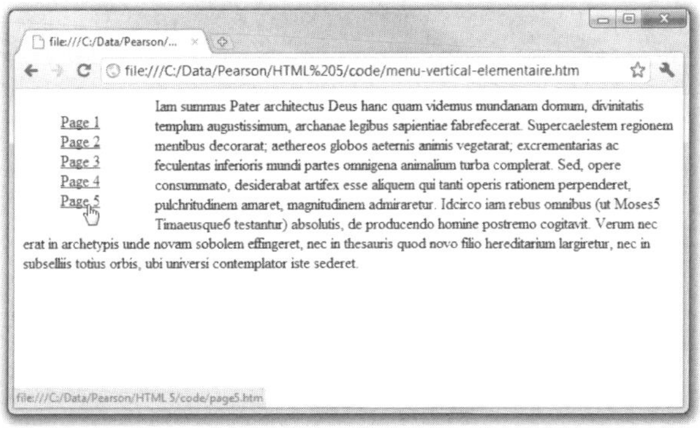

Figure 11.1 : Un menu vertical élémentaire composé de cinq liens hypertextes.

Menu vertical graphique

```
transition
transform
li
```

Dans ce menu, plusieurs icônes sont alignées verticalement. Un intitulé apparaît progressivement à droite de l'icône pointée et le couple icône/intitulé se décale doucement vers la droite (voir Figure 11.2).

```
<!DOCTYPE html>

<html>
  <head>
    <meta charset=UTF-8" />
    <title>Menu vertical graphique</title>
```

```
<script>
  function clicMenu1()
  {
    alert('Menu 1 cliqué');
  }
  function clicMenu2()
  {
    alert('Menu 2 cliqué');
  }
  function clicMenu3()
  {
    alert('Menu 3 cliqué');
  }
</script>

<style>
li
{
    list-style:none;
    padding:2px;
    height:64px;
  -moz-transition: all 500ms linear;
  -webkit-transition: all 500ms linear;
  -o-transition: all 500ms linear;
  font-size: 40px;
  color: white;
}

li:hover
{
  -moz-transform: translate(50px, 0);
  -webkit-transform: translate(50px, 0);
  -o-transform: translate(50px, 0);
  color:black;
}

span
{
  position: relative;
  left: 80px;
  top: 5px;
  width: 200px;
}
```

```
    </style>
  </head>

  <body>
    <ul id="menu">
      <li style="background: url('folder.png') no-repeat;"
      ➥ onclick="clicMenu1()">
        <span>Télécharger</span>
      </li>

      <li style="background: url('ie.png') no-repeat;"
      ➥ onclick="clicMenu2()">
        <span>Internet Explorer</span>
      </li>

      <li style="background: url('skype.png') no-repeat;"
      ➥ onclick="clicMenu3()">
        <span>Skype</span>
      </li>
    </ul>
  </body>
</html>
```

Figure 11.2 : Un menu vertical graphique CSS3.

Le code HTML5 affiche une liste à puces composée de trois éléments. Chaque élément contient :

- un arrière-plan graphique non répété. Par exemple, pour l'icône d'Internet Explorer :

```
<li style="background: url('ie.png') no-repeat;"
onclick="clicMenu2()">
```

- un texte placé dans un élément span :

```
<span>Internet Explorer</span>
```

Le code JavaScript traite les événements onclick des trois éléments li. Il se contente d'afficher une boîte de dialogue indiquant le clic. Par exemple, pour la puce Internet Explorer :

```
function clicMenu2()
{
  alert('Menu 2 cliqué');
}
```

Le code CSS3 est plus complexe.

Le style li définit les caractéristiques des éléments de la liste :

- pas de puce (list-style: none;) ;
- hauteur et marges (height et padding) ;
- caractéristiques des transitions pour les navigateurs Mozilla, Webkit et Opera (transition linéaire de 500 millisecondes) ;
- taille et couleur des caractères du menu (font-size et color, initialisée à white pour que l'intitulé du menu ne soit pas apparent).

La pseudo-classe li:hover définit le comportement des éléments li lorsqu'ils sont pointés :

- translation pour les navigateurs Mozilla, Webkit et Opera (transform: translate) ;
- passage progressif du texte à la couleur noire.

Enfin, le style span définir les caractéristiques du texte affiché sur chaque liste `<li>` :

- position du texte (`position`, `left` et `top`) ;
- largeur du texte (`width`).

Menu horizontal élémentaire avec *display* : *inline-block*

```
display: inline-block;
```

Pour créer un menu horizontal, le plus simple consiste à utiliser une liste `ul` et à affecter la valeur `inline-block` à la propriété `display` des éléments `li` de cette liste. Ainsi, ces derniers ne seront pas affichés verticalement, en tant que blocs, mais horizontalement, sur une même ligne.

```
<!DOCTYPE html>
<html>
  <head>
    <meta charset=UTF-8" />
    <title>Menu horizontal élémentaire</title>
    <style>
      ul#horizontal
      {
        list-style: none;
      }
      ul#horizontal li
      {
        display: inline-block;
        padding-right: 1em;
        padding-left: 1em;
      }
    </style>
  </head>
  <body>
    <ul id="horizontal">
      <li><a href="page1.htm">Page 1</a></li>
      <li><a href="page2.htm">Page 2</a></li>
      <li><a href="page3.htm">Page 3</a></li>
```

```
        <li><a href="page4.htm">Page 4</a></li>
        <li><a href="page5.htm">Page 5</a></li>
      </ul>
    </body>
  </html>
```

Cet exemple définit le style de l'élément `li`, enfant de l'élément `ul` d'id `horizontal` (`ul#horizontal li`). Le simple fait d'initialiser la propriété `display` à `inline-block` provoque l'affichage horizontal des éléments de la liste `<ul>`. L'écartement entre les entrées du menu est fixé avec la propriété `padding-right`.

Pour qu'aucune puce n'apparaisse dans le menu, nous avons également initialisé à `none` la propriété `list-style-type` de l'élément `ul` d'id `horizontal`.

Le corps du document consiste en une liste `<ul>`, parent de cinq éléments `li` qui constituent les entrées du menu (voir Figure 11.3).

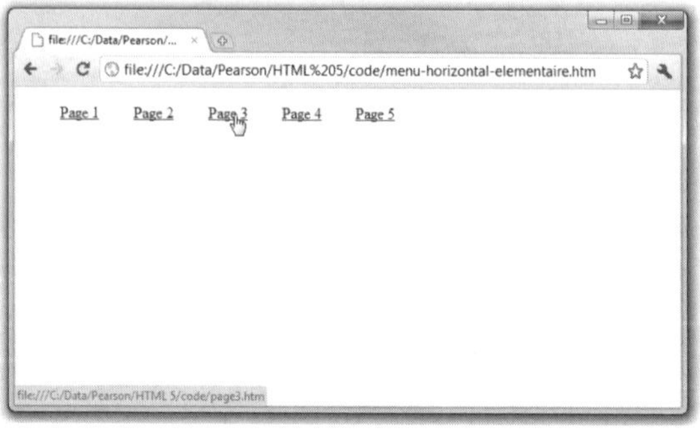

Figure 11.3 : Les cinq entrées de menu sont affichées horizontalement.

Info

Il est préférable d'adopter un comportement **`inline-block`** pour les éléments **`li`**. Ainsi, vous pourrez, le cas échéant, fixer leurs dimensions (**`width`** et **`height`**) et/ou leurs marges (**`margin`**).

Menu horizontal avec *border-radius*

```
display: inline;
border-radius
background-image
```

Ce menu repose sur le code de la section précédente. Il l'enrichit avec la propriété CSS3 `border-radius` qui met en évidence l'élément de menu pointé en utilisant un gradient de remplissage sur une zone à trois bords arrondis (voir Figure 11.4).

```
<!DOCTYPE html>
<html>
  <head>
    <meta charset=UTF-8" />
    <title>Menu horizontal avec border-radius</title>
    <style>
      ul#horizontal
      {
        list-style: none;
        font-size: 30px;
      }

      ul#horizontal li
      {
        display: inline;
        padding-right: 1em;
        padding-left: 1em;
      }

      ul#horizontal li a
      {
        text-decoration:none;
      }

      ul#horizontal li:hover
     {
```

```
    -moz-border-radius:0 20px 20px 20px;
    -webkit-border-radius: 0 20px 20px 20px;
    -khtml-border-radius: 0 20px 20px 20px;
    -ms-border-radius: 0 20px 20px 20px;
    background-image:url("fond.jpg");
   }
  </style>
 </head>

 <body>
  <ul id="horizontal">
   <li><a href="page1.htm">Page 1</a></li>
   <li><a href="page2.htm">Page 2</a></li>
   <li><a href="page3.htm">Page 3</a></li>
   <li><a href="page4.htm">Page 4</a></li>
   <li><a href="page5.htm">Page 5</a></li>
  </ul>
 </body>
</html>
```

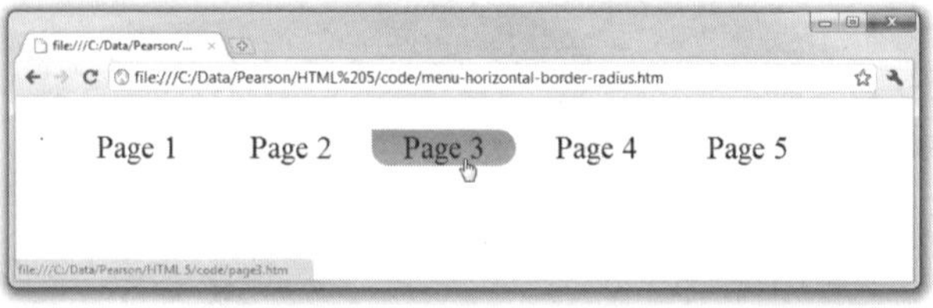

Figure 11.4 : Mise en évidence de l'entrée de menu pointée.

La portion HTML5 du code est identique à celle de la section précédente. Nous n'y reviendrons pas.

Par contre, plusieurs aménagements ont été apportés à la portion CSS3.

La taille des polices (`font-size`) a été augmentée dans le style `ul#horizontal` pour que la mise en évidence du menu pointé soit plus visuelle.

Le soulignement des liens a été supprimé : on agit sur la propriété `text-decoration` du style `ul#horizontal li a`.

La pseudo-classe `ul#horizontal li:hover` a été définie pour modifier l'arrière-plan du menu pointé grâce à la propriété `border-radius` pour les navigateurs Mozilla, Webkit, Konqueror et Internet Explorer 9. Par exemple, pour le navigateur Mozilla :

```
-moz-border-radius:0 20px 20px 20px;
```

Le rayon de courbure étant initialisé à `0` dans le premier paramètre, le bord supérieur gauche du menu est carré. Par contre, les trois autres bords sont arrondis avec un rayon de courbure de 20 pixels.

Nous avons choisi d'utiliser un gradient d'arrière-plan de 1 × 36 pixels (voir Figure 11.5).

Figure 11.5 : Le gradient d'arrière-plan a été défini sous Photoshop.

Nous aurions tout aussi bien pu utiliser une bordure à la place d'un gradient en remplaçant la propriété `background-image` par la propriété `border`. Par exemple :

```
border: 1px solid black;
```

Mais dans ce cas, pour éviter tout décalage dû à l'épaisseur de la bordure lorsqu'un menu est pointé, il aurait également fallu insérer une déclaration de style du type suivant dans le style `ul#horizontal li` :

```
border: 1px solid white;
```

Enfin, pour ajouter un côté CSS3 encore plus accentué à ce code, il aurait été possible de définir une animation au survol de chaque menu en agissant sur la propriété `transition` dans le style `ul#horizontal li`. Voici le code modifié pour implémenter ces deux enjolivements.

```
<!DOCTYPE html>
<html>
  <head>
    <meta charset=UTF-8" />
    <title>Menu horizontal amélioré</title>
    <style>
      ul#horizontal
      {
        list-style: none;
        font-size: 30px;
      }

      ul#horizontal li
      {
        display: inline;
        padding-right: 1em;
        padding-left: 1em;
        border: 1px solid white;
        -moz-transition: all 200ms linear;
```

```
        -webkit-transition: all 200ms linear;
        -khtml-transition: all 200ms linear;
        -ms-transition: all 200ms linear;
      }

      ul#horizontal li a
      {
        text-decoration:none;
      }

      ul#horizontal li:hover
      {
        -moz-border-radius:0 20px 20px 20px;
        -webkit-border-radius: 0 20px 20px 20px;
        -khtml-border-radius: 0 20px 20px 20px;
        -ms-border-radius: 0 20px 20px 20px;
        border: 1px solid black;
        background-image:url("fond.jpg");
      }
    </style>
  </head>

  <body>
    <ul id="horizontal">
      <li><a href="page1.htm">Page 1</a></li>
      <li><a href="page2.htm">Page 2</a></li>
      <li><a href="page3.htm">Page 3</a></li>
      <li><a href="page4.htm">Page 4</a></li>
      <li><a href="page5.htm">Page 5</a></li>
    </ul>
  </body>
</html>
```

Menu déroulant

```
float
padding
text-decoration
display: block;
```

La création d'un menu déroulant est plus complexe, mais elle n'a rien d'insurmontable. Le principe de base consiste à imbriquer deux listes <ul>, la première contenant les entrées principales du menu et la seconde les entrées secondaires (voir Figure 11.6).

```
<!DOCTYPE html>
<html>
  <head>
    <meta charset=UTF-8" />
    <title>Menu déroulant</title>
    <style>
      #principal
      {
        background: #E0FCC8;
        width: 800px;
        height: 30px;
        position: absolute;
        top: 0;
        left: 0;
      }
      #principal li
      {
        list-style-type: none;
        float: left;
        width: 150px;
        border-style: dashed;
        border-width: 1px;
      }
      #principal li a:link, #principal li a:visited
      {
       display: block;
```

```
      background: #E0FCC8;
      margin: 0;
      padding: 5px 6px;
      text-decoration: none;
      color: black;
      height: 1%;
    }
    #principal li a:hover
    {
      background-color: #A5F95B;
    }
    #principal .secondaire
    {
      display: none;
      list-style-type: none;
      margin: 0;
      padding: 0;
      border: 0;
    }
    #principal .secondaire li
    {
      float: none;
      border: 0;
    }
    #principal .secondaire li a:link, #principal
    ➥ .secondaire li a:visited
    {
      display: block;
      text-decoration: none;
    }
    #principal .secondaire li a:hover
    {
      background-color: #A5F95B;
    }
    #principal li:hover > .secondaire
    {
      display: block;
    }
  </style>
</head>
```

```
<body>
  <ul id="principal">
    <li><a href="#">Page 1</a>
      <ul class="secondaire">
        <li><a href="page1-1.htm">Page 1 - Sous-page 1
        ➥ </a></li>
        <li><a href="page1-2.htm">Page 1 - Sous-page 2
        ➥ </a></li>
        <li><a href="page1-3.htm">Page 1 - Sous-page 3
        ➥ </a></li>
      </ul>
    </li>
    <li><a href="#">Page 2</a>
      <ul class="secondaire">
        <li><a href="page2-1.htm">Page 2 - Sous-page 1
        ➥ </a></li>
        <li><a href="page2-2.htm">Page 2 - Sous-page 2
        ➥ </a></li>
        <li><a href="page2-3.htm">Page 2 - Sous-page 3
        ➥ </a></li>
      </ul>
    </li>
    <li><a href="#">Page 3</a>
      <ul class="secondaire">
        <li><a href="page3-1.htm">Page 3 - Sous-page 1
        ➥ </a></li>
        <li><a href="page3-2.htm">Page 3 - Sous-page 2
        ➥ </a></li>
        <li><a href="page3-3.htm">Page 3 - Sous-page 3
        ➥ </a></li>
      </ul>
    </li>
  </ul>
</body>
</html>
```

Ce code demande quelques explications.

Entre les balises `<body>` et `</body>`, le corps du document héberge deux listes `ul` imbriquées. Le menu principal est mis en place par la balise `<ul id="principal">` et par ses éléments `li` enfants. Les menus secondaires sont définis dans les balises `<ul class="secondaire">` et leurs éléments `li` enfants.

Examinons les styles qui vont transformer ces listes imbriquées en un menu CSS.

- Le style `#principal` définit l'allure du menu principal : couleur d'arrière-plan (`background`), dimensions (`width` et `height`), position sur la page (`position`, `top` et `left`).
- Le style `#principal li` définit l'allure des entrées du menu principal : suppression des puces (`list-style-type`), affichage flottant sur la gauche (`float: left;`), largeur (`width`) et bordure (`border-style` et `border-width`).
- Les styles `#principal li a:link` et `#principal li a:visited` définissent les caractéristiques des liens non visités (`a:link`) et visités (`a:visited`) affichés dans les entrées principales du menu : affichage en mode bloc (`display: block;`), couleur d'arrière-plan (`background`), marges (`margin` et `padding`), soulignement/surlignement (`text-decoration`), couleur du texte (`color`). La propriété `height`, initialisée à `1%` est là pour corriger l'affichage dans Internet Explorer. Elle n'a aucune utilité dans les autres navigateurs.
- Le style `#principal li a:hover` définit la couleur des entrées principales de menu lorsqu'elles sont pointées (`background-color`).
- Le style `#principal .secondaire` définit les caractéristiques des menus secondaires : aucun affichage par défaut (`display: none;`), aucune puce (`list-style-type: none;`), aucune marge (`margin: 0; padding: 0;`) et aucune bordure (`border: 0`).
- Le style `#principal .secondaire li` interdit l'affichage des entrées secondaires de menu (`float: none;`) et supprime toute bordure entre les entrées secondaires de menu (`border: 0;`).

- Les styles #principal .secondaire li a:link et #principal .secondaire li a:visited définissent les caractéristiques des liens non visités (a:link) et visités (a:visited) affichés dans les entrées secondaires du menu : affichage en mode bloc (display: block;) et aucune puce (text-decoration: none;).
- Le style #principal .secondaire li a:hover définit la couleur d'arrière-plan d'un menu secondaire lorsqu'il est pointé (background-color).
- Enfin, le style #principal li:hover > .secondaire définit le comportement des éléments <ul> de classe secondaire, enfants directs d'une entrée de menu principal (#principal) pointée (li:hover). L'initialisation à la valeur block de la propriété display provoque l'affichage du menu secondaire correspondant (display vaut none lorsque la souris ne pointe pas une entrée principale de menu).

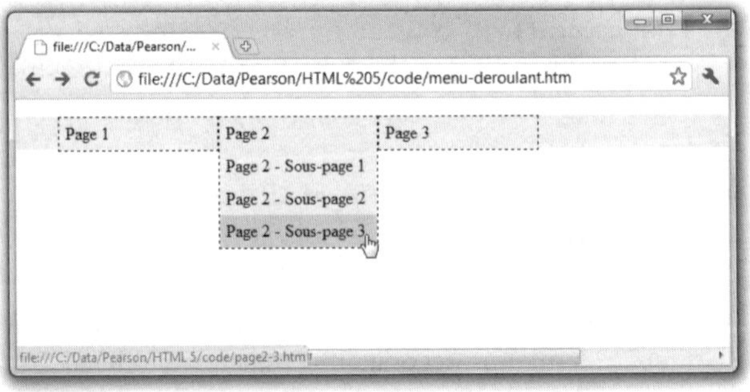

Figure 11.6 : Un menu horizontal avec plusieurs commandes secondaires.

Menu déroulant avec effets

```
border-radius
gradient
box-shadow
transition
```

Pour améliorer ce menu, vous pouvez ajouter des effets et animations CSS3.

Ici par exemple, nous allons :

- arrondir les angles des menus principal et secondaires ;
- ajouter des gradients de couleur dans le menu principal et dans les menus secondaires ;
- définir un ombrage sur le menu principal et les menus secondaires ;
- ajouter une animation sur la transparence des éléments pointés.

```
<!DOCTYPE html>
<html>
  <head>
    <meta charset=UTF-8" />
    <title>Menu déroulant avec effets</title>
    <style>
      ul#principal
      {
        list-style: none;
        -moz-border-radius: 10px;
        -webkit-border-radius: 10px;
        -khtml-border-radius: 10px;
        -ms-border-radius: 10px;
        border: 1px solid black;
        width: 300px;
       height:30px;
        background: -moz-linear-gradient(top, #CCFEFD,
        ➥ #01FFFC);
        background: -webkit-gradient(linear, 0% 0%, 0%
        ➥ 100%, from(#CCFEFD), to(#01FFFC));
        font-size: 20px;
        -moz-box-shadow: 5px 5px 5px grey;
```

```
    -webkit-box-shadow: 5px 5px 5px grey;
    -khtml-box-shadow: 5px 5px 5px grey;
}

ul#principal li
{
    float: left;
    padding-right: 1em;
    padding-left: 1em;
    opacity: .2;
    -moz-transition: all .5s ease-in;
    -webkit-transition: all .5s ease-in;
    -o-transition: all .5s ease-in;
}

ul#principal li a
{
    text-decoration: none;
}

#principal .secondaire
{
    display: none;
    list-style-type: none;
    margin: 0;
    padding: 0;
    border: 0;
    background: -moz-linear-gradient(top, #FFC0C0,
    ➥ #FF8080);
    background: -webkit-gradient(linear, 0% 0%, 0%
    ➥ 100%, from(#FFC0C0), to(#FF8080));
    -moz-box-shadow: 5px 5px 5px grey;
    -webkit-box-shadow: 5px 5px 5px grey;
    -khtml-box-shadow: 5px 5px 5px grey;
   -moz-border-radius: 10px;
    -webkit-border-radius: 10px;
    -khtml-border-radius: 10px;
    -ms-border-radius: 10px;
    width: 220px;
}
#principal li:hover
{
    opacity: 1;
}
```

```
      #principal li:hover > .secondaire
      {
        display: block;
        position: absolute;
        top: 43px;
      }
    </style>
  </head>
  <body>
    <ul id="principal">
      <li><a href="#">Page 1</a>
        <ul class="secondaire">
          <li><a href="page1-1.htm">Page 1 - Sous-page 1
          ➥ </a></li>
          <li><a href="page1-2.htm">Page 1 - Sous-page 2
          ➥ </a></li>
          <li><a href="page1-3.htm">Page 1 - Sous-page 3
          ➥ </a></li>
        </ul>
      </li>
      <li><a href="#">Page 2</a>
        <ul class="secondaire">
          <li><a href="page2-1.htm">Page 2 - Sous-page 1
          ➥ </a></li>
          <li><a href="page2-2.htm">Page 2 - Sous-page 2
          ➥ </a></li>
          <li><a href="page2-3.htm">Page 2 - Sous-page 3
          ➥ </a></li>
        </ul>
      </li>
      <li><a href="#">Page 3</a>
        <ul class="secondaire">
          <li><a href="page3-1.htm">Page 3 - Sous-page 1
          ➥ </a></li>
          <li><a href="page3-2.htm">Page 3 - Sous-page 2
          ➥ </a></li>
          <li><a href="page3-3.htm">Page 3 - Sous-page 3
          ➥ </a></li>
        </ul>
      </li>
    </ul>
  </body>
</html>
```

Le code HTML5 est le même qu'à la section précédente.

Examinons les styles CSS3 :

- `ul#principal` définit les caractéristiques du menu principal : pas de puce (`list-style`), bords arrondis (`border-radius`) et cernés de noir (`border`), taille (`width` et `height`), gradient de couleur (`gradient`), taille de la police (`font-size`) et ombrage (`box-shadow`).
- `ul#principal li` définit les caractéristiques des entrées de menu principales : alignement flottant (`float`), espacement entre elles (`padding-right` et `padding-left`), opacité du texte (`opacity`), transition (`transition`).
- `ul#principal li a` annule le soulignement des liens contenus dans le menu (`text-decoration`).
- `#principal .secondaire` définit les caractéristiques des menus secondaires : aucun affichage (`display: none`), pas de puce (`list-style-type`), marges (`margin`, `padding`), bordure (`border`), gradient en arrière-plan (`gradient`), ombrage (`box shadow`), bords arrondis (`border-radius`) et largeur (`width`).
- `#principal li: hover` définit l'opacité de l'élément pointé (`opacity`) ;
- `#principal li:hover > .secondaire` définit le mode d'affichage (`display`) et la position (`position` et `top`) des menus secondaires.

La Figure 11.7 représente l'exécution de ce code dans Google Chrome 7, menu 2 et sous-menu 3 sélectionnés.

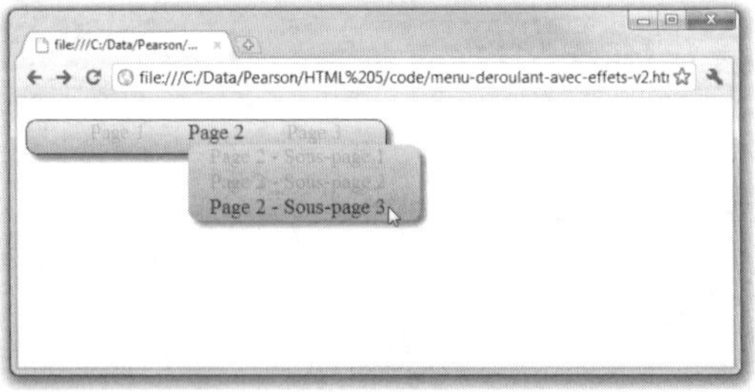

Figure 11.7 : Seuls les éléments de menu actifs sont opaques.

12

Les formulaires

Si vos pages web autorisent la saisie de données, vous allez devoir mettre en place des formulaires. Ce chapitre passe en revue tous les concepts nécessaires à l'implémentation de formulaires HTML5.

Éléments dédiés aux formulaires

```
<form>, <fieldset>, <legend>, <label>, <input type="">,
➥ <datalist>, <textarea>, <select>, <option>, <output>
```

Si les pages web servent à diffuser des informations, elles sont également en mesure d'en recueillir par l'intermédiaire de formulaires. Les données saisies sont alors communiquées à un programme ou expédiées sans traitement dans une boîte e-mail.

Les éléments qui permettent de construire un formulaire HTML5 sont issus du projet Webforms 2. Ils visent à enrichir les formulaires HTML/XHTML grâce à des champs de saisie fortement typés, de nouveaux attributs permettant de définir des contraintes de saisie et plusieurs autres fonctionnalités.

Voici un résumé des différentes balises utilisables en HTML5.

Balise	Signification
`<fieldset>contenu</fieldset>`	Groupe d'options permettant de rassembler plusieurs champs.
`<legend>texte</legend>`	Légende affichée dans un élément `fieldset`.
`<label>texte</label>`	Simple légende textuelle.
`<input type="text" name="Nom" id="identifiant" value="valeur">`	Zone de texte.
`<input type="button" name="Nom" id="identifiant" value="Légende du bouton">`	Bouton.
`<input type="image" src= "image.jpg" id="identifiant">`	Un bouton contenant une image.
`<input type="password" name="Nom" id="identifiant" value="valeur par défaut">`	Zone de saisie d'un mot de passe.
`<input type="checkbox" name="Nom" id="identifiant" value="Valeur">`	Case à cocher.
`<input type="radio" name= "Nom" id="identifiant" value="Valeur">`	Bouton radio.
`<input type="hidden" name="Nom" id="identifiant" value="valeur">`	Champ caché. Bien qu'il n'apparaisse pas dans le formulaire, son contenu est envoyé au serveur lorsque l'utilisateur clique sur le bouton Submit.
`<input type="submit" name="Nom" id="identifiant" value="Texte affiché sur le bouton">`	Bouton d'envoi, pour envoyer les données du formulaire au serveur.
`<input type="reset" name="Nom" id="identifiant" value="Texte affiché sur le bouton">`	Bouton de réinitialisation du formulaire.

Balise	Signification
<input type="date" name="Nom" id="identifiant" title= "Date(jj-mm-aaaa)" value= "Une date">	Champ spécialisé dans la saisie de dates (seulement pour les navigateurs Opera et Chrome alors que j'écris ces lignes [voir Figure 12.1]).
<input type="time" name="Nom" id="identifiant" title="Heure (hh-mm)" value="10:00">	Champ spécialisé dans la saisie d'heures (seulement pour les navigateurs Opera et Chrome alors que j'écris ces lignes).
<input type="datetime" name="Nom" id="identifiant">	Champ spécialisé dans la saisie de date et heures (seulement pour les navigateurs Opera et Chrome alors que j'écris ces lignes).
<input type="number" name="Nom" id="identifiant" value="55">	Champ spécialisé dans la saisie des nombres.
<input type="color" name="Nom" id="identifiant" value="red">	Palette de couleurs (aucun navigateur n'est encore compatible).
<input type="search" name="Nom" id="identifiant" list="datalist" value="Valeur par défaut">	Zone de texte permettant d'effectuer des recherches.
<input type="range" min="-500" max="500" value="0" step="10" name="Nom" id="identifiant">	Curseur pour faciliter la saisie de valeurs numériques (uniquement sur Safari alors que j'écris ces lignes).
<input type="email" name="Nom" id="identifiant">	Champ de saisie spécialisé pour recevoir des adresses e-mail.
<input type="url" name="Nom" id="identifiant">	Champ de saisie spécialisé pour recevoir des adresses URL.
<input type="file" name="Nom" id="identifiant">	Désignation d'un fichier local.
<datalist id="identifiant"> <option value="valeur1">... <option value="valeurN"> </datalist>	Facilite la saisie en implémentant l'auto-complete sur plusieurs valeurs prédéfinies dans des éléments option (aucun navigateur n'est encore compatible).
<textarea cols="Nombre colonnes" rows="Nombre lignes" id="identifiant">Texte par défaut</textarea>	Zone de saisie multiligne.

Balise	Signification
<select name="Nom" id="identifiant"><option value="valeur1">...<option value="valeurN"></select>	Liste déroulante.
<select name="Nom" size="4" id="identifiant"><option value="valeur1">...<option value="valeurN"></select>	Zone de liste (ici, quatre éléments sont affichés).
<option name="Nom" size="4" id="identifiant"><option value="valeur1">...<option value="valeurN"></select>	Zone de liste (ici, quatre éléments sont affichés).
<output name="Nom">	Affichage d'un résultat.

Figure 12.1 : Le champ *<input type="date">* est entièrement supporté par les navigateurs Opera.

Info

Si l'attribut **type** n'est pas spécifié, l'élément est par défaut une zone de texte.

Les éléments qui composent un formulaire doivent obligatoirement être inclus entre des balises `<form>` et `</form>` dont la syntaxe est la suivante :

```
<form name="nom" action="programme ou action"
method="get|post">
</form>
```

Où :

- `name` est le nom du formulaire.
- `action` est le nom du programme auquel les données doivent être transmises ou l'action à accomplir (`mailto:adresse e-mail` par exemple).
- `method` est la méthode de transmission des données du formulaire : `get` poste les données dans l'adresse URL et `post` dans le corps de la requête. La seconde méthode est préférable à la première car elle n'affiche pas en clair les données saisies dans le formulaire (ce qui pourrait être gênant si des données confidentielles sont transmises). De plus, la taille des données n'est pas limitée, alors qu'elle ne peut dépasser 256 octets dans la méthode `get`.

Voici un exemple de code qui illustre la plupart des éléments décrits au tableau précédent. Les éléments passés sous silence correspondent à ceux qui ne sont pas encore implémentés dans les navigateurs. Testez ce code dans plusieurs navigateurs et voyez comment il se comporte.

```
<!DOCTYPE html>
<html>
  <head>
    <meta charset=UTF-8" />
    <title>Un formulaire</title>
  </head>
 <body>
    <form name="MonFormulaire" method="post" action=
    ➥"traitement.php">
```

```
<fieldset>
  <legend>Légende du &lt;fieldset&gt;</legend>
  Contenu du  du &lt;fieldset&gt;
</fieldset>

<br><label>Un champ texte</label>
<input type="text" name="Nom" value="valeur">

<br><label>Un bouton</label>
<input type="button" name="Nom" value="Légende du
➥ bouton">

<br><label>Un bouton image</label>
<input type="image" src="commande.jpg">

<br><label>Un champ mot de passe</label>
<input type="password" name="Nom" value="valeur
➥ par défaut">

<br><label>Une case à cocher</label>
<input type="checkbox" name="Nom" value="Valeur">
<label>Un bouton radio</label>
<input type="radio" name="Nom" value="Valeur">

<br><label>Des boutons &lt;submit&gt; et
➥ &lt;reset&gt;</label>
<input type="submit" name="Nom" value="Envoyer">
<input type="reset" name="Nom" value="Annuler">

<br><label>Champs spécialisés date et heure</label>
<input type="date" name="Nom" title="Date(aaaa
➥-mm-jj)" value="2010-11-22">
<input type="time" name="Nom"  title="Heure(hh-mm)"
➥ value="10:00">
<input type="datetime" name="Nom">
<br><label>Saise de nombres entiers autour de
➥ la valeur 55</label>
<input type="number" name="Nom" value="55">

<br><label>Une zone de texte spécialisée recherche
➥</label>
```

```
    <input type="search" name="Nom" list="datalist"
    ➥ value="Valeur par défaut">

    <br><label>Un curseur pour sélectionner des
    ➥ valeurs numériques</label>
    <input type="range" min="-500" max="500" value="0"
    ➥ step="10" name="Nom">

    <br><label>Un bouton pour désigner un fichier local
    ➥ </label>
    <input type="file" name="Nom">

    <br><label>Une zone de saisie multiligne</label>
    <textarea cols="40" rows="4">Texte par défaut
    ➥ </textarea>

    <br><label>Liste déroulante et zone de liste</label>
    <select name="Nom">
      <option>Valeur 1</option>
      <option>Valeur 2</option>
      <option>Valeur 3</option>
      <option>Valeur 4</option>
      <option>Valeur 5</option>
    </select>

    <select size="2" name="Nom">
      <option>Valeur 1</option>
      <option>Valeur 2</option>
      <option>Valeur 3</option>
      <option>Valeur 4</option>
      <option>Valeur 5</option>
    </select>

    <br><label>Résultat d'un calcul : </label>
    <output name="resultat">123</output>
  </form>
</body>
</html>
```

La Figure 12.2 représente l'interprétation de ce code dans Google Chrome 7.

Figure 12.2 : Un bref aperçu des éléments de formulaires.

placeholder

```
placeholder
```

Outre le bataillon d'éléments destinés aux formulaires, HTML5 s'enrichit également de quelques nouveaux attributs dignes d'intérêt. L'attribut `placeholder` des balises `<input type="text">` permet d'ajouter un texte grisé dans la zone de saisie. Ce texte est visible à l'affichage de la page, puis il disparaît lorsque la zone de saisie a le focus, laissant ainsi l'utilisateur taper son texte.

Voici un exemple de code. Son interprétation dans Google Chrome 7 est représentée Figure 12.3.

```
<!DOCTYPE html>
<html>
  <head>
    <meta charset=UTF-8" />
    <title>Une zone de texte améliorée</title>
  </head>
  <body>
    <form name="MonFormulaire" method="post" action=
    ➥"traitement.php">
      <label>Quel est le meilleur système d'exploitation
      ➥ selon vous ?</label>
      <input name="texte" placeholder="Entrez votre
      ➥ réponse ici">
      <input type="submit" value="Envoyer">
    </form>
  </body>
</html>
```

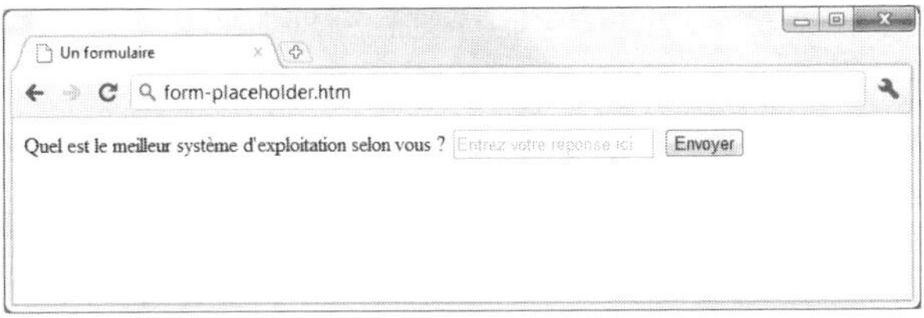

Figure 12.3 : Le texte de présentation apparaît en grisé car la zone de texte n'a pas le focus.

autofocus

```
getElementById()
focus()
```

Pour donner le focus à un champ d'un formulaire, la technique habituelle consiste à faire appel au langage JavaScript.

La fonction `getElementById()` est une vraie merveille : elle permet (entre autres) d'accéder aux éléments nommés dans le code HTML. Pour afficher le point d'insertion dans un champ `input`, il suffit de l'utiliser sur ce champ et de lui appliquer la fonction `focus()`.

Cet exemple affiche un formulaire composé de quatre `labels` et de quatre champs `input`. Lorsque les fonctions `getElementById()` et `focus()` sont exécutées dès l'ouverture de la page (`body onload="…"`), le point d'insertion est positionné dans le premier champ `input`. Cette technique offre l'avantage d'être compatible avec tous les navigateurs… à condition que JavaScript soit activé (voir Figure 12.4).

```
<!DOCTYPE html>
<html>
  <head>
    <meta charset=UTF-8" />
    <title>Autofocus avec JavaScript</title>
  </head>
  <body onload="document.getElementById('champ1').focus();">
    <form action="action.php" method="post">
      <fieldset>
        <legend>Positionnement du point d'insertion
        ➥ dans le premier champ input</legend>
        <label>Nom</label>
        <input type="text" id="champ1" />
        <label>Prénom</label>
        <input type="text" id="champ2" />
        <label>Adresse</label>
        <input type="text" id="champ3" />
        <label>Ville</label>
        <input type="text" id="champ4" />
      </fieldset>
    </form>
  </body>
</html>
```

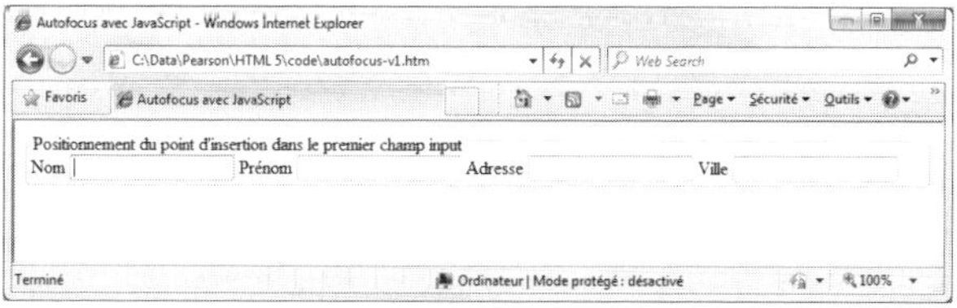

Figure 12.4 : L'autofocus est fonctionnel dans Internet Explorer 8.

La variante HTML5 consiste à utiliser l'attribut `autofocus`. Bien plus simple, elle n'est malheureusement pas encore supportée par tous les navigateurs (voir Figure 12.5).

```
<!DOCTYPE html>
<html>
  <head>
    <meta charset=UTF-8" />
    <title>Utilisation de l'attribut Autofocus</title>
  </head>
  <body>
    <form action="action.php" method="post">
      <fieldset>
        <legend>Positionnement du point d'insertion dans
        ➥ le premier champ input</legend>
        <label>Nom</label>
        <input type="text" id="champ1" autofocus>
        <label>Prénom</label>
        <input type="text" id="champ2">
        <label>Adresse</label>
        <input type="text" id="champ3">
        <label>Ville</label>
        <input type="text" id="champ4">
      </fieldset>
    </form>
  </body>
</html>
</html>
```

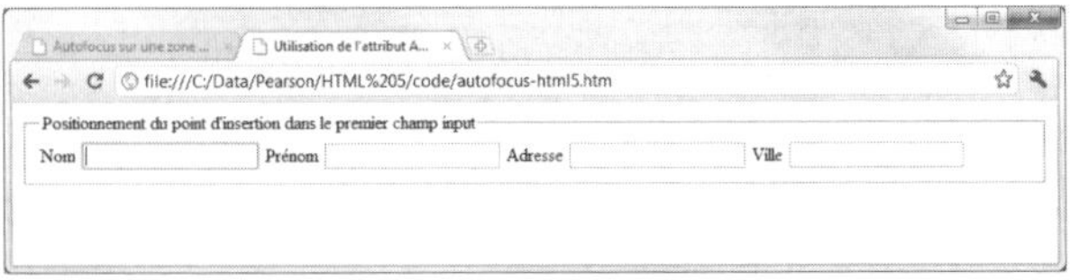

Figure 12.5 : Ce code fonctionne dans Google Chrome 7, mais pas dans Internet Explorer, ni dans Firefox.

Plutôt que de vous conseiller la prudence en vous cantonnant à la première version du code, je préfère vous proposer une version hybride, qui utilisera l'attribut `autofocus` ou la fonction JavaScript `getElementById()` d'après la compatibilité du navigateur utilisé.

```
<!DOCTYPE html>
<html>
  <head>
    <meta charset=UTF-8" />
    <title>Autofocus compatible avec tous les navigateurs
    ➥ </title>
  </head>
  <body>
    <form action="action.php" method="post">
      <fieldset>
        <legend>Positionnement du point d'insertion dans
        ➥ le premier champ input</legend>
        <label>Nom</label>
        <input type="text" id="champ1" autofocus>
        <script>
          if (!("autofocus" in document
          ➥.createElement("input")))
          {
            document.getElementById("champ1").focus();
          }
        </script>
        <label>Prénom</label>
        <input type="text" id="champ2">
        <label>Adresse</label>
        <input type="text" id="champ3">
        <label>Ville</label>
```

```
      <input type="text" id="champ4">
    </fieldset>
  </form>
 </body>
</html>
```

L'attribut autofocus est spécifié dans la définition du champ texte champ1 :

```
<input type="text" id="champ1" autofocus>
```

Si le navigateur ne supporte pas cet attribut :

```
if (!("autofocus" in document.createElement("input")))
```

Une instruction JavaScript est utilisée pour donner le focus à l'élément d'id champ1 :

```
document.getElementById("champ1").focus();
```

Validation de données

required

Lorsqu'un champ de saisie doit obligatoirement être rempli, il suffit de lui affecter l'attribut required. Dans ce formulaire, le champ de saisie Nom est obligatoire. Si l'utilisateur clique sur le bouton Submit sans l'avoir renseigné, un message d'erreur est généré et le formulaire n'est pas envoyé (voir Figure 12.6).

```
<!DOCTYPE html>
<html>
  <head>
    <meta charset=UTF-8" />
    <title>Champ de saisie obligatoire</title>
  </head>
```

```
  <body>
  <form id="validation">
   <label>Nom</label><input name="Nom"
required><br><br><br><br>
   <input type=submit value="Valider"></p>
  </form>
  </body>
</html>
```

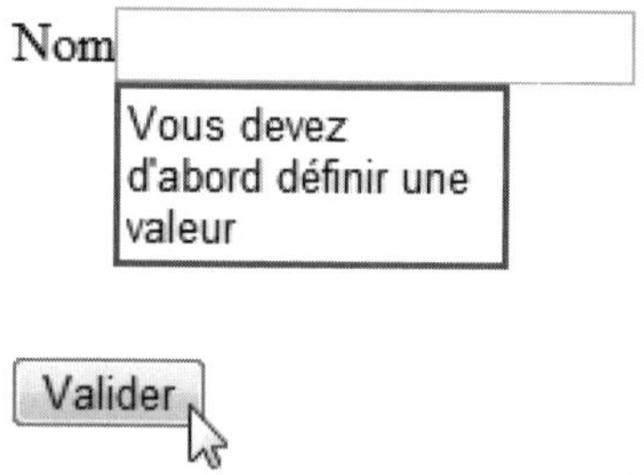

Figure 12.6 : Ce champ doit être renseigné pour que le formulaire soit valide.

Attention

Alors que j'écris ces lignes, les champs obligatoires ne sont supportés que par le navigateur Opera.

Le champ d'action des attributs `required` est bien plus étendu, puisqu'il permet également de valider des données complexes (telles que des adresses e-mail ou des URL). À titre d'exemple, le formulaire ci-après teste la validité des champs `email` et `url`. Lorsqu'on clique sur le bouton Submit, un message d'erreur s'affiche si un de ces deux champs n'est pas conforme (voir Figure 12.7).

```
<!DOCTYPE html>
<html>
  <head>
    <meta charset=UTF-8" />
    <title>Validation e-mail et url</title>
  </head>
  <body>
  <form id="validation">
   <label>Nom</label><input name="Nom"><br>
   <label>e-mail</label> <input type=email name="email"
   ➥ required><br>
   <label>Adresse URL</label> <input type=url name="url"
   ➥ required><br>
   <label>Commentaire</label> <textarea name="comment">
   ➥ </textarea><br>
   <input type=submit value="Valider"></p>
  </form>
  </body>
</html>
```

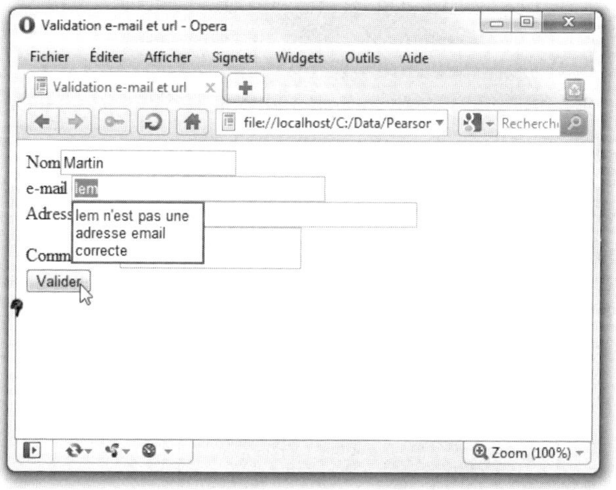

Figure 12.7 : L'adresse e-mail n'est pas correcte.

Info

Pour faciliter la reconnaissance des champs obligatoires, il est possible d'utiliser quelques lignes de CSS. Par exemple, cette ligne affecte un arrière-plan de couleur jaune aux champs `<input>` dont l'attribut **required** est spécifié :

```
input:required { background:yellow }
```

Labels implicites et explicites

<label>

Les labels spécifiés dans un formulaire peuvent être reliés de façon implicite ou explicite à un champ de saisie, qu'il s'agisse d'un `<input type="text">`, d'un `<input type="checkbox">`, d'un `<textarea>` ou d'un quelconque autre champ de saisie.

On réalise la liaison implicite en définissant le champ de saisie comme enfant de l'élément `label`, c'est-à-dire en l'insérant entre les balises `<label>` et `</label>`. La liaison explicite se fait à travers l'attribut `for` de l'élément `label`, qui fait référence à l'`id` du champ cible.

Ici, par exemple, le champ `Nom` est implicitement lié au label `Nom`, et le textarea `adresse` est explicitement lié au label `Adresse` *via* l'attribut `for`. Ouvrez ce code dans un navigateur quelconque, puis cliquez sur les trois labels du formulaire. Seuls le premier et le troisième donnent le focus aux champs qui leur sont liés.

```
<!DOCTYPE html>
<html>
  <head>
    <meta charset=UTF-8" />
    <title>Alignement d'éléments dans un formulaire
    ➥ </title>
```

```
  </head>
  <body>
  <form id="validation">
   <label>Nom<input id="Nom"></label><br>
   <label>Prénom</label> <input id="prenom"><br>
   <label for="adresse">Adresse</label><textarea id=
    ➥"adresse"></textarea><br>
  </form>
  </body>
</html>
```

WCAG2.0 et ses méthodes d'application n'admettent pas les labels implicites qui provoquent des problèmes d'accessibilité. Il est donc recommandé d'utiliser les labels explicites : la valeur de l'attribut `id` de l'élément `input` et celle de l'attribut `for` de l'élément `label` doivent être identiques. Le code suivant est donc préférable au précédent :

```
<!DOCTYPE html>
<html>
  <head>
    <meta charset=UTF-8" />
    <title>Alignement d'éléments dans un formulaire</
title>
  </head>
  <body>
  <form id="validation">
   <label for="nom">Nom<input id="nom"></label><br>
   <label for="prenom">Prénom</label> <input
id="prenom"><br>
   <label for="adresse">Adresse</label><textarea
id="adresse"></textarea><br>
  </form>
  </body>
</html>
```

Aligner les éléments d'un formulaire

```
inline
inline-block
```

D'une façon générale, les divers éléments utilisés dans un formulaire (labels, zones de texte, cases à cocher, listes déroulantes, etc.) sont de type `inline`. Pour pouvoir modifier leur taille en utilisant des propriétés CSS, vous devez les redéfinir en `inline-block`. Dans cet exemple, nous allons aligner à gauche deux zones de texte et un `textarea` en fixant la largeur des labels qui précède chacun d'eux (voir Figure 12.8).

```
<!DOCTYPE html>
<html>
  <head>
    <meta charset=UTF-8" />
    <title>Labels implicites et explicites</title>
    <style>
      label
      {
        display: inline-block;
        width: 80px;
      }
    </style>
  </head>
  <body>
    <form id="validation">
    <label>Nom</label><input id="Nom"><br>
    <label>Prénom</label><input id="Prenom"><br>
    <label>Adresse</label><textarea id="Adresse"
    ➥ rows="8" cols="30"></textarea><br><br>
    <input type="button" name="Nom" value="Valider">
   </form>
  </body>
</html>
```

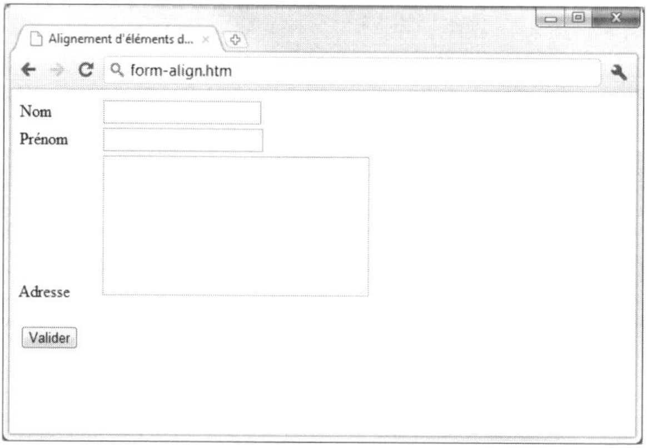

Figure 12.8 : Les zones de saisie sont alignées à gauche.

Une autre technique consiste à utiliser un positionnement absolu. Ici par exemple, les éléments `input` et `textarea` sont alignés à 85px du bord gauche. La propriété `top` de l'élément `button` doit également être initialisée pour éviter un chevauchement du `textarea` et du `button` (voir Figure 12.9).

```
<!DOCTYPE html>
<html>
  <head>
    <meta charset=UTF-8" />
    <title>Alignement d'éléments dans un formulaire</title>
    <style>
      input, textarea
      {
        position: absolute;
        left: 85px;
      }
      .button
      {
        position: absolute;
        left: 85px;
        top: 200px;
      }
    </style>
 </head>
```

```
  <body>
    <form id="validation">
    <label>Nom</label><input id="Nom"><br>
    <label>Prénom</label><input type=email id="email"><br>
    <label>Adresse</label><textarea id="adresse" rows="8"
    ➥ cols="30"></textarea><br><br>
    <input type="button" name="Nom" value="Valider" class=
    ➥"button">
   </form>
  </body>
</html>
```

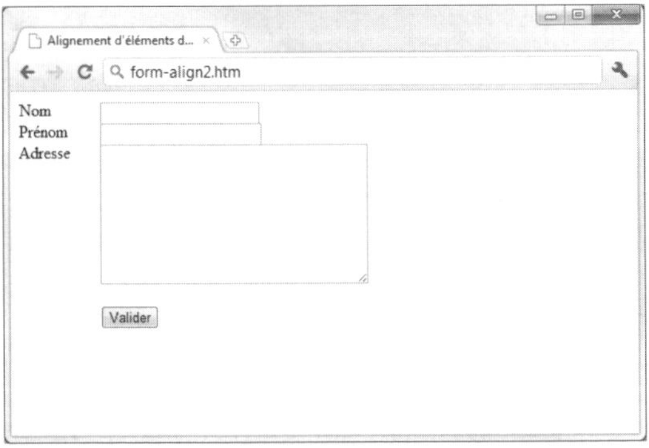

Figure 12.9 : Les éléments sont alignés à l'aide des propriétés *position*, *left* et *top*.

Arrondir les angles des éléments d'un formulaire

```
border-radius
border
```

La propriété CSS3 `border-radius` permet d'arrondir les angles de tous les éléments HTML5, y compris des éléments utilisés dans un formulaire. Ici par exemple, les angles de deux zones de texte, d'un `textarea` et d'un bouton sont arrondis (voir Figure 12.10).

```
<!DOCTYPE html>
<html>
  <head>
    <meta charset=UTF-8" />
    <title>Arrondir les angles d'un formulaire</title>
    <style>
      .arrondi
      {
        -moz-border-radius: 15px;
        -webkit-border-radius: 15px;
        -khtml-border-radius: 15px;
        -ms-border-radius: 15px;
        border: 1px solid black;
      }
    </style>
  </head>
  <body>
    <form id="validation">
    <label>Nom</label><input id="Nom" class="arrondi"><br>
    <label>Prénom</label><input id="Prenom" class="arrondi">
    ➥<br>
    <label>Adresse</label><textarea id="adresse" class=
    ➥"arrondi" rows="8" cols="30"></textarea><br><br>
    <input type="button" name="Nom" value="Valider" class=
    ➥"arrondi">
    </form>
  </body>
</html>
```

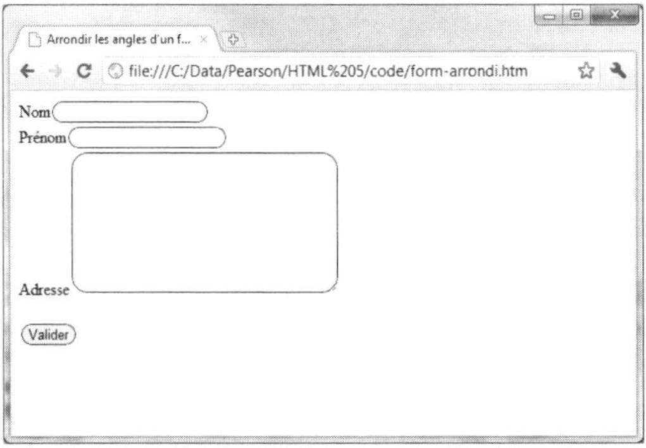

Figure 12.10 : Tous les angles des éléments du formulaire sont arrondis.

Modifier l'allure d'un bouton avec un style

```
@font-face
border-radius
border
background
box-shadow
```

Nous allons appliquer plusieurs techniques CSS3 pour définir le style d'un bouton :

- incorporation de polices sur le serveur ;
- gradient de couleur pour redéfinir l'arrière-plan ;
- différents arrondis sur les angles ;
- ombre portée.

Le code est assez important, mais l'effet obtenu est satisfaisant (voir Figure 12.11).

```
<!DOCTYPE html>
<html>
  <head>
    <meta charset=UTF-8" />
    <title>Un bouton de formulaire entièrement redéfini</title>
    <style>
      @font-face
      {
        font-familly: algerian;
        src: url('ALGER.TTF');
      }
      .arrondi
      {
        width: 220px;
        height: 50px;

        -moz-border-radius: 50px 50px 200px 50px;
        -webkit-border-radius: 50px 50px 200px 50px;
        -khtml-border-radius: 50px 50px 200px 50px;
        -ms-border-radius: 50px 50px 200px 50px;
        border: 1px solid black;
```

```
        background: -moz-linear-gradient(top, #40FFFF, #C0FFFF);
        background: -webkit-gradient(linear, 0% 0%, 0% 100%,
        ➥ from(#40FFFF), to(#C0FFFF));

        box-shadow: 5px 5px 5px grey;
        -moz-box-shadow: 5px 5px 5px grey;
        -webkit-box-shadow: 5px 5px 5px grey;
        -khtml-box-shadow: 5px 5px 5px grey;

        font-family: ‚algerian';
        font-size: 40px;
      }
      .arrondi:hover
      {
        background: -moz-linear-gradient(top, #C0FFFF, #40FFFF);
        background: -webkit-gradient(linear, 0% 0%, 0% 100%,
        ➥ from(#C0FFFF), to(#40FFFF));
      }

      .arrondi:active
      {
        background: white;
        background: white;
      }
    </style>
  </head>
  <body>
    <form id="validation">
    <input type="button" name="bouton1" value="Valider"
    ➥ class="arrondi">
   </form>
  </body>
</html>
```

Figure 12.11 : On est bien loin du bouton standard HTML.

Examinons le code.

Au niveau du HTML, il n'y a pas grand-chose à dire : un formulaire de nom `validation` est mis en place. Ce formulaire contient un bouton de classe arrondi et sur lequel le texte "Valider" est affiché.

Le code CSS est nettement plus intéressant.

La propriété `@font-face` définit la police serveur `algerian` :

```
@font-face
{
  font-familly: algerian;
  src: url('ALGER.TTF');
}
```

Cette police a été copiée sur le serveur depuis le dossier Windows\Fonts de l'ordinateur. Je tiens à vous mettre en garde : assurez-vous que vous disposez des droits d'utilisation sur les polices serveur que vous mettrez en place sur vos sites.

La classe `arrondi` définit :

- La taille du bouton :

```
width: 220px;
height: 50px;
```

- Les arrondis du bouton (le rayon de l'angle inférieur droit est différent des autres pour donner un aspect dissymétrique au bouton) :

```
-moz-border-radius: 50px 50px 200px 50px;
-webkit-border-radius: 50px 50px 200px 50px;
-khtml-border-radius: 50px 50px 200px 50px;
-ms-border-radius: 50px 50px 200px 50px;
border: 1px solid black;
```

- Le gradient d'arrière-plan :

```
background: -moz-linear-gradient(top, #40FFFF, #C0FFFF);
background: -webkit-gradient(linear, 0% 0%, 0% 100%,
from(#40FFFF), to(#C0FFFF));
```

- L'ombrage du bouton :

```
box-shadow: 5px 5px 5px grey;
-moz-box-shadow: 5px 5px 5px grey;
-webkit-box-shadow: 5px 5px 5px grey;
-khtml-box-shadow: 5px 5px 5px grey;
```

- Les caractéristiques de la police pour le libellé du bouton (*via* la propriété `@font-face`) :

```
font-family: 'algerian';
font-size: 40px;
```

La pseudo-classe `arrondi:hover` définit un autre gradient de couleurs pour l'arrière-plan du bouton lorsque le pointeur le survole :

```
.arrondi:hover
{
  background: -moz-linear-gradient(top, #C0FFFF, #40FFFF);
  background: -webkit-gradient(linear, 0% 0%, 0% 100%,
from(#C0FFFF), to(#40FFFF));
}
```

Enfin, la pseudo-classe `arrondi:active` définit un arrière-plan uniforme de couleur blanche lorsque le bouton est cliqué :

```
.arrondi:active
{
  background: white;
  background: white;
}
```

13

Les tableaux

En tant que développeur, vous utilisez certainement des éléments `table` pour organiser vos données tabulaires[1]. En y ajoutant quelques lignes de CSS3, vous allez voir à quel point les tableaux que vous manipuliez jusqu'ici peuvent changer d'allure.

Bordures autour des cellules

border

La propriété `border`, utilisable dans les éléments `table`, `th` et `td` permet (respectivement) de définir la bordure autour du tableau, des cellules de titre et des cellules de données. Voici sa syntaxe :

```
border: épaisseur style couleur;
```

1. Les tableaux ne doivent en aucun cas être utilisés pour mettre en forme des données non tabulaires : les propriétés CSS sont bien plus efficaces dans cette tâche.

Où :

- `épaisseur` est l'épaisseur de la bordure : `thin`, `medium`, `thick` ou une valeur numérique exprimée en pixels (`px`), points (`pt`), pourcentage (`%`), ou une autre unité de mesure CSS.
- `style` est le style de la bordure : `dashed`, `dotted`, `double`, `solid`, `insert`, `groove`, `ridge` ou `outset`.
- `couleur` est la couleur de la bordure : une couleur prédéfinie, comme `Silver` ou `DarkBlue`, ou une valeur hexadécimale, comme `#341276`.

Dans cet exemple, nous traçons une bordure pointillée noire de 4 pixels d'épaisseur autour du tableau et une bordure continue rouge de 1 pixel d'épaisseur autour des cellules de titre `<th>` et des cellules de données `<td>` (voir Figure 13.1).

```
<!DOCTYPE html>
<html>
  <head>
    <meta charset=UTF-8" />
    <title>Bordures autour d'un tableau</title>
    <style>
      table
      {
        border: 4px dashed black;
      }
      th, td
      {
        border: 1px solid red;
      }
    </style>
  </head>
  <body>
  <table>
    <tr>
      <th>Titre colonne 1</th>
      <th>Titre colonne 2</th>
     <th>Titre colonne 3</th>
    </tr>
```

```
      <tr>
        <td>Elément 1 ligne 1</td>
        <td>Elément 2 ligne 1</td>
        <td>Elément 3 ligne 1</td>
      </tr>
      <tr>
        <td>Elément 1 ligne 1</td>
        <td>Elément 2 ligne 1</td>
        <td>Elément 3 ligne 1</td>
      </tr>
    </table>
    </body>
  </html>
```

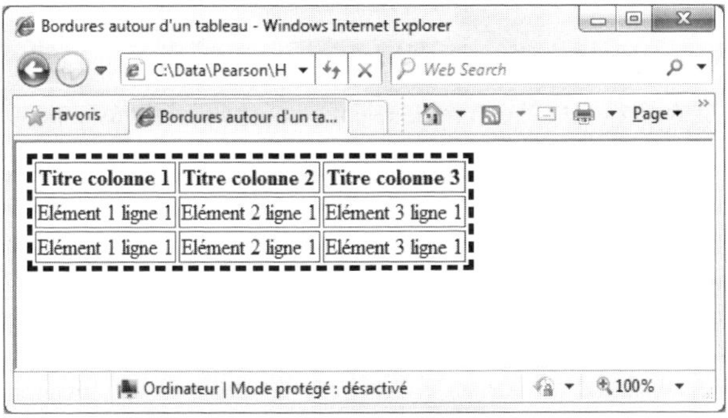

Figure 13.1 : Mise en place de deux styles de bordures.

Info

On peut définir l'épaisseur, le style et/ou la couleur de chaque élément d'une bordure en utilisant les propriétés suivantes :

- épaisseur : **border-top-width**, **border-right-width**, **border-bottom-width**, **border-left-width** ;
- style : **border-top-style**, **border-right-style**, **border-bottom-style**, **border-left-style** ;
- couleur : **border-top-color**, **border-right-color**, **border-bottom-color**, **border-left-color**.

Bordures séparées ou fusionnées

border-collapse

La propriété `border-collapse` détermine si les cellules d'un tableau sont séparées (valeur `separate`) ou fusionnées (valeur `collapse`).

Les deux tableaux représentés Figure 13.2 sont identiques, à ceci près que le premier a une propriété `border-collapse` initialisée à `separate` et le second à `collapse`.

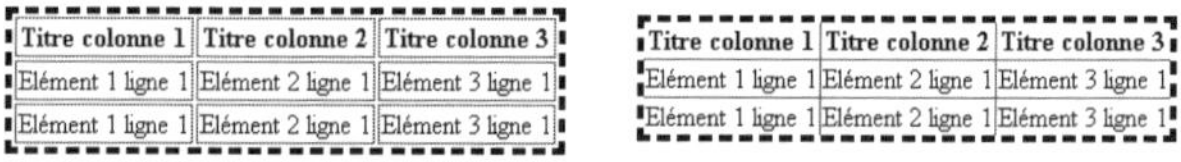

Figure 13.2 : Les bordures peuvent être séparées ou fusionnées.

Le code utilisé est le même qu'à la section précédente, à l'exception d'une déclaration de style `border-collapse`, insérée dans le style `table` :

```
table
{
  border: 4px dashed black;
  border-collapse: collapse;
}
```

Espacer les cellules

border-spacing

La propriété `border-spacing` détermine l'espace qui sépare les bordures des cellules adjacentes d'un tableau. Attention : elle ne fonctionne pas dans Internet Explorer 7.0 et inférieur.

Dans cet exemple, nous définissons un tableau encadré par une bordure continue noire épaisse de 1 pixel. Les cellules (`<td>`) sont séparées (`border-collapse: separate;`) et espacées de 10 pixels (`border-spacing: 10px;`). La Figure 13.3 représente l'exécution de ce code dans le navigateur Mozilla Firefox version 3.

```
<!DOCTYPE html>
<html>
  <head>
    <meta charset=UTF-8" />
    <title>Espacer les cellules d'un tableau</title>
    <style>
      table
      {
        border: 1px solid black;
        text-align: center;
        border-collapse: separate;
        border-spacing: 10px;
      }
      td
      {
        width: 120px;
        border: 1px solid red;
      }
    </style>
  </head>
  <body>
  <table>
    <tr>
    <td>Date</td>
    <td>Articles</td>
    <td>Prix</td>
    </tr>
    <tr>
    <td>12/08</td>
    <td>21</td>
    <td>5412</td>
    </tr>
    <tr>
    <td>17/08</td>
    <td>14</td>
```

```
      <td>1519</td>
      </tr>
   </table>
   </body>
</html>
```

Date	Articles	Prix
12/08	21	5412
17/08	14	2319

Figure 13.3 : Les bordures des cellules sont espacées de 10 pixels.

Ajouter une légende à un tableau

```
caption
caption-side
```

L'élément HTML `caption` permet d'ajouter une légende à un tableau. Vous utiliserez la propriété CSS `caption-side` pour préciser l'emplacement de la légende. Cette propriété peut prendre les valeurs suivantes :

- `top` : légende en dessous du tableau (valeur par défaut) ;
- `bottom` : légende au-dessus du tableau ;
- `left` : légende à gauche du tableau ;
- `right` : légende à droite du tableau.

Bien entendu, vous pouvez fixer un ou plusieurs autres arguments dans le style de l'élément `caption`, en particulier la taille et les attributs des caractères.

Dans cet exemple (voir Figure 13.4), nous affichons la légende en dessous du tableau (`caption-side: bottom;`) et nous modifions les attributs du texte de la légende : caractères en italique (`font-style: italic;`) et texte aligné à droite de l'élément `table` (`text-align: right;`).

```
<!DOCTYPE html>
<html>
  <head>
    <meta charset=UTF-8" />
    <title>Légender un tableau</title>
    <style>
      table
      {
        border: 2px solid red;
      }
      table > caption
      {
        caption-side: bottom;
        font-style: italic;
        text-align: right;
      }
    </style>
  </head>
  <body>
  <table>
    <caption>Titre du tableau</caption>
    <tr>
      <td>Elément 1 ligne 1</td>
      <td>Elément 2 ligne 1</td>
      <td>Elément 3 ligne 1</td>
    </tr>
    <tr>
      <td>Elément 1 ligne 2</td>
      <td>Elément 2 ligne 2</td>
      <td>Elément 3 ligne 2</td>
    </tr>
  </table>

  </body>
</html>
```

Attention

La propriété **`caption-side`** n'est correctement interprétée que par les navigateurs Gecko.

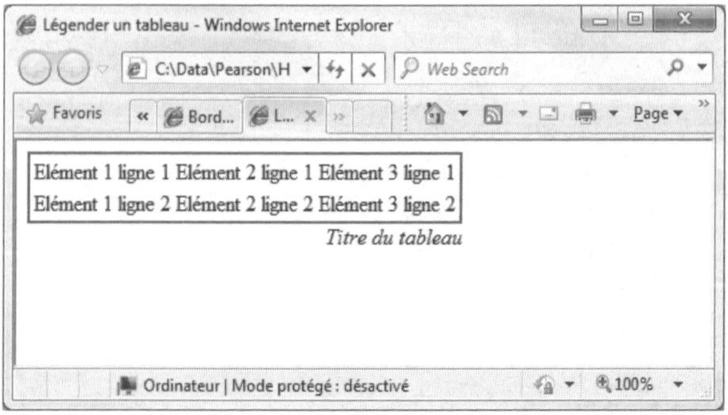

Figure 13.4 : La légende a été mise en forme et s'affiche en dessous du tableau.

Mettre en forme des cellules vides

`empty-cells`

Selon la valeur qui lui est affectée, la propriété `empty-cells` affiche (`show`) ou cache (`hide`) des bordures autour des cellules vides d'un tableau.

Dans cet exemple :

- Le style `table` définit les caractéristiques générales des tableaux : bordure (`border`) et couleur d'arrière-plan (`background-color`).
- Les styles `#table1` et `#table2` définissent respectivement le style des tableaux d'identificateur `table1` et `table2`.
- Le style `td` définit l'encadrement des cellules.
- Le code HTML affiche deux tableaux d'identificateur `table1` et `table2`. Dans le premier les cellules vides sont encadrées. Dans le second, l'encadrement n'est pas visible (voir Figure 13.5).

```
<!DOCTYPE html>
<html>
  <head>
    <meta charset=UTF-8" />
    <title>Bordure des cellules vides</title>
    <style>
      table
      {
        border: 2px solid red;
        background-color: #dfd;
      }
      #table1 { empty-cells: show; }
      #table2 { empty-cells: hide; }
      td { border: 1px dashed black;}
    </style>
  </head>
  <body>
    <table id="table1">
      <tr>
        <td>Elément 1 ligne 1</td>
        <td></td>
        <td>Elément 3 ligne 1</td>
      </tr>
      <tr>
        <td></td>
        <td>Elément 2 ligne 2</td>
        <td>Elément 3 ligne 2</td>
      </tr>
    </table>
    <br><table id="table2">
      <tr>
        <td>Elément 1 ligne 1</td>
        <td></td>
        <td>Elément 3 ligne 1</td>
      </tr>
      <tr>
        <td></td>
        <td>Elément 2 ligne 2</td>
        <td>Elément 3 ligne 2</td>
      </tr>
    </table>
  </body>
</html>
```

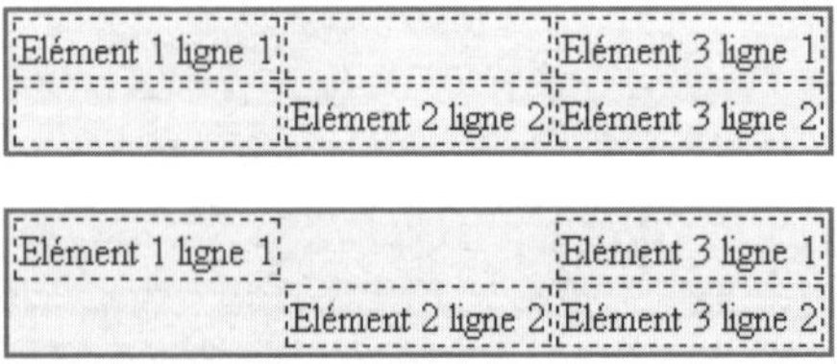

Figure 13.5 : La propriété *empty-cells* peut afficher ou cacher la bordure des cellules vides.

Mettre en forme des adjacents et des enfants

>
first-child
+

Cette section montre comment utiliser les opérateurs > (enfant direct), `first-child` (premier enfant de son parent) et + (adjacent) pour mettre en forme les cellules d'un tableau (voir Figure 13.6).

```
<!DOCTYPE html>
<html>
  <head>
    <meta charset=UTF-8" />
    <title>Adjacents et enfants</title>
    <style>
    body
    {
      font-family: arial;
      color: black;
    }
    #tableau1
    {
      color: blue;
    }
    #tableau1 tr > td
```

```
    {
      font-style: italic;
    }
    #tableau1 td:first-child
    {
      font-weight: bolder;
    }
    #tableau1 td:first-child + td
    {
      background: yellow;
    }
    #tableau1 td:first-child + td + td
    {
      background: red;
    }
    </style>
  </head>
  </body>
    <p>Utilisation des opérateurs > et + pour mettre en
    ➥ forme un tableau</p>
    <table id="tableau1">
      <tr>
        <td>Elément 1 ligne 1</td>
        <td>Elément 2 ligne 1</td>
        <td>Elément 3 ligne 1</td>
      </tr>
      <tr>
        <td>Elément 1 ligne 1</td>
        <td>Elément 2 ligne 1</td>
        <td>Elément 3 ligne 1</td>
      </tr>
    </table>
  </body>
</html>
```

Quelques explications sur les styles s'imposent :

- `body` définit la police et la couleur de police par défaut du document.
- `#tableau1` définit la couleur par défaut du texte affiché dans le tableau `d'id tableau1`.

- `#tableau1 tr >td` s'adresse aux éléments `td` enfants de balises `tr`, autrement dit, à toutes les cellules du tableau.
- `#tableau1 td:first-child` fait référence au premier enfant du parent `<tr>`, en d'autres termes à la première cellule de chaque ligne.
- `#tableau1 td:first-child + td` s'adresse au frère `<td>` du premier enfant du parent `<tr>`, ce qui revient à dire à la deuxième cellule de chaque ligne.
- enfin, `#tableau1 td:first-child + td + td` concerne le frère du frère du premier enfant du parent `<tr>`, c'est-à-dire la troisième cellule de chaque ligne.

Le code HTML est très classique. Il se contente de déclarer un tableau d'id `tableau1` composé de deux lignes contenant chacune trois données.

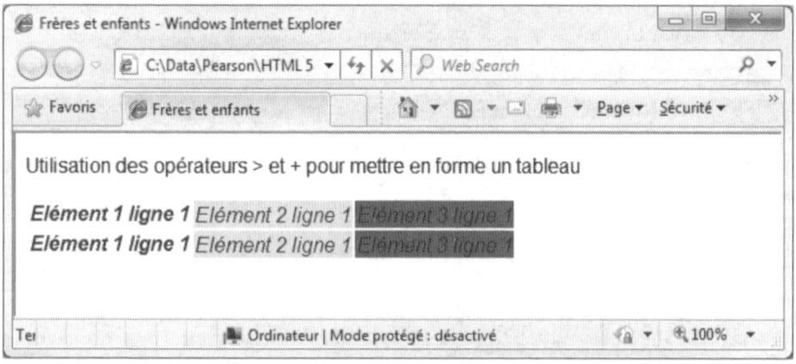

Figure 13.6 : Les cellules sont colorées en fonction de leur niveau de parenté dans la structure du tableau.

Habiller un tableau

```
table
caption
th
tr
td
```

Pour définir les caractéristiques d'un tableau, il suffit d'initialiser les propriétés des éléments `table`, `caption`, `th`, `tr` et `td` en conséquence. Vous pouvez également utiliser un ou plusieurs sélecteurs d'identificateurs (#, `first-child`, etc.) pour formater différemment certains éléments du tableau.

Cet exemple modifie le style des éléments usuels d'un tableau pour lui donner une tout autre allure (voir Figure 13.7).

```
<!DOCTYPE html>
<html>
  <head>
    <meta charset=UTF-8" />
    <title>Habillage d'un tableau</title>
    <style>
    table
    {
      border: 1px solid silver;
      background-color: #dfd;
    }
    caption
    {
      text-align: left;
      color: red;
      font-weight: bold;
      font-size: 130%;
      border-bottom: 5px solid blue;
      margin-bottom: 10px;
    }
    th
    {
      border: 1px solid red;
      empty-cells: hide;
      background-color: yellow;
    }
    tr
    {
      text-align: center;
    }
    td
```

```
  {
    border: 1px dashed black;
  }
  td:first-child
  {
    color: red;
    font-weight: bold;
    border: 0;
    text-align: right;
  }
  tr#dernier
  {
    background-color: silver;
  }
  </style>
</head>
</body>
  <table>
    <caption>Recettes budg&eacute;taires par r&eacute;gion
    ➥ </caption>
    <th></th>
    <th colspan = 2>En millions de F</th>
    <th rowspan = 2>1985 en F/hab.</th>
    <tr>
    <th></th>
    <th>1984</th>
    <th>1985</th>
    <tr>
    <td>Ile-de-France</td>
    <td>399258</td>
    <td>415920</td>
    <td>178,8</td>
    </tr>
    <tr>
    <td>Midi-Pyr&eacute;nn&eacute;es</td>
    <td>73961</td>
    <td>63826</td>
    <td>219,4</td>
    </tr>
    <tr id=dernier>
```

```
            <td>Centre</td>
            <td>43638</td>
            <td>55802</td>
            <td>185,9</td>
            </tr>
        </table>
    </body>
</html>
```

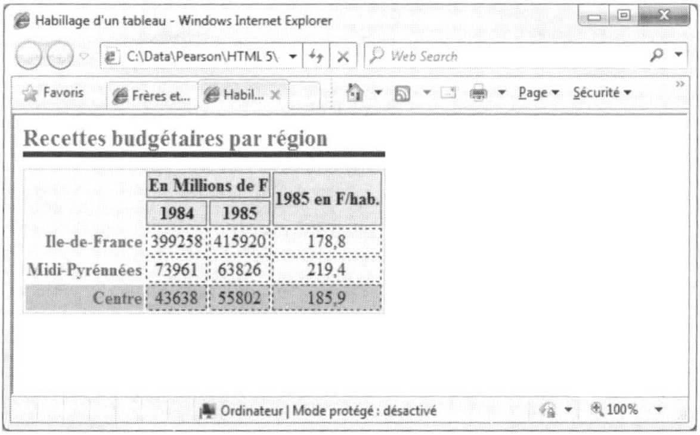

Figure 13.7 : L'utilisation de styles change radicalement l'allure d'un tableau.

Arrière-plan des cellules

```
background-color
background: url
```

L'arrière-plan des cellules peut être une couleur uniforme ou une image. Dans le premier cas, vous utiliserez la propriété `background-color`, et dans le second, la propriété `background: url`.

Dans cet exemple, nous appliquerons trois textures d'arrière-plan, librement téléchargées sur le site **www.clipart-fr.com**.

La texture *fond1.jpg* est appliquée à la première ligne du tableau, la texture *fond2.jpg* à la première colonne du tableau (hormis la première ligne) et la texture *fond3.jpg* à toutes les autres cellules (voir Figure 13.8).

```
<!DOCTYPE html>
<html>
  <head>
    <meta charset=UTF-8" />
    <title>Arrière-plan des cellules</title>
    <style>
      table
      {
        border: 1px solid black;
        text-align: center;
        color: blue;
        font-weight: bold;
        font-size: 200%;
      }
      td {width: 200px;}
      td.fond1 { background:url(fond1.jpg); }
      td.fond2 { background:url(fond2.jpg); }
      td.fond3 { background:url(fond3.jpg); }
    </style>
  </head>
  </body>
    <table>
      <tr>
      <td class=fond1>Date</td>
      <td class=fond1>Articles</td>
      <td class=fond1>Prix</td>
      </tr>
      <tr>
      <td class=fond2>12/08</td>
      <td class=fond3>21</td>
      <td class=fond3>5412</td>
     </tr>
      <tr>
      <td class=fond2>14/08</td>
      <td class=fond3>10</td>
      <td class=fond3>2215</td>
      </tr>
```

```
        <tr>
        <td class=fond2>16/08</td>
        <td class=fond3>15</td>
        <td class=fond3>3219</td>
        </tr>
        <tr>
        <td class=fond2>19/08</td>
        <td class=fond3>17</td>
        <td class=fond3>2719</td>
        </tr>
      </table>
    </body>
  </html>
```

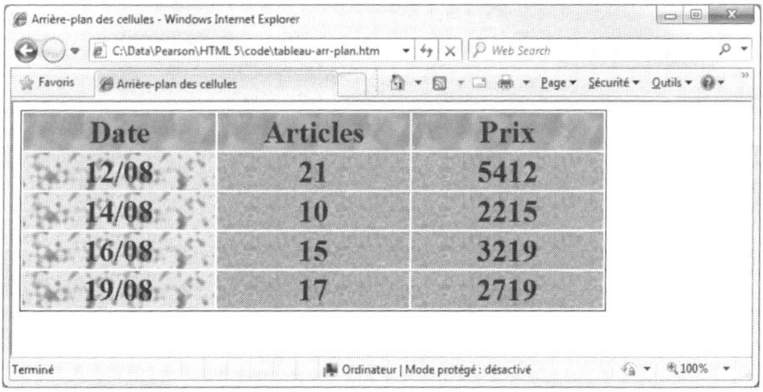

Figure 13.8 : Trois textures d'arrière-plan sont appliquées aux cellules de ce tableau.

Différencier les lignes paires des lignes impaires

```
tr:nth-child(odd)
tr:nth-child(even)
```

Pour alterner la couleur des lignes d'un tableau, il suffit d'utiliser deux `background-color`. Le plus simple consiste à employer le sélecteur CSS3 `tr:nth-child()`.

Dans cet exemple, les lignes impaires (`tr:nth-child(odd)`) ont un arrière-plan de couleur silver et les lignes paires `tr:nth-child(even)`) un arrière-plan blanc (voir Figure 13.9).

```
<!DOCTYPE html>
<html>
  <head>
    <meta charset=UTF-8" />
    <title>Différenciation des lignes paires/impaires</title>
      <style>
        table
        {
          border: 1px solid black;
        }
        tr:nth-child(odd)
        {
          background-color: silver;
        }
        tr:nth-child(even)
        {
          background-color: white;
        }
        td
       {
          width: 200px;
        }
      </style>
  </head>
  </body>
  <table>
    <tr>
    <td>Date</td>
    <td>Articles</td>
    <td>Prix</td>
    </tr>
    <tr>
    <td>12/08</td>
    <td>21</td>
    <td>5412</td>
    </tr>
```

```
    <tr>
    <td>14/08</td>
    <td>10</td>
    <td>2215</td>
    </tr>
    <tr>
    <td>16/08</td>
    <td>15</td>
    <td>3219</td>
    </tr>
    <tr>
    <td>19/08</td>
    <td>17</td>
    <td>2719</td>
    </tr>
  </table>
  </body>
</html>
```

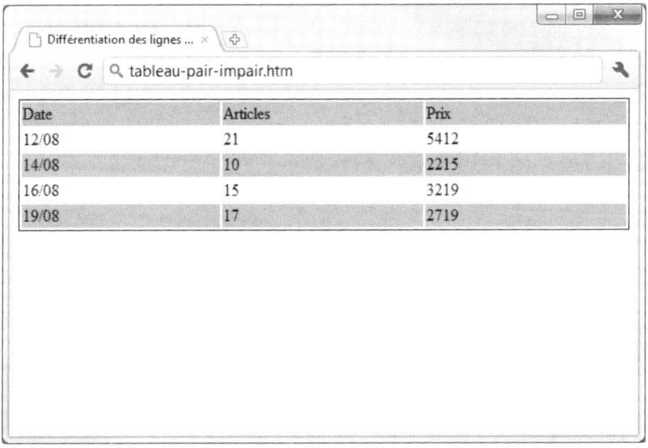

Figure 13.9 : Les lignes du tableau alternent les couleurs.

Aligner dans les cellules

```
text-align
vertical-align
```

Vous utiliserez les propriétés `text-align` et `vertical-align` pour (respectivement) définir l'alignement horizontal et vertical des cellules dans un tableau.

La propriété `text-align` peut prendre les valeurs `left` (gauche), `right` (droite), `center` (centré) ou `justify` (justifié).

La propriété `vertical-align` peut prendre les valeurs `top` (alignement sur la partie supérieure de la cellule), `bottom` (alignement sur la partie inférieure de la cellule) ou `middle` (centré sur la hauteur de la cellule).

Cet exemple utilise les trois valeurs possibles pour les propriétés `text-align` et `vertical-align` à travers les classes `c1`, `c2` et `c3`, successivement appliquées aux cellules des première, deuxième et troisième lignes de la table (voir Figure 13.10). Afin que vous puissiez bien visualiser l'effet des différents types d'alignements, la largeur des cellules a été fixée à 200 pixels (`width: 200px;`) et la hauteur des cellules à 40 pixels (`height: 40px;`).

```
<!DOCTYPE html>
<html>
  <head>
    <meta charset=UTF-8" />
    <title>Alignement des cellules</title>
    <style>
      table { border: 1px solid black; }
      td
      {
        border: 1px dashed red;
        width: 200px;
        height: 40px;
      }
      td.c1
```

```
      {
        text-align: center;
        vertical-align: middle;
      }
      td.c2
      {
        text-align: left;
        vertical-align: top;
      }
      td.c3
      {
        text-align: right;
        vertical-align: bottom;
      }
    </style>
  </head>
  <body>
    <table>
      <tr>
      <tr>
      <td class="c1">Date</td>
      <td class="c1">Articles</td>
      <td class="c1">Prix</td>
      </tr>
      <tr>
      <td class="c2">12/08</td>
      <td class="c2">21</td>
      <td class="c2">5412</td>
      </tr>
      <tr>
      <td class="c3">17/08</td>
      <td class="c3">14</td>
      <td class="c3">1519</td>
      </tr>
    </table>
  </body>
</html>
```

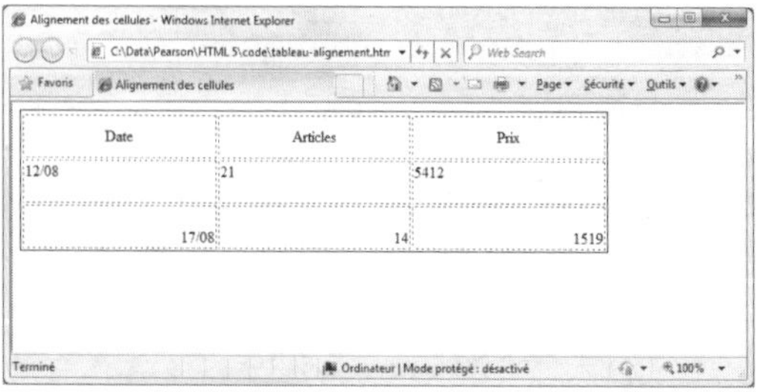

Figure 13.10 : Les différents types d'alignement dans les cellules d'un tableau.

Accessibilité des tableaux complexes

<table>, <tr>, <td>, <th>
headers, summary, scope

Les tableaux qui comptent plusieurs lignes ou colonnes de titres sont dits "complexes". Si vous êtes amené à manipuler de tels tableaux, vous devrez associer de manière explicite les cellules de données (`<td>`) et les cellules d'en-tête (`<th>`), de façon que les personnes malvoyantes puissent les "comprendre". Pour ce faire, vous utiliserez les attributs `header` et `id`, comme dans l'exemple suivant (voir Figure 13.11).

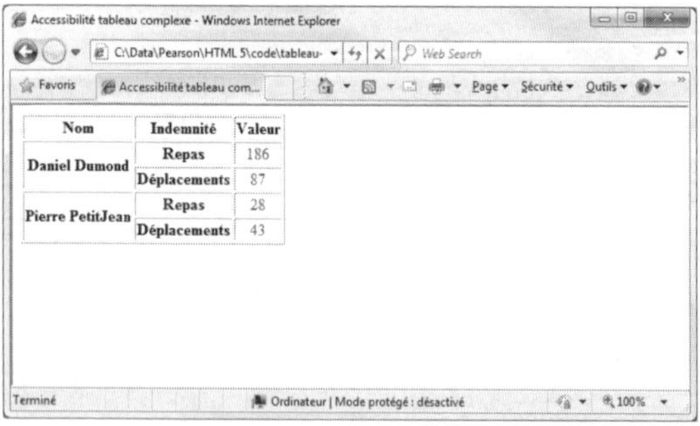

Figure 13.11 : L'utilisation d'attributs *id* et *headers* aidera les malvoyants à mieux appréhender le tableau.

```
<!DOCTYPE html>
<html>
  <head>
    <meta charset=UTF-8" />
    <title>Accessibilité dans un tableau complexe</title>
    <style>
      td
      {
        color:red;
        text-align: center;
      }
    </style>
  </head>
  </body>
    <table border="1">
    <tr>
      <th id="hea1">Nom</th>
      <th id="hea2">Indemnité</th>
      <th id="hea3">Valeur</th>
    </tr>
    <tr>
      <th id="hea1_1" headers="hea1" rowspan="2">
      ➥ Daniel Dumond</th>
      <th id="hea2_1" headers="hea2 hea1_1">Repas</th>
      <td headers="hea3 hea1_1 hea2_1">186</td>
    </tr>
    <tr>
      <th id="hea2_2" headers="hea2 hea1_1">Déplacements
      ➥ </th>
      <td headers="hea3 hea1_1 hea2_2">87</td>
    </tr>
    <tr>
      <th id="hea1_2" headers="hea1" rowspan="2">
      ➥ Pierre PetitJean</th>
      <th id="hea2_4" headers="hea2 hea1_2">Repas</th>
      <td headers="hea3 hea1_2 hea2_4">28</td>
    </tr>
    <tr>
      <th id="hea2_5" headers="hea3 hea1_2">Déplacements
      ➥ </th>
      <td headers="hea3 hea1_2 hea2_5">43</td>
    </tr>
    </table>
  </body>
</html>
```

Quelques explications :

- Les trois cellules de titre de la première ligne sont identifiées `hea1`, `hea2` et `hea3` :

```
<th id="hea1">Nom</th>
<th id="hea2">Indemnité</th>
<th id="hea3">Valeur</th>
```

- La cellule de titre qui contient le texte "Daniel Dumond" est identifiée `hea1_1` et fait référence au header `hea1` :

```
<th id="hea1_1" headers="hea1" rowspan="2">Daniel Dumond</th>
```

- La cellule de titre de la ligne 2, qui contient le texte "Repas", est identifiée `hea2_1` et fait référence aux headers `hea2` (Indemnité) et `hea1_1` (Daniel Dumond) :

```
<th id="hea2_1" headers="hea2 hea1_1">Repas</th>
```

- Enfin, la cellule de donnée qui contient la valeur "186" fait référence aux headers `hea3` (Valeur), `hea1_1` (Daniel Dumond) et `hea2_1` (Repas). Elle est donc parfaitement repérée par rapport aux cellules de titre :

```
<td headers="hea3 hea1_1 hea2_1">186</td>
```

Si le tableau est complexe mais s'il ne contient aucune cellule fusionnée (attribut `rowspan`), on peut simplifier la syntaxe précédente en utilisant l'attribut `scope` dans les cellules de titre `<th>` (voir Figure 13.12).

```
<!DOCTYPE html>
<html>
  <head>
    <meta charset=UTF-8" />
    <title>Accessibilité dans un tableau complexe</title>
    <style>
      td
```

```
      {
        color:red;
        text-align: center;
      }
    </style>
  </head>
  </body>
    <table border="1" summary="Indemnités de déplacement
    ➥ et de repas pour janvier, février et mars">
      <tr>
        <td> </td>
        <th scope="col">Janvier</th>
        <th scope="col">Février</th>
        <th scope="col">Mars</th>
      </tr>
      <tr>
        <th scope="row">Déplacements</th>
        <td>145</td>
        <td>214</td>
        <td>89</td>
      </tr>
      <tr>
        <th scope="row">Repas</th>
        <td>227</td>
        <td>195</td>
        <td>48</td>
      </tr>
    </table>
  </body>
</html>
```

Les trois premiers éléments `th` voient leur attribut `scope` initialisé avec la valeur `col` ce qui indique qu'ils correspondent à des en-têtes de colonne. Les deux cellules de titre suivantes correspondent aux titres des lignes 2 et 3. Leur attribut `scope` est donc initialisé avec la valeur `row`.

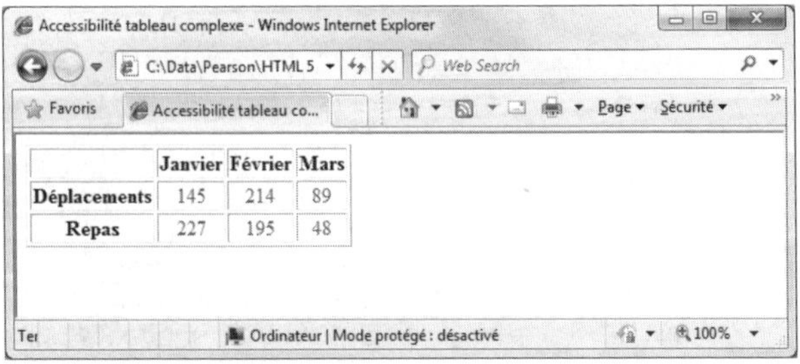

Figure 13.12 : Ce tableau est parfaitement décrit avec les attributs *scope*.

Info-bulles dans un tableau

```
th title
td title
```

Pour affecter une info-bulle à une cellule, il suffit d'utiliser la propriété HTML `title` des éléments `th` et `td`.

Dans cet exemple, nous définissons une info-bulle sur la première cellule de titre et sur la deuxième cellule de la première ligne de données (voir Figure 13.13).

```
<!DOCTYPE html>
<html>
  <head>
    <meta charset=UTF-8" />
    <title>Des info-bulles dans un tableau</title>
      <style>
        td
        {
          border: 1px solid black;
        }
      </style>
  </head>
  </body>
```

```
    <table>
      <tr>
        <th title="info-bulle sur la première cellule de
        ➥ titre">Titre colonne 1</th>
        <th>Titre colonne 2</th>
        <th>Titre colonne 3</th>
      </tr>
      <tr>
        <td>Elément 1 ligne 1</td>
        <td title="info-bulle sur la deuxième cellule de la
        ➥ première ligne de données">Elément 2 ligne 1</td>
        <td>Elément 3 ligne 1</td>
      </tr>
      <tr>
        <td>Elément 1 ligne 1</td>
        <td>Elément 2 ligne 1</td>
        <td>Elément 3 ligne 1</td>
      </tr>
    </table>
  </body>
</html>
```

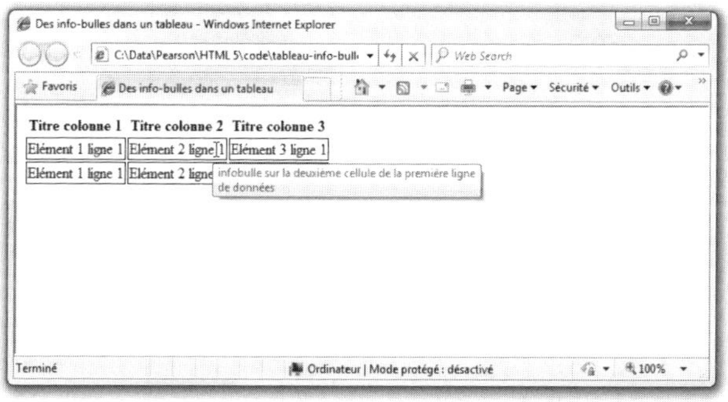

Figure 13.13 : L'info-bulle apparaît au survol de la cellule.

Mise en forme CSS3 sophistiquée

```
border
border-spacing
border-radius
box-shadow
text-shadow
```

Ici, nous allons agir sur les caractéristiques suivantes :

- angles arrondis ;
- ombrage de l'élément `table` ;
- ombrage du texte dans les éléments `th` ;
- différenciation de la couleur d'arrière-plan des lignes paires et impaires ;
- définition d'une largeur de cellule fixe et centrage des données dans les cellules.

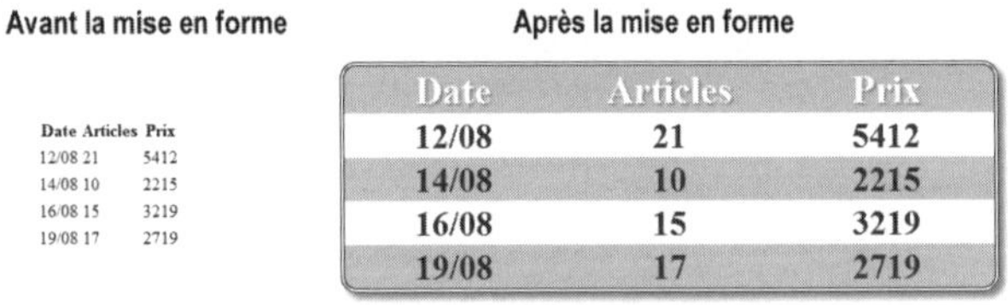

Avant la mise en forme

Date	Articles	Prix
12/08	21	5412
14/08	10	2215
16/08	15	3219
19/08	17	2719

Après la mise en forme

Date	Articles	Prix
12/08	21	5412
14/08	10	2215
16/08	15	3219
19/08	17	2719

Figure 13.14 : Le tableau avant et après la mise en forme.

```
<!DOCTYPE html>
<html>
  <head>
    <meta charset=UTF-8" />
    <title>Mise en forme sophistiquée CSS3</title>
    <style>
      table
      {
        border: 4px double black;
       border-spacing: 0;
        text-align: center
```

```
      color: blue;
      font-weight: bold;
      font-size: 200%;
      -moz-border-radius: 15px;
      -webkit-border-radius: 15px;
      -moz-box-shadow: gray 5px 5px 6px;
      -webkit-box-shadow: gray 5px 5px 6px;
    }
    th
    {
      color: #fff;
      font-size: 110%;
      text-shadow: gray 2px 2px 2px
    }
    tr:nth-child(odd)
    {
      background-color: silver;
    }
    tr:nth-child(even)
    {
      background-color: white;
    }
    td
    {
      width: 200px;
    }
  </style>
</head>
</body>
  <table>
    <tr>
    <th>Date</th>
    <th>Articles</th>
    <th>Prix</th>
    </tr>
    <tr>
    <td>12/08</td>
    <td>21</td>
    <td>5412</td>
    </tr>
```

```
        <tr>
        <td>14/08</td>
        <td>10</td>
        <td>2215</td>
        </tr>
        <tr>
        <td>16/08</td>
        <td>15</td>
        <td>3219</td>
        </tr>
        <tr>
        <td>19/08</td>
        <td>17</td>
        <td>2719</td>
        </tr>
      </table>
    </body>
</html>
```

14

Événements et gestion événementielle

Depuis la sortie de la version 4 du langage HTML, il est possible de capturer plusieurs types d'événements, tels que les clics de souris, le chargement d'une page ou d'une image, le passage du pointeur au-dessus d'un élément, etc., et de les traiter *via* du code JavaScript.

Avec HTML5, de nombreux nouveaux types d'événements font leur apparition. Ils concernent la fenêtre, le clavier, la souris, les formulaires et les médias. Nous allons les découvrir au fil de ce chapitre.

Bases de la gestion événementielle

```
getElementById();
<button onClick="">
```

Pour capturer un événement, il suffit d'insérer l'attribut correspondant dans l'élément cible et de préciser le nom de la procédure JavaScript à exécuter, en lui passant zéro, un ou plusieurs arguments. Lorsque l'événement se produit, le code JavaScript correspondant est exécuté.

Dans le code suivant par exemple, trois événements sont capturés :

- chargement du document ;
- clic sur le bouton 1 ;
- clic sur le bouton 2.

Ils exécutent respectivement les fonctions JavaScript `load()`, `bouton()` avec un argument égal à `1`, et `bouton()` avec un argument égal à `2`.

```
<!DOCTYPE html>
<html>
  <head>
    <meta charset=UTF-8" />
    <title>Gestion événementielle</title>
    <script>
      function load()
      {
        document.getElementById("status").innerHTML =
        ➥ "L'événement 'load' a été généré.";
      }
      function bouton(b)
      {
        document.getElementById("status").innerHTML =
        ➥ "Le bouton " +b + " a été cliqué.";
      }
    </script>
  </head>
  <body onload="load()" onunload="unload();">
    <p>Status: <span id="status">En attente.'</span></p>
    <button onClick="bouton(1)">Bouton 1</button>
    <button onClick="bouton(2)">Bouton 2</button>
  </body>
</html>
```

Le corps du document affiche un élément `span` d'id `status`, qui donne l'état du document, et deux boutons de commande. Au début du chargement de la page, l'élément span affiche le texte "En attente". Dès que le document est entièrement chargé dans le navigateur, l'événement onload() est généré et la fonction load() affiche le message "L'événement 'load' a été généré." dans l'élément span.

Lorsque l'utilisateur clique sur un des boutons de commande, la fonction bouton() est exécutée. Elle affiche un message dans l'élément span qui dépend du paramètre transmis, et donc du bouton cliqué (voir Figure 14.1).

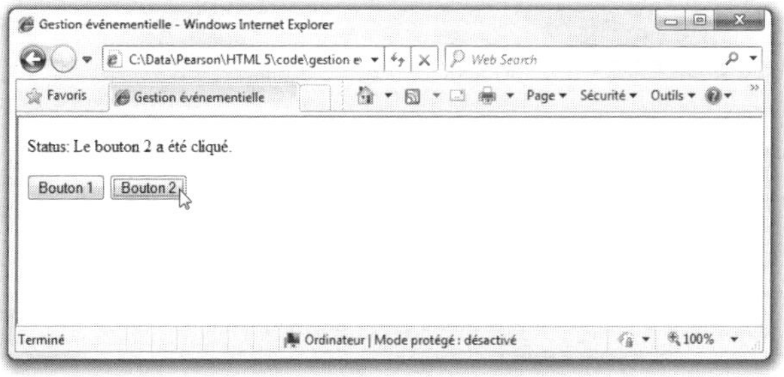

Figure 14.1 : Le deuxième bouton a été cliqué.

Événements liés à la fenêtre

```
getElementById()
onEvent
```

Mis à part onblur, onfocus et onload, qui étaient déjà présents dans HTML 4.x, tous les événements de ce tableau sont nouveaux.

Attribut	Exécution du script
onafterprint	Après l'impression
onbeforeprint	Avant l'impression
onbeforeonload	Avant le chargement du document

Attribut	Exécution du script
`onblur`	Lorsque la fenêtre perd le focus
`onerror`	Lorsqu'une erreur est détectée
`onfocus`	Lorsque le focus est donné à la fenêtre
`onhaschange`	Lorsque le contenu du document est modifié
`onload`	Lorsque le document est chargé
`onmessage`	Quand le message est généré
`onoffline`	Au passage de l'état en ligne à l'état déconnecté
`ononline`	Au passage de l'état déconnecté à l'état en ligne
`onpagehide`	Lorsque la fenêtre devient invisible
`onpageshow`	Lorsque la fenêtre devient visible
`onpopstate`	Lorsque l'historique de la page change
`onredo`	Après l'exécution d'un "redo"
`onresize`	Au redimensionnement de la fenêtre
`onstorage`	Au chargement d'un document
`onundo`	À l'exécution d'un "undo"
`onunload`	Lorsque l'utilisateur change de document

Ce code affiche un message lorsque la page est entièrement chargée, puis juste avant le passage à une autre page.

```
<!DOCTYPE html>
<html>
  <head>
    <title>Evénements liés à la fenêtre</title>
    <script>
      function unload()
```

```
        {
          document.getElementById("status").innerHTML =
          ➥ "L'événement 'unload' a été généré";
        }
        function load()
        {
          document.getElementById("status").innerHTML =
          ➥ "L'événement 'load' a été généré";
        }
      </script>
    </head>
    <body onload="load()" onunload="unload();">
      <p>Status: <span id="status">En attente de l'événement
      ➥ 'unload'</span></p>
    </body>
  </html>
```

Événements liés au clavier

```
getElementById()
onkeydown, onkeypress, onkeyup
```

Tous les événements clavier étaient déjà disponibles dans HTML 4.x.

Attribut	Exécution du script
onkeydown	Lorsqu'une touche est pressée
onkeypress	Lorsqu'une touche est pressée puis relâchée
onkeyup	Lorsqu'une touche est relâchée

Cet exemple affiche un élément `span` et une zone de texte `<input type="text">`. Un caractère tapé dans la zone de texte est récupéré *via* la fonction événementielle `faitecho`, déclenchée sur l'événement `onkeypress`. Le code de la touche utilisée est récupéré (`ev.keyCode`), converti en une chaîne (`String.fromCharCode()`) affichée dans l'élément `span` (`document.getElementById("echo").innerHTML`).

```
<!DOCTYPE html>
<html>
  <head>
    <meta charset=UTF-8" />
    <title>Gestion événementielle</title>
    <script>
      function faitecho(ev)
      {
        document.getElementById("echo").innerHTML =
        ➥ document.getElementById("echo").innerHTML
        ➥ + String.fromCharCode(ev.keyCode);
      }
    </script>
  </head>
  <body>
    <p>echo: <span id="echo"></span></p>
    <input type="text" id="saisie" onkeypress="return
    ➥ faitecho(event);">
  </body>
</html>
```

Événements liés à la souris

```
getElementById();
onclick, ondblclick, ondrag, ondragend, ondragenter,
ondragleave, ondragover, ondragstart, ondrop, onmousedown,
onmousemove, onmouseout, onmouseover, onmouseup,
onmousewheel, onscroll
```

Les événements souris sont rassemblés ci-après.

Attribut	Exécution du script
`onclick`	Au clic du bouton gauche
`ondblclick`	Au double-clic du bouton gauche
`ondrag`	Lorsqu'un élément est déplacé par la technique du glisser-déposer
`ondragend`	Lorsqu'un élément a fini d'être déplacé par la technique du glisser-déposer
`ondragenter`	Lorsqu'un élément a été déplacé sur une destination valide
`ondragleave`	Lorsqu'un élément est déplacé depuis un emplacement valide
`ondragover`	Lorsqu'un élément est en cours de déplacement vers une destination valide
`ondragstart`	Au début du glisser-déposer
`ondrop`	Au dépôt de l'élément sur la destination
`onmousedown`	Lorsque le bouton de la souris est enfoncé
`onmousemove`	Lorsque le pointeur se déplace
`onmouseout`	Lorsque le pointeur se déplace en dehors d'un élément
`onmouseover`	Lorsque le pointeur est déplacé sur un élément
`onmouseup`	Au relâchement du bouton de la souris
`onmousewheel`	Au déplacement de la roulette de la souris
`onscroll`	Lorsque la barre de défilement de l'élément est utilisée

Cet exemple capture les événements souris liés à un élément `img` et les affiche dans un élément `span`.

```
<!DOCTYPE html>
<html>
  <head>
    <meta charset=UTF-8" />
    <title>Gestion événementielle</title>
    <script>
      function traitement(param)
      {
        document.getElementById("activite").innerHTML =
        ➥ param;
      }
    </script>
  </head>
  <body>
    <img src="ecureuil.jpg"
         onclick="traitement('clic souris');"
        ondblclick="traitement('double-clic souris');"
        ondrag="traitement('déplacement');"
        ondrop="traitement('relâchement de l''image');"
        onmousedown="traitement('bouton souris enfoncé');"
        onmousemove="traitement('déplacement de la souris');"
        onmousemove="traitement('déplacement du pointeur en

dehors de l''image');"
        onmouseover="traitement('déplacement du pointeur au-

dessus de l''image');"
        onmouseup="traitement('relâchement du bouton de la

souris');"
        onmousewheel="traitement('déplacement de la roulette

de la souris');"
    >
    <p>Activité : <span id="activite"></span></p>
  </body>
</html>
```

Événements liés aux formulaires

```
getElementById()
onblur, onchange, oncontextmenu, onfocus, onformchange,
onforminput, oninput, oninvalid, onselect, onsubmit
```

Ces événements sont déclenchés par les actions effectuées par l'utilisateur à l'intérieur d'un formulaire. Cinq d'entre eux sont une nouveauté du langage HTML5 : `oncontextmenu`, `onformchange`, `onforminput`, `oninput` et `oninvalid`.

Attribut	Exécution du script
`onblur`	Lorsqu'un élément perd le focus
`onchange`	Lorsque la valeur/le contenu d'un élément change
`oncontextmenu`	Lorsqu'un menu contextuel est déroulé
`onfocus`	Lorsqu'un élément reçoit le focus
`onformchange`	Lorsque le contenu du formulaire change
`onforminput`	Lorsque l'utilisateur entre des données dans le formulaire
`oninput`	Lorsqu'un élément reçoit des données entrées par l'utilisateur
`oninvalid`	Lorsqu'un élément n'est pas valide
`onselect`	Lorsqu'un élément est sélectionné
`onsubmit`	Lorsque le formulaire est soumis (généralement au clic sur le bouton Submit)

Cet exemple capture les actions effectuées sur une zone de texte et un bouton Submit et les affiche dans un élément `span`.

```
<!DOCTYPE html>
<html>
  <head>
    <meta charset=UTF-8" />
    <title>Gestion événementielle</title>
    <script>
      function traitement(param)
      {
        document.getElementById("activite").innerHTML = param;
      }
    </script>
  </head>
  <body>
    <form name="MonFormulaire" method="post" >
      <label>Quel est le meilleur système d'exploitation
      ➥ selon vous ?</label>
      <input name="texte"
             placeholder="Entrez votre réponse ici"
             onforminput="traitement('Saisie de données');"
             onformchange="traitement('Le contenu du formulaire
             ➥ change');"
             onfocus="traitement('La zone de texte a le focus');"
             onblur="traitement('La zone de texte a perdu le
             ➥ focus');"
      >
      <input type="submit" value="Envoyer" onsubmit="traitement

('Le bouton Submit a été pressé');">
    </form>
    <p>Activité : <span id="activite"></span></p>
  </body>
</html>
```

Événements liés aux médias

```
getElementById()
onabort, oncanplay, oncanplaythrough, ondurationchange,
onemptied, onended, onerror, onloadeddata,
onloadedmetadata, onloadstart, onpause, onplay, onplaying,
onprogress, onratechange, onreadystatechange, onseeked,
onseeking, onstalled, onsuspend, ontimeupdate,
onvolumechange, onwaiting
```

Ces événements s'appliquent aux éléments `video`, `image` et `audio`. Mis à part l'événement `onabort`, ils sont tous apparus dans HTML5.

Attribut	Exécution du script
`onabort`	Sur l'événement "abort"
`oncanplay`	Lorsque le média peut commencer à être lu (il peut être amené à s'arrêter si le buffer de lecture devient vide)
`oncanplaythrough`	Lorsque le média peut être lu sans interruption jusqu'à la fin
`ondurationchange`	Lorsque la longueur du média change
`onemptied`	Lorsque le média n'est plus accessible à la suite d'un problème de réseau ou d'une erreur de chargement par exemple
`onended`	Lorsque le média a été entièrement joué
`onerror`	Lorsqu'une erreur survient pendant le chargement du média
`onloadeddata`	Lorsque les données du média ont été chargées
`onloadedmetadata`	Lorsque la durée et les autres caractéristiques du média ont été lues
`onloadstart`	Lorsque le navigateur commence à charger les données du média

Attribut	Exécution du script
`onpause`	Lorsque le média est mis en pause
`onplay`	Lorsque le média est mis en lecture
`onplaying`	Lorsque le média a commencé à être joué
`onprogress`	Lorsque l'élément est en cours de récupération des données pour le média
`onratechange`	Lorsque la vitesse de lecture change
`onreadystatechange`	Lorsque l'état (prêt/pas prêt) du média change
`onseeked`	Lorsque la recherche a pris fin
`onseeking`	Pendant la recherche (attribut `seeking=true`)
`onstalled`	Lorsqu'une erreur est rencontrée lors de la récupération des données
`onsuspend`	Lorsque la récupération des données est arrêtée avant la fin
`ontimeupdate`	Lorsque la position de lecture change
`onvolumechange`	Lorsque le volume du média est modifié
`onwaiting`	Lorsque le média n'est plus en mode de lecture mais que l'utilisateur peut demander une relecture

Cet exemple affiche une vidéo issue du site Mediaforma (**www.mediaforma.com**) dans un élément `video`. Tous les événements liés à cet élément sont capturés et affichés dans un élément `span`, en dessous de l'élément `video` (voir Figure 14.2).

```
<!DOCTYPE html>
<html>
  <head>
    <meta charset=UTF-8" />
    <title>Gestion événementielle</title>
   <script>
```

```
      function etat(param)
      {
        document.getElementById("activite").innerHTML = param;
      }
    </script>
  </head>
  <body>
    <video id="video" src="http://www.mediaforma.com/
    ➥ uneminuteparjour/video/godmode.mp4"
      controls="controls"
      poster="http://www.mediaforma.com/uneminuteparjour/
      ➥ thumbs/godmode.jpg"
      onabort="etat('onabort');"
      oncanplay="etat('oncanplay');"
      oncanplaythrough="etat('oncanplaythrough');"
      ondurationchange="etat('ondurationchange');"
      onemptied="etat('onemptied');"
      onended="etat('onended');"
      onerror="etat('onerror');"
      onloadeddata="etat('onloadeddata');"
      onloadedmetadata="etat('onloadedmetadata');"
      onloadstart="etat('onloadstart');"
      onpause="etat('onpause');"
      onplay="etat('onplay');"
      onplaying="etat('onplaying');"
      onprogress="etat('onprogress');"
      onratechange="etat('onratechange');"
      onreadystatechange="etat('onreadystatechange');"
      onseeked="etat('onseeked');"
      onseeking="etat('onseeking');"
      onstalled="etat('onstalled');"
      onsuspend="etat('onsuspend');"
      ontimeupdate="etat('ontimeupdate');"
      onvolumechange="etat('onvolumechange');"
      onwaiting="etat('onwaiting');"
      >
    </video>
    <p>Activité : <span id="activite"></span></p>
  </body>
</html>
```

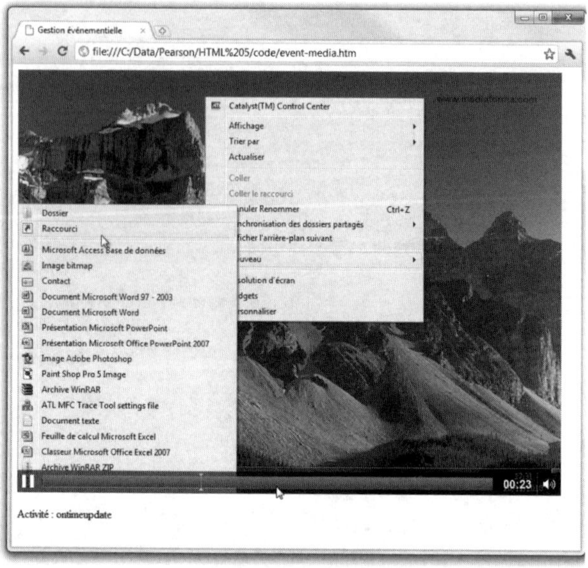

Figure 14.2 : La vidéo est en cours de lecture.

Stockage local de données

`localStorage`

Avec HTML5, le stockage de données en local est désormais un jeu d'enfant. D'ici à prédire la disparition des cookies, il n'y a qu'un pas…

Voyons ce que HTML5 propose. En fait, le code à utiliser est du JavaScript. Il repose sur l'utilisation des fonctions associées à l'objet `localStorage` :

Fonction	Signification
`localStorage.getItem('nom')`	Retourne la valeur correspondant au nom spécifié dans l'argument
`localStorage.setItem('nom', 'valeur')`	Stocke la valeur spécifiée sous le nom spécifié dans l'argument
`localStorage.key(position)`	Retourne le nom de l'élément stocké à la position spécifiée (0 correspond à la première position de sauvegarde)
`localStorage.length`	Retourne le nombre de données mémorisées
`localStorage.clear()`	Efface toutes les données sauvegardées
`localStorage.removeItem('nom')`	Efface la donnée sauvegardée sous le nom spécifié dans l'argument

Le code ci-après utilise les fonctions associées à l'objet `localStorage`. Pour l'instant, il est opérationnel sur la dernière version de Google Chrome, sur Safari, Firefox 4, Opera (qui offre 5 Mo d'espace de stockage) et Internet Explorer 8 (qui offre 10 Mo d'espace de stockage).

```
<!DOCTYPE HTML>
<html>
 <head>
    <meta charset=UTF-8" />
  <title>Stockage local HTML5</title>

  <style>
    div
    {
      border-width: 1px;
      border-style: dotted;
    }
  </style>
```

```
<script>
  function Affiche()
  {
    var key = "";
    var NomValeur = "<tr><th>Nom</th><th>Valeur</th>
    ➥ </tr>\n";
    var i=0;
    for (i=0; i<=localStorage.length-1; i++)
    {
      key = localStorage.key(i);
      NomValeur += "<tr><td>"+key+"</td>\n<td>"+
      ➥ localStorage.getItem(key)+"</td></tr>\n";
    }
    document.getElementById('NomValeur').innerHTML =
    ➥ NomValeur;
  }

  function Enregistre()
  {
    var nom = document.forms.editor.name.value;
    var valeur = document.forms.editor.data.value;
    localStorage.setItem(nom, valeur);
   Affiche();
  }

  function Lit()
  {
    var nom = document.forms.editor.name.value;
    document.forms.editor.data.value =
    ➥ localStorage.getItem(nom);
    Affiche();
  }

  function Efface()
  {
    var nom = document.forms.editor.name.value;
    document.forms.editor.data.value =
    ➥ localStorage.removeItem(nom);
    Affiche();
  }
```

```
    function EffaceTout()
    {
      localStorage.clear();
      Affiche();
    }
  </script>
</head>

<body onload="Affiche()">
 <h1>Stockage local HTML5</h1>
  <form name=editor>
    <div id="donnees">
    <h2>Entrez la donnée à stocker</h2>
    <p><label>Nom <input name=name></label></p>
    <p><label>Donnée <textarea name=data cols=41 rows=10>
    ➥ </textarea></label></p>
    <p>
     <input type="button" value="Lit" onclick="Lit()">
     <input type="button" value="Enregistre"
     ➥ onclick="Enregistre()">
     <input type="button" value="Efface" onclick="Efface()">
     <input type="button" value="Efface tout" onclick=
     ➥"EffaceTout()">
    </p>
  </div>
  <br><br>
  <div id="valeurs">
    <h2>Données stockées</h2>
    <table id="NomValeur" border="1"></table>
  </div>
 </form>
</body>
</html>
```

Comme vous pouvez le voir à la Figure 14.3, le nom des données peut inclure des accents, et les données peuvent être stockées sur plusieurs lignes.

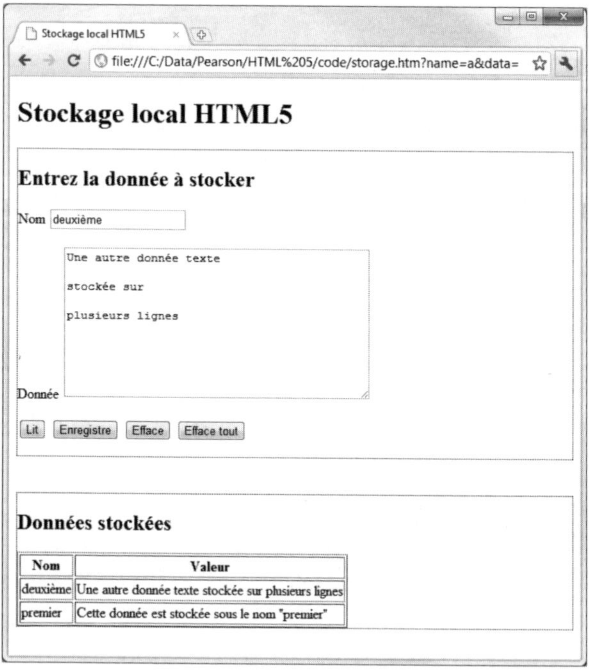

Figure 14.3 : Utilisation de l'objet *localStorage* dans Google Chrome 7.

15

Éléments graphiques et multimédias

S'il est un domaine dans lequel HTML5 innove, c'est bien dans celui du multimédia. Vous verrez au cours de ce chapitre comment utiliser correctement les éléments `audio`, `video`, `canvas` et `svg`. Si vous êtes intéressé par la manipulation d'images, vous consulterez les Chapitres 8 à 10.

À lire impérativement si vous voulez profiter de toute la puissance des nouveaux standards du Web !

audio

```
<audio>
```

Avec l'élément `audio`, l'insertion d'un objet audio dans une page web devient un vrai jeu d'enfant. D'autre part, il n'est plus nécessaire de se soucier de savoir si l'internaute a installé les bons codecs : ces derniers sont inclus de façon native dans le langage !

Voici la syntaxe de l'élément `audio` :

```
<audio src="nom" controls preload="none|metadata|auto" loop
➥ autoplay>
```

Où :

- `src="nom"` définit le chemin et le nom du fichier audio.
- `controls`, s'il est présent, demande l'affichage d'une barre de contrôle pour agir sur le son.
- `preload` indique comment le son doit être téléchargé avant qu'il ne soit joué : `none` (aucun téléchargement), `metadata` (téléchargement des métadonnées associées uniquement) ou `auto` (laisse le navigateur décider).
- `loop`, s'il est présent, provoque la lecture sans fin du son.
- `autoplay`, s'il est présent, déclenche la lecture du son dès que possible, en accord avec l'attribut preload.

L'attribut `src` peut être spécifié en dehors de l'élément `audio` sous la forme de un ou de plusieurs éléments `source`. Ainsi, en fonction du navigateur utilisé, un format audio ou un autre sera utilisé. Il est même possible de spécifier un lien pour télécharger le fichier audio, dans le cas où le navigateur ne reconnaîtrait pas l'élément `audio`.

Alors que j'écris ces lignes, tous les navigateurs ne sont pas compatibles avec les mêmes formats audio. Le tableau ci-après résume ces différences. La colonne Navigateur contient les versions actuelles. Lorsque vous en prendrez connaissance, il y a fort à parier que des versions plus récentes seront disponibles. Elles devraient être rétrocompatibles et, dans le meilleur des cas, supporter un ou plusieurs formats supplémentaires.

Navigateur	OGG	AAC	MP3	WAV	AIFF	AU
Chrome 8.0	x	x	x	x		
Firefox 4.0	x			x		

Navigateur	OGG	AAC	MP3	WAV	AIFF	AU
Internet Explorer 9 Bêta		x	x			
Opera 10.63	x			x		
Safari 5.0		x	x	x	x	x

Voici un exemple d'utilisation de l'élément `audio`. Ici, les versions OGG, AAC, MP3, WAV, AIFF et AU du même son ont été spécifiées dans des éléments `source`. Le navigateur utilisera le premier format avec lequel il est compatible. S'il n'est pas compatible avec l'élément `audio`, un lien permettant de télécharger le son (ici, au format MP3) sera affiché.

```
<!DOCTYPE HTML>
<html>
  <head>
    <meta charset=UTF-8" />
    <title>L'élément audio</title>
  </head>

  <body>
    <audio controls preload="auto" autobuffer>
      <source src="son.ogg" type="audio/ogg">
      <source src="son.aac" type="audio/aac">
      <source src="son.mp3" type="audio/mp3">
      <source src="son.wav" type="audio/wav">
      <source src="son.aiff" type="audio/aiff">
      <source src="son.au" type="audio/au">
      <a href="son.mp3">Télécharger <cite>le commentaire
      ➥ audio au format mp3</cite></a>
    </audio>
  </body>
</html>
```

La Figure 15.1 représente un exemple d'exécution de ce code dans Internet Explorer 8 et dans Google Chrome 7.

Figure 15.1 : L'élément *audio* n'est pas supporté dans Internet Explorer 8. Il l'est dans Google Chrome 7, Firefox 3.5, Safari et Opera.

video

```
<video>
```

Avec l'élément `video`, l'insertion d'un objet vidéo dans une page web n'est plus une corvée. Voici la syntaxe à utiliser :

```
<video src="nom" controls preload="none|metadata|auto" loop
➥ autoplay>
```

Où :

- `src="nom"` définit le chemin et le nom du fichier vidéo, au format OGG ou MP4.
- `controls`, s'il est présent, demande l'affichage d'une barre de contrôle pour agir sur la vidéo.

- `preload` indique comment la vidéo doit être téléchargée avant qu'elle ne soit jouée : `none` (aucun téléchargement), `metadata` (téléchargement des métadonnées associées uniquement) ou `auto` (laisse le navigateur décider).
- `loop`, s'il est présent, provoque la lecture sans fin de la vidéo.
- `autoplay`, s'il est présent, déclenche la lecture de la vidéo dès que possible, en accord avec l'attribut `preload`.

L'attribut `src` peut être spécifié en dehors de l'élément `video` sous la forme d'un ou de plusieurs éléments `source`. Ainsi, en fonction du navigateur, un format vidéo ou un autre sera utilisé. Il est même possible de spécifier une variante flash et/ou un lien pour télécharger le fichier audio, dans le cas où le navigateur utilisé ne reconnaîtrait pas l'élément `video`.

L'élément `video` est entièrement supporté dans les navigateurs Internet Explorer 9.0, Firefox 3.5, Safari 3.0, Chrome 3.0, Opera 10.5, iPhone 1.0 et Android 2.0 et supérieur. Attention cependant, faute d'accord entre les différents navigateurs, vous devrez fournir plusieurs formats vidéo (Ogg Theora, H.264, MP4 et WebM) pour assurer une compatibilité aussi grande que possible :

- Ogg Theora pour les navigateurs Firefox, Opéra et Google Chrome.
- MP4 codé en H.264 pour les navigateurs Internet Explorer 9, Safari et Google Chrome.
- WebM pour les navigateurs Opéra (10.6 et supérieur), Chrome, Firefox (4 et supérieur) et Internet Explorer 9 (si le codec est installé sous Windows).

Pour générer des fichiers au format Ogg, MP4 et WebM, le plus simple consiste à utiliser le logiciel gratuit Miro Video Converter, téléchargeable à la page **www.mirovideoconverter.com**. Une fois que le logiciel est installé sur votre ordinateur, déposez le fichier à convertir sur la fenêtre de l'application, choisissez le format cible et cliquez sur Convert (voir Figure 15.2).

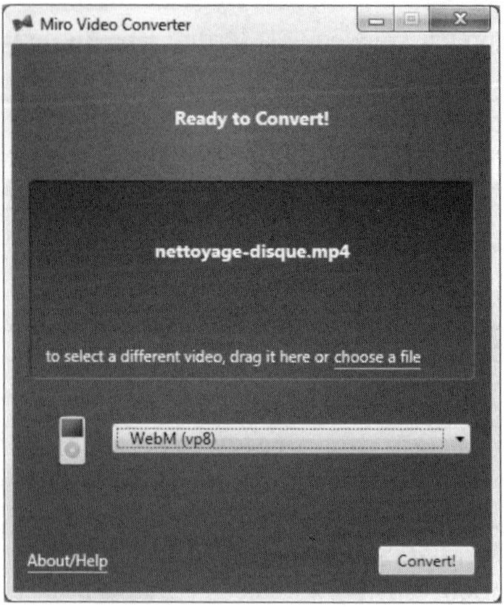

Figure 15.2 : Un fichier MP4 est sur le point d'être converti au format WebM.

Le code ci-après affiche une vidéo issue du site de formation en ligne Mediaforma. (**www.mediaforma.com**) Lorsque le navigateur utilisé supporte l'élément `video`, il est affiché au format MP4 ou OGG (`<source>`). Dans le cas contraire, une version flash est utilisée (`object`). Il lui est même possible de télécharger la vidéo (`a`).

```
<!DOCTYPE HTML>
<html>
  <head>
    <meta charset=UTF-8" />
    <title>L'élément video</title>
  </head>
```

```
  <body>
    <video controls>
      <source src="http://www.mediaforma.com/win7/videx/
      ➥ nettoyage-disque.mp4" type="video/mp4" />
      <source src="http://www.mediaforma.com/win7/videx/
      ➥ nettoyage-disque.ogg" type="video/ogg" />
      <object width="800" height="600" type="application/
      ➥ x-shockwave-flash" data="http://www.mediaforma.com/
      ➥ win7/videx/nettoyage-disque.swf">
        <param name="movie" value="http://www.mediaforma
        ➥.com/win7/videx/nettoyage-disque.ogg" />
        <param name="flashvars" value="controlbar=over&amp;
        ➥ image=http://www.mediaforma.com/win7/videx/
        ➥ nettoyer-disque.jpg&amp;file=http://
        ➥ www.mediaforma.com/win7/videx/nettoyage-disque
        ➥.mp4" type="video/mp4" />
        <img src="http://www.mediaforma.com/win7/videx/
        ➥ nettoyer-disque.jpg" width="640" height="360"
        ➥ alt="Nettoyage du disque"
             title="Le navigateur ne supporte pas la
             ➥ balise &lg;video&gt;. Téléchargez la
             ➥ vidéo en cliquant sur le lien ci-après" />
      </object>
      <p><a href="http://www.mediaforma.com/win7/videx/
      ➥ nettoyage-disque.mp4">Télécharger la vidéo</a>.</p>
    </video>
  </body>
</html>
```

La Figure 15.3 représente l'exécution de ce code dans Google Chrome 7.

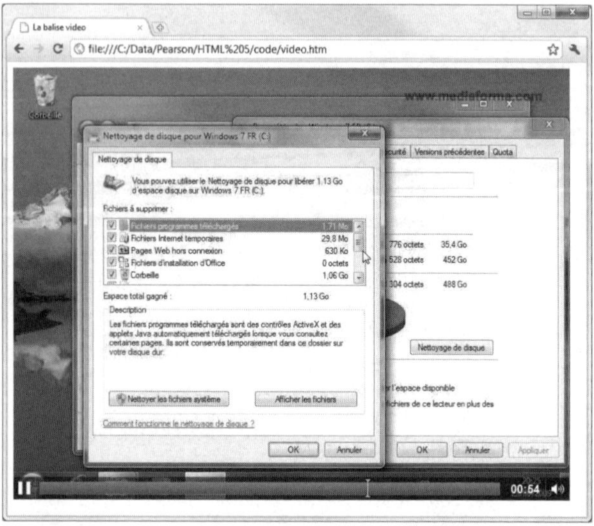

Figure 15.3 : La vidéo est lue dans Chrome. Le premier format compatible avec ce navigateur est utilisé : ici, MP4.

Astuce

Pour vous assurer de la prise en compte des formats vidéo dans les navigateurs, pensez à ajouter les trois lignes suivantes dans le fichier *.htaccess*, situé à la racine du site :

```
AddType video/ogg .ogv
AddType audio/ogg .oga
AddType video/mp4 .m4v .mp4
```

canvas

```
<canvas>
getElementById()
getContext()
```

L'élément canvas fait partie intégrante de HTML5. Il permet d'effectuer des rendus dynamiques 2D et 3D en

JavaScript (le rendu 3D dépasse le cadre de cet ouvrage). Sa syntaxe est élémentaire :

```
<canvas id="identifiant" width="largeur" height="hauteur">
  Texte affiché si le navigateur ne supporte pas la balise
canvas
</canvas>
```

Une fois l'élément `canvas` mis en place dans le corps du document, quelques lignes de JavaScript vont permettre de récupérer l'objet canvas et le contexte de travail 2D ou 3D.

```
var elem = document.getElementById('identifiant');
var context = elem.getContext('2d');
```

Ces deux éléments récupérés, vous devez ensuite utiliser une ou plusieurs fonctions pour effectuer vos tracés.

Info

Le coin supérieur gauche du canevas a pour coordonnées 0,0.

À titre d'exemple, ce code affiche un rectangle jaune de 400 × 250 pixels dans les navigateurs qui supportent l'élément `canvas` (voir Figure 15.4).

```
<!DOCTYPE html>
<html>
  <head>
    <meta charset=UTF-8" />
    <title>L'élément canvas</title>
    <script>
      function init()
      {
        var elem = document.getElementById('cannevas');
        if (!elem)
       {
          return;
        }
```

```
        var context = elem.getContext('2d');
        if (!context)
        {
          return;
        }
        context.fillStyle = '#ff0 ';
        context.fillRect(0, 0, 150, 100);
      }
    </script>
  </head>

  <body onload="init();">
    <canvas id="cannevas" width="400" height="250">
      Votre navigateur ne supporte pas la balise HTML5
      ➥ &lt;canvas&gt;
    </canvas>
  </body>
</html>
```

Dans Firefox 3.6

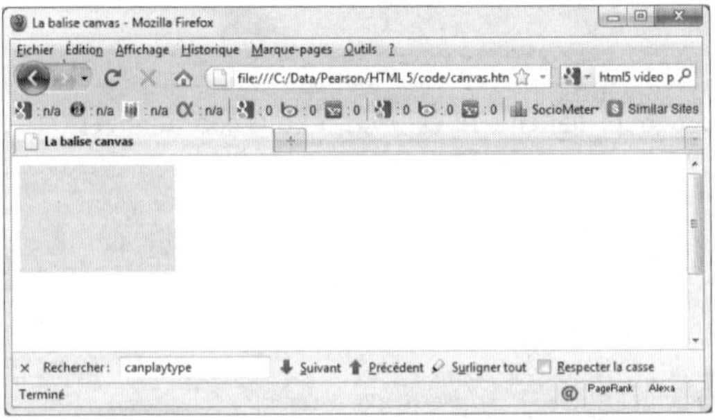

Dans Internet Explorer 8

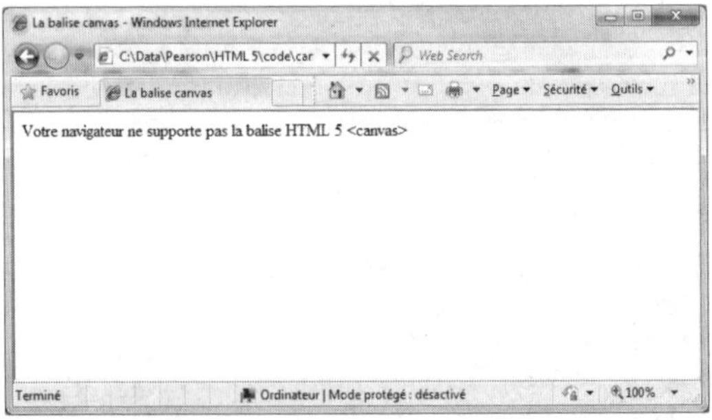

Figure 15.4 : Le même code interprété dans Firefox 3.6 et dans Internet Explorer 8.

Ce code mérite quelques explications.

La fonction `init()` est exécutée dès l'ouverture de la page grâce à l'attribut `onload` de l'élément `body`.

Dans le code JavaScript, remarquez les instructions `if` qui peuvent mettre fin prématurément à son exécution dans les cas suivants :

- impossibilité d'accéder à l'élément *via* la fonction `getElementById()` ;
- impossibilité d'obtenir le contexte spécifié dans la fonction `getContext()`.

Méthodes de tracé 2D dans un canevas

<canvas>
fillRect, strokeRect, clearRect, beginPath, closePath, lineTo, moveTo, fill, arc, bezierCurveTo, quadraticCurveTo, rect

Le contexte 2D d'un élément `<canvas>` met à disposition plusieurs fonctions JavaScript qui permettent de créer des graphiques en deux dimensions.

Fonction	Syntaxe	Effet
`fillRect`	`fillRect(x1, y1, largeur, hauteur);`	Rectangle plein ou point élémentaire si largeur=1 et hauteur=1.
`strokeRect`	`strokeRect(x1, y1, x2, y2);`	Contour de rectangle.
`clearRect`	`clearRect(x1, y1, x2, y2);`	Efface une zone rectangulaire.
`beginPath`	`beginPath()`	Définit le début d'un chemin (sorte de tracé à main levée).

Fonction	Syntaxe	Effet
`closePath`	`closePath()`	Ferme le chemin en cours.
`lineTo`	`lineTo(x, y)`	Trace une ligne droite entre le dernier point du chemin et les coordonnées spécifiées en argument.
`moveTo`	`moveTo(x, y)`	Définit le début d'un nouveau chemin avec les coordonnées spécifiées en argument.
`stroke`	`stroke()`	Trace les chemins définis en utilisant les propriétés de tracé définies dans `strokeStyle` (style du tracé), `lineWidth` (épaisseur des traits), `lineCap` (terminaisons), `lineJoin` (jointures) et `miterLimit` (distance limite pour joindre les points éloignés).
`fill`	`fill()`	Remplit le chemin courant en utilisant une couleur, un gradient ou une image.
`arc`	`arc(x, y, rayon, angleDébut, angleFin, sens)`	Cercle ou arc de cercle. Les angles doivent être spécifiés en radians et le paramètre `sens` prend la valeur `false` pour un tracé dans le sens des aiguilles d'une montre et `true` pour un tracé dans le sens trigonométrique.
`bezierCurveTo`	`bezierCurveTo( ctrl1x, ctrl1y, ctrl2x, ctrl2y, x, y)`	Courbe de Bézier entre le chemin courant et le point de coordonnées x, y, qui utilise les points de contrôle de coordonnées `ctrl1x`, `ctrl1y` et `ctrl2x`, `ctrl2y`.
`quadraticCurveTo`	`quadraticCurveTo( ctrlx, ctrly, x, y)`	Courbe quadratique entre le chemin courant et le point de coordonnées x, y, qui utilise les points de contrôle de coordonnées `ctrlx`, `ctrly`.
`rect`	`rect(x1, y1, x2, y2)`	Ajoute un contour rectangulaire au chemin courant.

Ce code illustre chacune des fonctions du tableau précédent.

```
<!DOCTYPE html>
<html>
  <head>
    <meta charset=UTF-8" />
    <title>Tracé 2D dans un canevas </title>
    <script>
      function trace1()
      {
        var elem = document.getElementById('canevas');
        var context = elem.getContext('2d');
        context.clearRect(0,0,180,180);
        context.fillStyle = '#f00 ';
        context.fillRect(10,10,150,150);
      }
      function trace2()
      {
        var elem = document.getElementById('canevas');
        var context = elem.getContext('2d');
        context.clearRect(0,0,180,180);
        context.lineWidth = 1;
        context.strokeStyle = '#00f ';
        context.strokeRect(10,10,150,150);
      }
      function trace3()
      {
        var elem = document.getElementById('canevas');
        var context = elem.getContext('2d');
        context.clearRect(0,0,180,180);
        context.fillStyle = '#f00 ';
        context.fillRect(10,10,150,150);
        context.clearRect(20,20,100,60);
      }
      function trace4()
      {
        var elem = document.getElementById('canevas');
        var context = elem.getContext('2d');
        context.clearRect(0,0,180,180);
        context.strokeStyle = '#00f';
        context.lineWidth = 10;
        context.lineCap = 'round';
        context.lineJoin = 'round';
```

```
    context.beginPath();
    context.moveTo(30,30);
    context.lineTo(130,50);
    context.lineTo(90,110);
    context.lineTo(70,30);
    context.lineTo(35,130);
    context.closePath();
    context.stroke();
  }
  function trace5()
  {
    var elem = document.getElementById('canevas');
    var context = elem.getContext('2d');
    context.clearRect(0,0,180,180);
    context.strokeStyle = '#00f';
    context.lineWidth = 5;
    context.lineCap = 'round';
    context.lineJoin = 'round';
    context.beginPath();
    context.moveTo(30,30);
    context.rect(30,30,130,130);
    context.stroke();
  }
  function trace6()
  {
    var elem = document.getElementById('canevas');
    var context = elem.getContext('2d');
    context.clearRect(0,0,180,180);
    context.strokeStyle = '#00f';
    context.lineWidth = 10;
    context.lineCap = 'round';
    context.lineJoin = 'round';
    context.beginPath();
    context.moveTo(30,30);
    context.lineTo(130,50);
    context.lineTo(90,110);
    context.lineTo(70,30);
    context.lineTo(35,130);
    context.closePath();
    context.fill();      }
  function trace7()
  {
    var elem = document.getElementById('canevas');
    var context = elem.getContext('2d');
```

```
      context.clearRect(0,0,180,180);
      context.fillStyle = '#00f';
      context.beginPath();
      context.arc(80,80,60,0,2*Math.PI, false);
     context.fill();
    }
    function trace8()
    {
      var elem = document.getElementById('canevas');
      var context = elem.getContext('2d');
      context.clearRect(0,0,180,180);
      context.fillStyle = '#0f0';
      context.beginPath();
      context.arc(80,80,60,0,Math.PI, false);
      context.fill();
    }
    function trace9()
    {
      var elem = document.getElementById('canevas');
      var context = elem.getContext('2d');
      context.clearRect(0,0,180,180);
      context.linewidth = 10;
      context.beginPath();
      context.moveTo(20,20);
      context.bezierCurveTo(20,100, 90,10, 150, 150);
      context.stroke();
    }
    function trace10()
    {
      var elem = document.getElementById('canevas');
      var context = elem.getContext('2d');
      context.clearRect(0,0,180,180);
      context.linewidth = 10;
      context.beginPath();
      context.moveTo(20,20);
      context.quadraticCurveTo(20,100, 150, 150);
      context.stroke();
    }
  </script>
</head>

<body>
  <canvas id="canevas" width="200" height="190"
  ➥ style="border: dotted;">
    Votre navigateur ne supporte pas la balise HTML5
    ➥ &lt;canvas&gt;
```

```
    </canvas>
    <br>
    <button onclick="trace1()">Carré rouge</button>
    <button onclick="trace2()">Carré vide à bordure bleue
    ➥ </button>
    <button onclick="trace3()">Effacement d'une zone
    ➥ rectangulaire</button>
    <button onclick="trace4()">Tracé d'un chemin</button>
    <button onclick="trace5()">Tracé rectangulaire
    ➥ </button>
    <button onclick="trace6()">Remplissage d'un chemin
    ➥ </button>
    <button onclick="trace7()">Cercle bleu</button>
    <button onclick="trace8()">Arc de cercle vert</button>
    <button onclick="trace9()">Courbe de Bézier</button>
    <button onclick="trace10()">Courbe quadratique
    ➥ </button>
  </body>
</html>
```

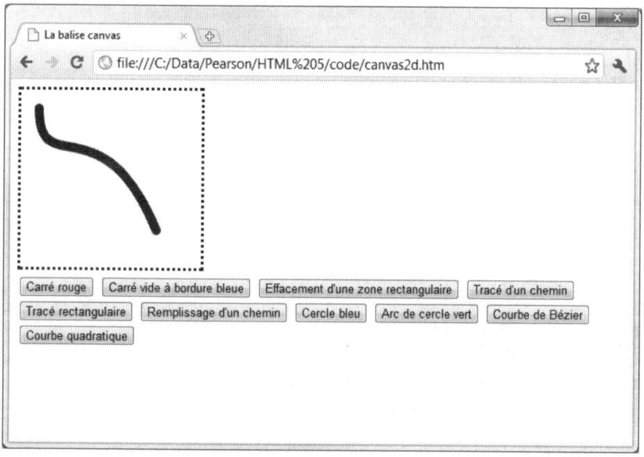

Figure 15.5 : Démonstration des fonctions 2D de l'élément *canvas* : ici, une courbe de Bézier.

Images dans un canevas

```
<canvas>
drawImage();
```

L'affichage d'une image dans un canevas se fait avec la fonction `drawImage()` dont voici les trois variantes :

```
drawImage(image, x, y);
drawImage(image, x, y, largeur, hauteur);
drawImage(image, sx, sy, slargeur, shauteur, dx, dy,
dlargeur, dhauteur);
```

La première se contente de placer l'image sur le canevas aux coordonnées spécifiées. La deuxième la place sur le canevas puis la redimensionne. La troisième la place sur le canevas, la redimensionne et définit la position et la taille du canevas destination.

Quelques exemples vont vous montrer comment utiliser ces trois formes de la fonction `drawImage()`.

Cet exemple utilise la première variante de la fonction `drawImage()` pour afficher une image PNG sur le canevas (voir Figure 15.6).

```
<!DOCTYPE html>
<html>
  <head>
    <meta charset=UTF-8" />
    <title>Des images dans un canevas</title>
    <script>
      function init()
      {
        var elem = document.getElementById('canevas');
        var context = elem.getContext('2d');
       var img = new Image();
        img.onload = function()
        {
```

```
            context.drawImage(img,0,0);
        }
        img.src = 'fbas.png';
      }
    </script>
  </head>

  <body onload="init();">
    <canvas id="canevas" width="250" height="200" style=
    ➥"border: dotted;">
      Votre navigateur ne supporte pas la balise HTML5
      ➥ &lt;canvas&gt;
    </canvas>
  </body>
</html>
```

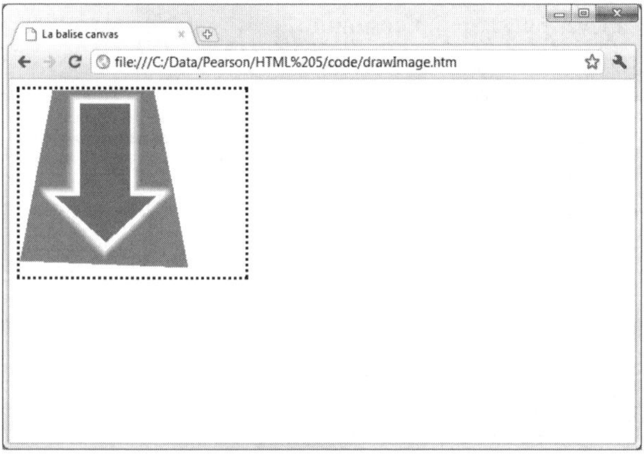

Figure 15.6 : L'image est affichée en 0,0 mais n'est pas redimensionnée.

Cet exemple utilise la deuxième variante de la fonction `drawImage()` pour redimensionner une image PNG et l'afficher vingt-cinq fois sur le canevas (voir Figure 15.7).

```
<!DOCTYPE html>
<html>
  <head>
    <meta charset=UTF-8" />
    <title>Des images dans un canevas</title>
    <script>
      function init()
      {
        var elem = document.getElementById('canevas');
        var context = elem.getContext('2d');
        img.onload = function()
        {
          for (var i=0;i<3;i++)
          {
            for (var j=0;j<2;j++)
            {
              context.drawImage(img,j*50,i*38,50,38);
            }
          }
        }
        img.src = 'fbas.png';
      }
    </script>
  </head>

  <body onload="init();">
    <canvas id="canevas" width="250" height="200"
    ➥ style="border: dotted;">
      Votre navigateur ne supporte pas la balise HTML5
      ➥ &lt;canvas&gt;
    </canvas>
  </body>
</html>
```

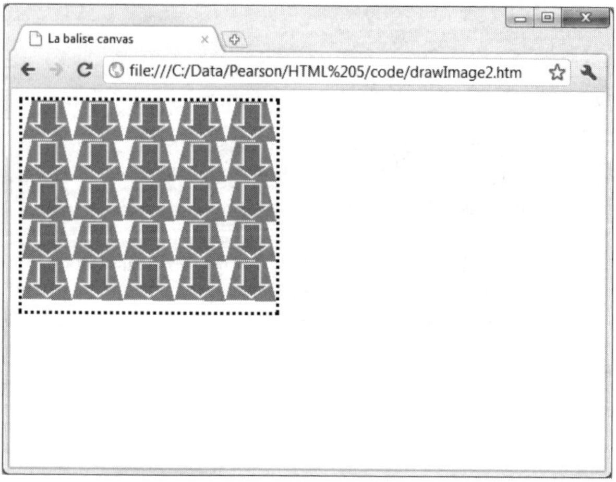

Figure 15.7 : L'image est redimensionnée et affichée à plusieurs reprises.

Ce dernier exemple utilise la troisième variante de la fonction `drawImage()`. La photo de l'éléphant fait 683 × 1 024 pixels. Une portion de 40 × 400 pixels décalée de 100 pixels horizontalement et de 300 pixels verticalement (les quatre premiers paramètres) est placée dans un espace de 300 × 370 pixels, décalée de 50 pixels horizontalement et 40 pixels verticalement (les quatre derniers paramètres) dans le canevas. Le résultat de ce code est représenté Figure 15.8.

```
<!DOCTYPE html>
<html>
  <head>
    <meta charset=UTF-8" />
    <title>Des images dans un canevas</title>
    <script>
      function init()
      {
        var elem = document.getElementById('canevas');
        var context = elem.getContext('2d');
```

```
        context.drawImage(document.getElementById('cadre'),
        ➥ 0, 0)
        context.drawImage(document.getElementById('image'),
        ➥ 100, 300, 400, 400, 50, 40, 300, 370);
      }
    </script>
  </head>

  <body onload="init();">
    Résultat :<br>
    <canvas id="canevas" width="400" height="440">
      Votre navigateur ne supporte pas la balise HTML5
      ➥ &lt;canvas&gt;
    </canvas>
    <br>A partir de ces images :<br>
    <img src="cadre.png" id="cadre" width="200" height="300">
    <img src="elephant.jpg" id="image" width="170" height=
    ➥"270">
  </body>
</html>
```

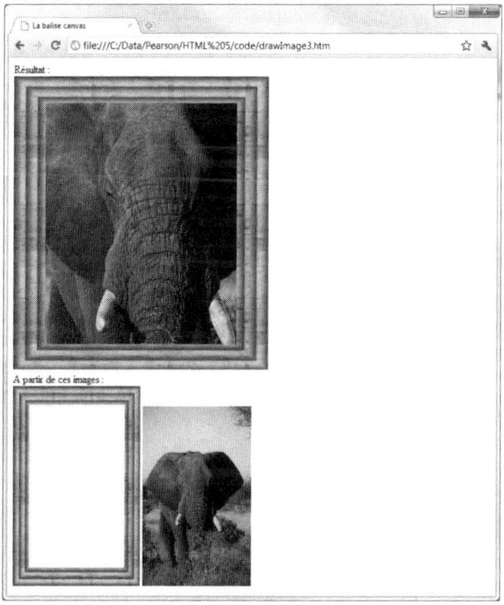

Figure 15.8 : Une portion de l'image originale est redimensionnée et affichée dans le canevas.

Texte dans un canevas

```
<canvas>
font, textAlign, textBaseline, fillText, strokeText,
strokeStyle
```

Plusieurs fonctions JavaScript sont destinées à l'affichage de texte. Nous les avons résumées dans ce tableau.

Propriété de l'objet `context`	Signification
`font`	Police
`textAlign`	Alignement horizontal : `start`, `end`, `left`, `right` ou `center` (`start` par défaut)
`textBaseline`	Alignement vertical : `top`, `hanging`, `middle`, `alphabetic`, `ideographic` ou `bottom` (`alphabetic` par défaut)
`fillText`	Dessine le texte avec le remplissage défini dans la propriété `fillStyle`
`strokeText`	Dessine le contour du texte avec le remplissage défini dans la propriété `strokeStyle`

Ce code illustre les fonctions dont nous venons de parler. Son interprétation dans Google Chrome est représentée Figure 15.9.

```
<!DOCTYPE html>
<html>
  <head>
    <meta charset="UTF-8" />
    <title>Du texte dans un canevas</title>
    <script>
      function init()
      {
```

```
        var elem = document.getElementById('canevas');
        var context = elem.getContext('2d');
        context.fillStyle    = '#f0f';
        context.font         = 'italic 30px Algerian';
        context.textBaseline = 'top';
        context.fillText  ('Un simple texte', 0, 0);
        context.strokeStyle  = '#0f0';
        context.font         = 'bold 30px Algerian';
        context.strokeText('Un simple texte', 0, 50);
      }
    </script>
  </head>

  <body onload="init();">
    <canvas id="canevas" width="350" height="200"
    ➥ style="border: dotted;">
      Votre navigateur ne supporte pas la balise HTML5
      ➥ &lt;canvas&gt;
    </canvas>
  </body>
</html>
```

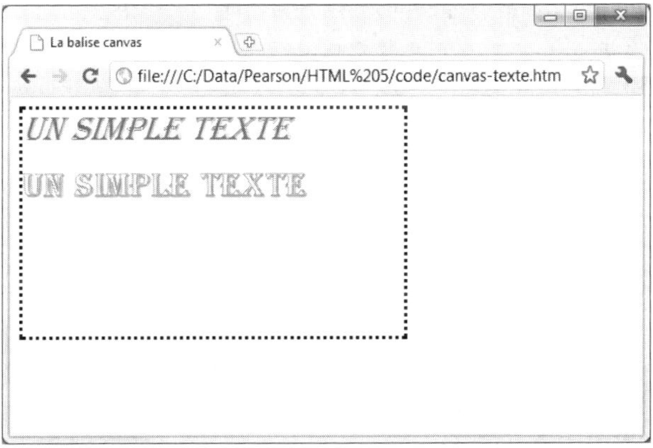

Figure 15.9 : Tracé d'un texte et de son contour avec les fonctions *fillText()* et *strokeText()*.

Effets spéciaux dans un canevas

```
<canvas>
createLinearGradient(), createRadialGradient(),
➥ addColorStop()
shadowOffsetX, shadowOffsetY, shadowColor, shadowBlur
fillStyle
scale(), rotate(), translate(), setTransform(), matrix()
```

Cette section aborde la manière de définir des dégradés, des ombres, des transparences et des transformations dans un canevas.

Gradients

Pour définir un gradient linéaire, du point de coordonnées `x0`, `y0` au point de coordonnées `x1`, `y1`, vous utiliserez la fonction `createLinearGradient()` :

```
createLinearGradient(x0, y0, x1, y1)
```

Pour créer un gradient radial du cercle de centre `x0`, `y0` et de rayon `r0` au cercle de centre `x1`, `y1` et de rayon `r1`, vous utiliserez la fonction `createRadialGradient()` :

```
createRadialGradient(x0, y0, r0, x1, y1, r1);
```

Les couleurs de début et de fin de gradient seront définies avec la fonction `addColorStop()` :

```
addColorStop(0, couleur_début);
addColorStop(1, couleur_fin);
```

Ombres

En utilisant les propriétés de l'API Shadow, vous pouvez très simplement ajouter une ombre sur les éléments dessinés dans un élément `canvas` :

- shadowOffsetX et shadowOffsetY définissent le décalage en pixels de l'ombre.
- shadowColor définit la couleur de l'ombre.
- shadowBlur définit l'estompage de l'ombre.

Transparences

Pour définir la transparence d'un élément dessiné sur un canevas, il faut agir sur le facteur alpha de la couleur. Vous appliquerez la fonction rgba() au contexte de l'élément en choisissant un facteur alpha compris entre 0 (transparent) et 1 (opaque) :

```
context .fillStyle = "rgba(composante_rouge, composante_
➥ verte, composante_bleue, alpha)";
```

Transformations

Les transformations étudiées au Chapitre 9 peuvent également être utilisées dans un canevas. En particulier, les fonctions scale(), rotate() et translate() peuvent être utilisées telles qu'elles y ont été décrites. Notez cependant que les transformations *via* une matrice se font avec la fonction setTransform() et non avec la fonction matrix().

Le code ci-après illustre ces quatre effets spéciaux.

```
<!DOCTYPE html>
<html>
  <head>
    <meta charset="UTF-8" />
    <title>Transformations dans un canevas</title>
    <script>
      function trace1()
      {
        var elem = document.getElementById('canevas');
        var context = elem.getContext('2d');
        var gradienthoriz = context.createLinearGradient(
        ➥ 0, 0, 300, 0);
```

```
      gradienthoriz.addColorStop(0,"white");
      gradienthoriz.addColorStop(0.5,"red");
      context.clearRect(0,0,190,190);
      context.fillStyle = gradienthoriz;
      context.fillRect(10,10,150, 150);
    }
    function trace2()
    {
      var elem = document.getElementById('canevas');
      var context = elem.getContext('2d');
      context.clearRect(0,0,190,190);
      context.fillStyle = "red";
      context.shadowOffsetX = 5;
      context.shadowOffsetY = 5;
      context.shadowBlur    = 4;
      context.shadowColor   = 'rgba(255, 0, 0, 0.5)';
      context.fillRect(10,10,150, 150);
    }
    function trace3()
    {
      var elem = document.getElementById('canevas');
      var context = elem.getContext('2d');
      context.clearRect(0,0,190,190);
      var img = new Image();
      img.src = 'fbas.png';
      context.drawImage(img,0,0);
     context.fillStyle = 'rgba(255, 0, 0, 0.5)';
      context.fillRect(10,10,150,150);
    }
    function trace4()
    {
      var elem = document.getElementById('canevas');
      var context = elem.getContext('2d');
      context.clearRect(0,0,190,190);
      var img = new Image();
      img.src = 'fbas.png';
      context.rotate(45 * Math.PI / 180);
      context.drawImage(img,60,-100);
    }
  </script>
</head>
```

```
  <body>
    <canvas id="canevas" width="200" height="190"
    ➥ style="border: dotted;">
     Votre navigateur ne supporte pas la balise HTML5
     ➥ &lt;canvas&gt;
    </canvas>
    <br>
    <button onclick="trace1()">Gradient</button>
    <button onclick="trace2()">Ombre portée</button>
    <button onclick="trace3()">Transparence</button>
    <button onclick="trace4()">Transformation</button>
  </body>
</html>
```

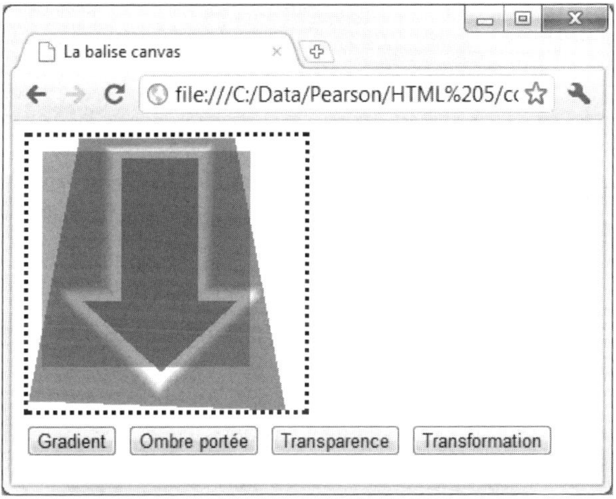

Figure 15.10 : Illustration de la transparence dans un canevas.

Graphiques vectoriels SVG

<object>

L'acronyme SVG vient de l'anglais *Scalable Vector Graphic*. Il s'agit d'un format de données basé sur la syntaxe XML et conçu pour décrire des graphiques vectoriels 2D.

L'étude du langage SVG dépasse le cadre de ce livre. Par contre, nous allons voir comment utiliser un fichier SVG externe dans du code HTML5. Il suffit pour cela d'utiliser un élément `object`.

```
<!DOCTYPE html>
<html>
  <head>
    <meta charset=UTF-8" />
    <title>Utilisation d'un fichier SVG</title>
  </head>
  <body>
    <object type="image/svg+xml" data="departements.svg"
    ➥ width="800" height="600">
      <p>Votre navigateur ne supporte pas le SVG.</p>
    </object>
  </body>
</html>
```

Le résultat de ce code est représenté Figure 15.11.

Vous vous en doutez certainement, toutes les données concernant le tracé de la carte et des départements se trouvent dans le fichier SVG. Ce fichier provient du site **www.orvinfait.fr/svg/carte/france.html**. En voici un extrait :

```
<?xml version="1.0" encoding="UTF-8" standalone="no"?>
<svg>
  ...
  <path id="dp11" fill="#ffffff" d="M 274,438 L 273,442 L
270,440 L 266,440 L 266,439 L 264,439 L 260,441 L 259,438 L
256,441 L 257,443 L 254,444 L 253,447 L 251,448 L 253,451 L
252,452 L 262,457 L 263,464 L 263,467 L 264,472 L 259,472 L
257,474 L 264,479 L 267,477 L 272,482 L 271,483 L 272,483 L
280,479 L 278,476 L 278,473 L 296,473 L 296,470 L 300,468 L
305,472 L 308,473 L 307,468 L 308,461 L 305,461 L 303,458 L
305,456 L 308,459 L 311,457 L 313,455 L 313,453 L 311,453 L
310,450 L 307,450 L 305,446 L 303,446 L 301,445 L 301,442 L
300,443 L 300,445 L 298,445 L 298,448 L 294,450 L 292,446 L
290,447 L 288,446 L 287,443 L 288,441 L 288,439 L 287,439 L
281,439 L 275,438 L 274,438 z " />
  ...
  <text x="549" y="523" id="tp0">2a</text>
  <text x="557" y="483" id="tp20">2b</text>
  ...
</svg>
```

Figure 15.11 : Interprétation du code dans Google Chrome.

16

HTML5 avancé

Ce dernier chapitre regroupe plusieurs techniques avancées utilisables en HTML5. Depuis le langage mathématique MathML jusqu'à l'implémentation de WAI-ARIA et des microformats en passant par Media Queries pour adapter le code aux mobiles, vous découvrirez des techniques qui vous ouvriront l'esprit quant aux multiples utilisations du langage HTML5.

Barres de progression

```
<progress>
<meter>
```

Deux éléments HTML5 permettent de définir des barres de progression : `progress` et `meter`.

Voici la syntaxe de l'élément `progress` :

```
<progress value="valeur" max="valeur-maximale">
```

Où `valeur-maximale` est une donnée numérique qui correspond au maximum affichable dans la barre de progression et `valeur` est la valeur à afficher.

Cet exemple affiche quatre barres de progression. Dans la première, l'attribut `value` n'est pas défini. Dans la deuxième, il est égal à `3` sur `10`. Dans la troisième, il est égal à `2345` sur `2345`. Enfin, dans le quatrième il est initialisé *via* le DOM par la fonction JavaScript `init()` à la valeur `65` sur `100`.

```
<!DOCTYPE html>
<html>
  <head>
    <meta charset=UTF-8" />
    <title>L'élément progress</title>
    <style>
      label
      {
        display: inline-block;
        width: 200px;
      }
    </style>
    <script>
      function init()
      {
        var el = document.getElementById('progress-js');
        el.setAttribute("value","65");
      }
    </script>
  </head>
  <body onload="init();">
    <ul>
      <li>
        <label>Indéterminé </label>
        <progress max="100"></progress>
      </li>
      <li>
        <label>Progress = 30%</label>
        <progress max="10" value="3"></progress>
      </li>
     <li>
        <label>Progress = 100%</label>
        <progress max="2345" value="2345"></progress>
      </li>
```

```
      <li>
        <label>Progress contrôlé par JavaScript</label>
        <progress max="100" id="progress-js"></progress>
      </li>
    </ul>
  </body>
</html>
```

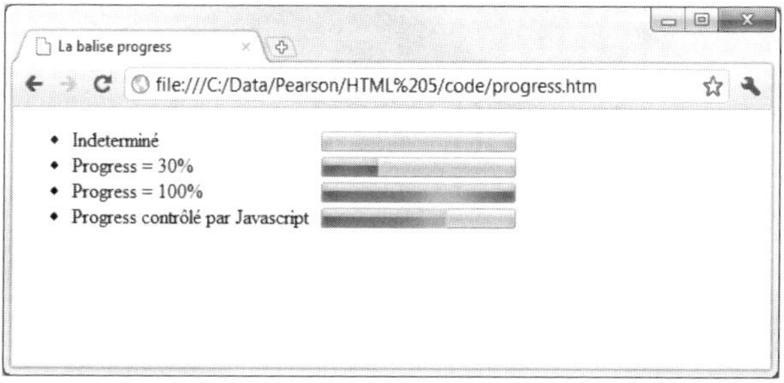

Figure 16.1 : Quatre exemples de valeurs pour l'élément *progress.*

L'élément `meter` a un comportement légèrement différent. Voici sa syntaxe :

```
<meter value="v1" min="v2" low="v3" high="v4" max="v5"
➥ optimum="v6">
```

Où `v1` est la valeur à afficher, `v2` la valeur minimale, `v3` une valeur considérée comme faible, `v4` une valeur considérée élevée, `v5` la valeur maximale et `v6` une valeur considérée comme optimale.

Le code ci-après illustre quelques-uns de ces attributs.

```
<!DOCTYPE html>
<html>
  <head>
    <meta charset=UTF-8" />
    <title>L'élément meter</title>
```

```
    <style>
      label
      {
        display: inline-block;
        width: 200px;
      }
      meter { width: 200px; }
    </style>
    <script>
      function init()
      {
        var el = document.getElementById('meter-js');
        el.setAttribute("value","65");
      }
    </script>
  </head>
  <body onload="init();">
    <ul class="compact">
      <li>
        <label>Indéterminé</label>
        <meter></meter>
      </li>
      <li>
        <label>Meter = 0.5</label>
        <meter value="0.5"></meter>
      </li>
      <li>
        <label>Meter = 0.2 avec low = 0.2</label>
        <meter value="0.2" low="0.2"></meter>
      </li>
      <li>
        <label>Meter = maximum</label>
        <meter value="1"></meter>
      </li>
      <li>
        <label>Meter contrôlé par JavaScript</label>
        <meter min="0" max="100" id="meter-js"></meter>
      </li>
    </ul>
  </body>
</html>
```

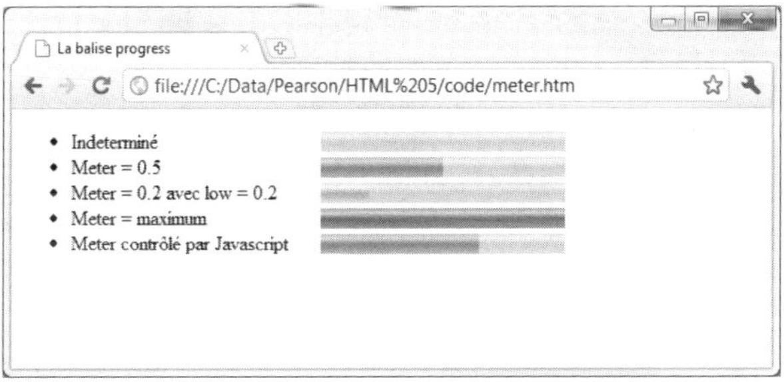

Figure 16.2 : Quatre exemples de valeurs pour l'élément *meter*.

MathML et HTML5

```
<math>
```

Que les mathématiciens et autres étudiants se réjouissent : le W3C vient de publier la troisième révision du standard MathML, destiné à afficher des formules mathématiques dans des pages HTML5. Cela dit, peu de navigateurs sont compatibles avec lui. Si vous voulez tester cette nouvelle possibilité, vous vous rabattrez sur des navigateurs bâtis autour de Gecko, comme Firefox 4 et supérieur.

Je ne dispose que de très peu de place pour vous parler de MathML, mais après la lecture de cette section, vous aurez les bases nécessaires pour écrire vos premières formules en HTML5.

Sachez tout d'abord que MathML est un langage de type XML qui contient de nombreux éléments fortement spécialisés et hiérarchisés. Tous les éléments utilisés dans MathML font partie d'une des trois catégories suivantes : présentation, contenu ou interface.

Pour insérer des éléments MathML dans un document HTML5, vous utiliserez l'élément `math` en déclarant l'espace de noms associé dans l'élément `xmlns` :

```
<math xmlns="http://www.w3.org/1998/Math/MathML">
  …
</math>
```

À titre d'exemple, voici le code MathML permettant de générer l'équation $x^2 + 1 = 0$:

```
<!DOCTYPE html>
<html>
  <head>
    <meta charset=UTF-8" />
    <title>MathML dans HTML5</title>
  </head>
  <body>
    <math xmlns="http://www.w3.org/1998/Math/MathML">
      <mrow>
        <mi>a</mi>
        <msup>
          <mi>x</mi>
          <mn>2</mn>
        </msup>
        <mo>+</mo>
        <mi>b</mi>
        <mi>x<mi>
        <mo>+</mo>
        <mi>c</mi>
        <mo>=</mo>
        <mn>0</mn>
      </mrow>
    </math>
  </body>
</html>
```

Quelques explications :

- Les identifiants sont encadrés par les balises `<mi>` et `</mi>`.
- Les opérateurs sont encadrés par les balises `<mo>` et `</mo>`.
- Les nombres sont encadrés par les balises `<mn>` et `</mn>`.
- Les expressions disposées sur une même ligne sont encadrées par les balises `<mrow>` et `</mrow>`.

La Figure 16.3 représente le résultat obtenu dans la version 4.0b8 Minefield de Mozilla.

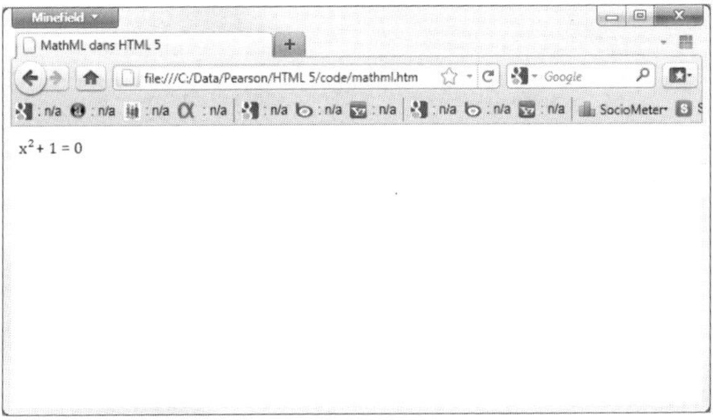

Figure 16.3 : Un premier essai en MathML.

Nous allons aller un peu plus loin en écrivant une équation du second degré et en donnant ses solutions dans R.Voici le code utilisé :

```
<!DOCTYPE html>
<html>
  <head>
    <meta charset=UTF-8" />
    <title>MathML dans HTML5</title>
  </head>
  <body>
    Equation :<br>
    <math xmlns="http://www.w3.org/1998/Math/MathML">
      <mrow>
        <mi>a</mi>
```

```
        <msup>
          <mi>x</mi>
          <mn>2</mn>
        </msup>
        <mo>+</mo>
        <mi>b</mi>
        <mi>x<mi>
        <mo>+</mo>
        <mi>c</mi>
        <mo>=</mo>
        <mn>0</mn>
      </mrow>
    </math>
    <p>Solution :<br>
    <math xmlns="http://www.w3.org/1998/Math/MathML">
      <mi>x</mi>
      <mo>=</mo>
      <mfrac>
        <mrow>
          <mo>-</mo>
          <mi>b</mi>
          <mo>&plusmn;</mo>
          <msqrt>
            <msup>
              <mi>b</mi>
              <mn>2</mn>
            </msup>
            <mo>-</mo>
            <mn>4</mn>
            <mi>a</mi>
            <mi>c</mi>
          </msqrt>
        </mrow>
        <mrow>
          <mn>2</mn>
          <mi>a</mi>
        </mrow>
      </mfrac>
    </math>
</body>
</html>
```

Quelques explications :

- Les fractions sont définies avec l'élément `mfrac`.
- Le signe "plus ou moins" est obtenu avec le code `Latin-1` (ISO-8859-1) `±`.
- La racine carrée est obtenue avec l'élément `sqrt`.

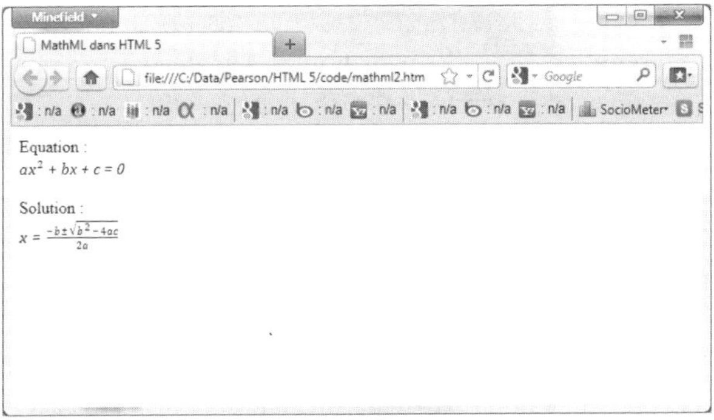

Figure 16.4 : Deux équations un peu plus complexes.

Cette section n'est qu'une introduction au langage MathML. Il faudrait un ouvrage entier pour approfondir ce langage. Si vous êtes concerné par l'écriture de formules mathématiques sur le Web, je vous conseille de consulter la référence sur le sujet en allant à la page correspondante du W3C : **www.w3.org/TR/MathML3/**. Pour l'instant, l'implémentation de MathML dans les navigateurs n'est que marginale, mais le temps devrait arranger les choses. *Wait and see…*

WAI-ARIA et HTML5

`role=""`

Aujourd'hui, la tendance est au "beau" : les webmasters s'évertuent à créer des pages et des contrôles riches et à utiliser des requêtes serveur en arrière-plan de type AJAX pour améliorer l'expérience utilisateur. Quoique tout à fait respectables, ces choix posent des problèmes d'accessibilité aux internautes malvoyants qui utilisent des technologies d'assistance, comme les lecteurs d'écran.

C'est à ce point précis que la spécification WAI-ARIA[1], utilisée dans le langage HTML5, va sensiblement améliorer les choses. Vous l'aurez compris, le but de cette spécification est de faciliter l'accès aux pages et aux applications web pour les personnes malvoyantes. Elle devrait être rapidement adoptée par les webmasters parce que :

- Elle est très simple à mettre en œuvre.
- Elle améliore la "compréhension" des pages par les moteurs de recherche et donc leur référencement.
- Elle est reconnue quasi universellement par les navigateurs modernes.

Pour rendre une page web compatible WAI-ARIA, le développeur insérera des attributs `role` (aussi appelés *landmarks* ou "points de repère") dans les éléments HTML traditionnels, comme indiqué au tableau suivant :

Éléments	Rôle	Signification
`body`	`document` ou `application`	Document HTML ou application RIA
`header`	`banner`	En-tête et/ou titre de la page
`nav`	`navigation`	Liens de navigation
`div`	`main`	Contenu principal de la page
`div` ou `form`	`search`	Moteur de recherche dans le document
`aside`	`complementary`	Contenu complémentaire à la page
`footer`	`contentinfo`	Notes de bas de page, pied de page, copyright
`form`	`form`	Formulaire

1. WAI-ARIA est l'acronyme de *Web Accessibility Initiative – Accessible Rich Internet Application.*

Voici un court exemple de document HTML5 qui implémente des attributs `role` dans ses principaux éléments.

```
<!doctype html>
<html>
  <head>
    <meta charset=UTF-8" />
    <title>Un document HTML5 avec en-tête, pied de page,
    ➥ menu, zone annexe et zone de contenu</title>
    <link rel="stylesheet" href="style.css">
    <script src="Creation-elements-HTML5.js"></script>
  </head>
  <body role="document">
    <header role="banner">
      <h1>En-tête du document</h1>
      Texte de l'en-tête
    </header>
    <nav role="navigation">
      <h2>Menu</h2>
      <ul>
        <li><a href="page1.htm">Page 1</a></li>
        <li><a href="page2.htm">Page 2</a></li>
        <li><a href="page3.htm">Page 3</a></li>
      </ul>
      <br><br><br>
    </nav>
    <aside role="complementary">
      Texte affiché dans la partie droite de la page avec
      ➥ la balise &lt;aside&gt;<br><br>
    </aside>
   <article>
      <h2>Premier article</h2>
        <p>Texte du premier article</p>
    </article>
    <article>
      <h2>Second article</h2>
        <p>Texte du second article</p>
    </article>
   <footer role="contentinfo">
      <p>Copyright et e-mail du webmaster </p>
    </footer>
  </body>
</html>
```

Si vous voulez aller plus loin dans WAI-ARIA, consultez la documentation W3C officielle, aux pages **www.w3.org/WAI/intro/aria** et **www.w3.org/TR/wai-aria/#roles**, ou encore l'excellent article de Gez Lemon sur **http://dev.opera.com/articles/view/introduction-to-wai-aria/**.

Microformats

```
vCard
hCalendar
hReview
hResume
```

Pour caractériser la sémantique des données incluses dans les pages web, les microformats semblent être la voie à suivre… même si cette convention n'est pas encore adoptée de façon massive par les webmasters et les référenceurs. Une fois mis en place, les microformats peuvent être utilisés par des applications (agendas ou client de messagerie, par exemple), mais aussi par les robots des moteurs de recherche.

hCard

Vous utiliserez le format hCard pour représenter des personnes, sociétés ou organisations. À titre d'exemple, l'élément `div` suivant regroupe des informations relatives à un contact :

```
<div>
   <img src="www.monsite.com/maphoto.jpg" />
   <strong>Michel Martin</strong>
   Auteur chez Pearson
   47 bis, rue des Vinaigriers
   75010 Paris
</div>
```

Pour rendre cet élément plus "lisible" par les moteurs de recherche, nous allons lui associer plusieurs microformats :

```
<div class="vcard">
    <img class="photo" src="www.monsite.com/maphoto.jpg" />
    <strong class="fn">Michel Martin</strong>
    <span class="title">Auteur</span> chez <span class="org">
    ➥ Pearson</span>
    <span class="adr">
        <span class="street-address">47 bis, rue des
        ➥ Vinaigriers</span>
        <span class="postal-code">75010</span>
        <span class="locality">Paris</span>
    </span>
</div>
```

Le nom de la classe associée à la `div` indique que les données qu'elle renferme décrivent une personne. Les classes utilisées dans les diverses composantes de la `div` sont caractéristiques : `photo` correspond à la photographie de la personne, `fn` à son nom, `title` à son métier, `org` au nom de la société pour laquelle il travaille. Il en va de même pour ce qui concerne les classes de l'adresse : `street-address` correspond à l'adresse, `postal-code` au code postal et `locality` à la ville.

Ces noms de classes n'ont pas été choisis au hasard : ils correspondent au format hCard et peuvent être complétés par de nombreuses autres informations, comme indiqué à la page **http://microformats.org/wiki/hcard-fr**.

Pour faciliter la création du code HTML contenant les microformats hCard, vous pouvez vous rendre à **http://microformats.org/code/hcard/creator**. Donnez autant d'informations que nécessaire et cliquez sur Build It! pour obtenir le code.

hCalendar

Vous utiliserez le format hCalendar pour définir une représentation sémantique HTML d'informations concernant un événement. Le code ci-après définit l'événement

“Office 365” qui a lieu dans la salle de conférence C12, sur le campus de Microsoft, le 10 décembre de 9 heures à 23 heures.

```
<div id="hcalendar-Conférence-Salle-C12" class="vevent">
  <a class="url" href="http://www.microsoft.com/fr/fr/
  ➥ default.aspx">
  <abbr class="dtstart" title="2010-12-10T09:00+01:0000">
  ➥ December 10, 2010 9h00</abbr> -
  <abbr class="dtend" title="2010-12-10T23:00+01:00">
  ➥ 23:00</abbr> :
  <span class="summary">Conférence Salle C12</span> au
  <span class="location">Campus Microsoft</span></a>
  <div class="description">Office 365</div>
</div>
```

Ce code a été créé avec hCalendar Creator, disponible sur **http://microformats.org/code/hcalendar/creator**. Vous en saurez plus sur les microformats relatifs à hCalendar en consultant la page **http://microformats.org/wiki/hcalendar-fr**.

hReview

Lorsque les commentaires postés sur une page sont balisés à l'aide de microformats, Google peut les identifier et en rendre une partie visible dans les résultats des recherches. Par exemple, voici comment pourrait apparaître un résultat de recherche pour une page qui a défini des microformats relatifs aux commentaires des visiteurs (voir Figure 16.5).

Figure 16.5 : Les avis des consommateurs sont issus des microformats.

Il est donc essentiel d'implémenter dès à présent ce type de microformats pour augmenter la visibilité des pages et y insérer des données qualifiantes.

Voici un exemple de commentaire laissé par un visiteur :

```
<div>
  <span>5 étoiles sur 5</span>
  <h4>Windows 7 Facile est très efficace</h4>
  <span>Critique : <span>Zorbox</span> - 10 décembre 2010
  ➥ </span>
  <blockquote>
  <p>Le Guide du débutant HTML5/CSS3, des éditions
  ➥ Pearson, est un excellent guide pour tous ceux qui
  ➥ veulent découvrir les possibilités de ces langages.
  Il couvre des sujets proches des utilisateurs et montre
  ➥ comment les mettre en oeuvre en proposant du code
  ➥ directement utilisable. A conseiller à tous ceux
  ➥ qui veulent bien commencer avec HTML5/CSS3. </p>
  </blockquote>
  <p>Date de visite : <span>Décembre 2010</span></p>
</div>
```

Pour insérer des microformats dans ce commentaire, nous allons utiliser plusieurs classes dédiées :

```
<div class="hreview">
  <span><span class="rating">5</span> étoiles sur 5</span>
  <h4 class="summary">Le Guide de survie HTML5/CSS3 est
  ➥ très efficace</h4>
  <span class="reviewer vcard">Critique : <span class="fn">
  ➥ Zorbox</span> -
  <abbr class="dtreviewed" title="20101210T2300-0700">
  ➥ 10 décembre 2010</abbr></span>
  <div class="description item vcard">
  <p>Le Guide du débutant HTML5/CSS3, des <span class=
  ➥ "fn org">éditions Pearson</span> est un excellent
  ➥ guide pour tous ceux qui veulent découvrir les
  ➥ possibilités de ces langages.
 Il couvre des sujets proches des utilisateurs et montre
  ➥ comment les mettre en oeuvre en proposant du code
```

```
  ➥ directement utilisable. A conseiller à tous ceux qui
  ➥ veulent bien commencer avec HTML5/CSS3.</p>
  </blockquote>
  <p>Date de visite : <span>Décembre 2010</span></p>
</div>
```

Le nom de la classe associée à l'élément `div` indique que les données qu'elle renferme décrivent un commentaire d'utilisateur. Les classes utilisées dans les diverses composantes de la `div` sont caractéristiques :

Classe	Définition
`rating`	Notation
`reviewer vcard`	Informations relatives à la personne qui a laissé le commentaire
`dtreviewed`	Date du commentaire
`description item vcard`	Commentaire

Ces noms de classes n'ont pas été choisis au hasard : ils correspondent au format hReview et peuvent être complétés par de nombreuses autres informations, comme indiqué à la page **http://microformats.org/wiki/hreview-fr**.

Info

Le microformat hReview est encore à l'état de *draft*. Il sera donc sujet à des modifications dans les mois à venir.

hResume

Le format hResume est utilisé pour publier des CV. Pour créer le code HTML contenant les bons microformats, le plus simple consiste à utiliser la page hResume Creator, à l'adresse **http://hresume.weblogswork.com/hresumecreator/**. Remplissez les champs nécessaires et cliquez sur Create hResume pour obtenir le code HTML.

Info

Le microformat hResume est encore à l'état de *draft*. Il sera donc sujet à des modifications dans les mois à venir.

Vous en saurez plus sur ce format en consultant la page **http://microformats.org/wiki/hresume-fr**.

D'une façon générale, pour être au courant des avancées dans les microformats, n'hésitez pas à consulter la page **http://microformats.org/wiki/Main_Page-fr**.

Media Queries

`@media`

Le Web est de plus en plus consulté sur des périphériques de petite taille (téléphones, tablettes, netbooks). C'est pourquoi il est très important d'adapter l'affichage de vos pages web à cela. Les Media Queries du langage CSS3 proposent une solution élégante à ce problème. Ils permettent en effet de définir le style d'une page web en fonction de plusieurs facteurs liés à la surface d'affichage : la largeur, la hauteur, l'orientation, la résolution, etc. Cerise sur le gâteau : la plupart des navigateurs actuels (Firefox, Chrome, Safari, Safari Mobile, Android, Opera Mini, Opera Mobile et Firefox mobile) sont compatibles avec cette fonctionnalité.

Les Media Queries reposent sur la propriété CSS3 `@media`. Voici quelques-unes des syntaxes utilisables :

Syntaxe	Signification
`@media (max-width: largeur) { …}`	Largeur de la fenêtre inférieure à la largeur spécifiée
`@media (max-device-width: largeur) { …}`	Largeur du périphérique inférieure à la largeur spécifiée

Syntaxe	Signification
`@media (min-width: largeur1) and (max-width: largeur2) { …}`	Largeur de la fenêtre comprise entre les deux largeurs spécifiées
`@media (max-device-width: largeur) and (orientation: landscape) { …}`	Largeur du périphérique inférieure à la largeur spécifiée, et écran tenu horizontalement

Voici un exemple de code. Ici, quatre `<div>` sont affichées. En fonction de la résolution du périphérique (`max-device-width`) ou de l'écran (`min-width` et `max-width`), l'une des `<div>` voit son arrière-plan coloré en rouge.

```
<!doctype html>
<html>
  <head>
    <meta charset=UTF-8" />
    <title>Media Queries</title>
    <style>
      div
      {
        border: dotted 1px #666;
        padding: 5px 10px;
        margin: 40px;
      }
      @media (max-device-width: 480px)
      {
        .iphone
        {
          background: red;
        }
      }
     @media (max-width: 600px)
      {
        .inf600
        {
          background: red;
        }
      }
```

```
      @media (min-width: 900px)
      {
        .sup900
        {
          background: red;
        }
      }
      @media (min-width: 600px) and (max-width: 900px)
      {
        .de600a900
        {
          background: red;
        }
      }
    </style>
  </head>
  <body>
    <div class="iphone">Cette div apparaît en rouge si la
    ➥ largeur maximale de l'écran est de 480 pixels</div>
    <div class="inf600">Cette div apparaît en rouge si la
    ➥ largeur de la fenêtre est inférieure à 600 pixels</div>
    <div class="de600a900">Cette div apparaît en rouge si la
    ➥ largeur de la fenêtre est comprise entre 600 et 900
    ➥ pixels</div>
    <div class="sup900">Cette div apparaît en rouge si la
    ➥ largeur de la fenêtre est supérieure à 900 pixels</div>
  </body>
</html>
```

Info

Il est également possible d'utiliser un fichier CSS ou un autre en fonction de la résolution du périphérique/de l'écran. Pour cela, vous insérerez des éléments **link** du type suivant dans l'en-tête du document. Ici, le style *600px.css* est utilisé si l'écran a une largeur inférieure à 600 pixels.

```
<link rel="stylesheet" media="screen and (max-width:
600px)" href="600px.css" />
```

Pour aller plus loin

Malheureusement, ce livre touche à sa fin. Pour conclure en beauté, je vous invite à vous rendre à la page HTML5 Demos and Examples, à l'adresse **http://html5demos.com/**. Vous y découvrirez de nombreuses démonstrations qui prolongent parfaitement cet ouvrage. Je vous conseille en particulier les démonstrations suivantes :

- Drag and drop et Drag anything : technique du glisser-déposer sur les pages web ;
- Simple chat client : implémentation de Web Socket pour réaliser un chat en quelques lignes de code ;
- Web SQL Database Storage : stockage de données dans une base SQL.

Je vous renvoie également vers les spécifications du W3C, à l'adresse **http://dev.w3.org/html5/spec/**.

Le code de cet ouvrage, mais également des vidéos pour compléter votre formation sont disponibles sur **www.mediaforma.com/formations/html5css3/**. N'hésitez pas à me rendre visite et à laisser vos messages sur le site.

Je vous souhaite beaucoup de plaisir avec HTML5 et CSS3.

Happy computing !

Index

Symboles

A

B

C

D

E

F

G

H

I

J – K

L

M

N

O

INDEX

P

Q

R

S

T

U

V

W

X – Z

Dépôt légal : février 2011
IMPRIMÉ EN FRANCE

Achevé d'imprimer le 10 février 2011
sur les presses de l'imprimerie « La Source d'Or »
63039 Clermont-Ferrand
Imprimeur n° 10630